[illegible]
Gŵyl y Cynhaeaf

Deunyddiau ar gyfer oedfaon o ddiolch am fyd Duw, diolch cyffredinol a diolchgarwch am y Cynhaeaf

CASGLWYD GAN

Huw John Hughes

CYHOEDDIADAU'R GAIR

Casglwyd gan: Huw John Hughes
Golygydd: John Pritchard
Golygydd Cyffredinol: Aled Davies
Clawr: Rhys Llwyd

Mae'r cyhoeddwr yn dymuno cydnabod yn ddiolchgar gymorth Adrannau Golygyddol ac Ariannol Cyngor Llyfrau Cymru.

Dymuna'r cyhoeddwyr hefyd gydnabod ein diolch i'r awduron a'r gweisg am eu caniatâd i gynnwys y deunydd hwn yn y gyfrol hon. Os oes llithriad wedi ymddangos wrth gydnabod awdur neu cyfrol, yn arbennig mewn deunydd a gyhoeddwyd o dan enw golygydd. mewn casgliad arall, ymddiheurwn, ac os dewch i gysylltiad, fe wnawn nodi hynny.

Daw'r dyfyniadau Beiblaidd allan o *Y Beibl Cymraeg Newydd Diwygiedig 2004,* gyda diolch i *Cymdeithas y Beibl* am bob cydweithrediad.

ISBN 978 1 85994 753 1
Argraffwyd ym Mhrydain.

Cyhoeddwyd gan
Cyhoeddiadau'r Gair, Cyngor Ysgolion Sul Cymru,
Ael y Bryn, Chwilog, Pwllheli, Gwynedd LL53 6SH.
www.ysgolsul.com

CYNNWYS

Doed y dwyreinwynt a'i gorwynt garwaf,
I mi rhag newyn mae aur gynhaeaf,

Tra bo dynoliaeth fe fydd amaethu,
A chyw hen linach yn ei holynu,
A thra bo gaeaf bydd cynaeafu
A byw greadur tra bo gwerydu,
Bydd ffrwythlonder tra pery – haul a gwlith,
Yn wyn o wenith rhag ei newynu.

Dic Jones, *Cynhaeaf*

RHAGAIR

Pan oeddwn i'n tyfu i fyny yn niwedd y pumdegau a'r chwedegau roedd mynd mawr ar y gwasanaeth o ddiolchgarwch am y cynhaeaf. Byddai'r trydydd Sul a Llun o fis Hydref yn ddyddiau i gynnal yr ŵyl gyda'r Llun, 'Llun pawb', fel y'i gelwid mewn sawl ardal yn y Gogledd yn ddiwrnod pan fyddai'r siopau a'r gweithfeydd wedi cau am y diwrnod er mwyn rhoi cyfle i bawb fynd i ddiolch ac addoli. Y drefn fel arfer oedd cyrddau gweddi gydag aelodau yn ymorol am yr addoliad a hynny yn y bore, y prynhawn a'r nos. Byddai'r Eglwys yng Nghymru yn arfer cynnal eu gwyliau'n gynt na'r Ymneilltuwyr, weithiau o ganol Medi ymlaen. Fel arfer byddai offeiriaid o blwyfi eraill yn cael eu gwahodd i bregethu yn y gwasanaethau. Cof da gennyf gael gwahoddiad i fynd i sawl ardal i 'bregethu Diolchgarwch' fel byddai'n cael ei alw a'r eglwys wedi ei haddurno â blodau'r maes, dail y coed a ffrwythau yn ymddangos ym mhob twll a chornel. Byddai arogl y diolchgarwch yn llenwi eich ffroenau.

Prin y byddai'r capeli ym mynd i'r drafferth i addurno fel hyn. Efallai fod yr hen syniad o bellhau oddi wrth ddefodau ac addurniadau'r Eglwys yn dal yn y tir. Er cofiwch, rwyf wedi gweld sawl capel wedi mynd ati i greu naws hyfryd gyda blodau a ffrwythau yn cael lle amlwg. Erbyn heddiw mae pethau wedi newid cryn dipyn. Yn y capeli crynhoir addoliad y diolchgarwch i'r Sul yn unig er fod rhai yn cynnal oedfa bregethu yng nghanol yr wythnos ar noson waith. Sylwer, mai oedfa bregethu ydi hi bellach gyda'r cyfarfodydd gweddi yn prysur ddiflannu. Mae'r hen weddiwyr fyddai'n ysgwyd y cynulleidfaoedd â'u gweddïau dwys o'r galon wedi prinhau erbyn hyn.

Ymgais ydi'r gyfrol hon i gasglu deunyddiau sydd eisoes wedi ymddangos mewn print er mwyn hwyluso'r gwaith o baratoi a llunio ar gyfer addoliad. Wrth fynd ati i gywain, y dasg oedd penderfynu pa mor addas a chyfredol oedd y deunyddiau gan fod llawer ohonynt wedi dyddio a'r iaith yn drwm a chlogyrnaidd. Roedd hyn yn amlygu ei hun, yn bennaf, yn y deunyddiau ar gyfer plant a dyna pam mae'r adran hon mor denau. Mae'r ysbail wedi'i rannu dan benawdau i'ch cynorthwyo i ddarganfod deunyddiau fydd yn cyd-fynd â'r thema.

Dyma'r adrannau:

❖ Adnodau agoriadol i'w defnyddio ar ddechrau oedfa, a darlleniadau o'r Hen Destament a'r Newydd.

❖ Gweddïau i'w defnyddio ar gyfer cyfarfod gweddi neu ar gyfer addoliad cyffredinol.

❖ Myfyrdodau i'w defnyddio i ysgogi a dyfnhau'r meddwl, yn lle pregeth neu fel man cychwyn i drafodaeth.

❖ Gweddïau a myfyrdodau sy'n ein herio ynghanol ein digonedd.

❖ Bendithiadau i'w defnyddio ar derfyn oedfa.

❖ Emynau addas ar gyfer addoliad o ddiolchgarwch.

❖ Gweddïau a storïau i blant ac ieuenctid.

Fel y gwelwch, ymhelaethir ar y gair 'diolchgarwch' i gynnwys diolch yn gyffredinol yn ogystal â diolch am y cynhaeaf. Mae'r gweddïau a'r myfyrdodau hefyd yn cynnwys adrannau ar Dduw y creawdwr a'r greadigaeth. Gellir hefyd ddefnyddio'r cyfarpar ar gyfer themâu eraill megis:

❖ Byd Duw
❖ Gofalu am y greadigaeth
❖ Parchu'r amgylchfyd
❖ Elfennau 'gwyrdd'
❖ Gofalu a pharchu byd natur
❖ Diolch am y creaduriaid

Gobeithio bod y gyfrol yn cynnwys stôr o ddeunyddiau at eich dant ac y byddwch yn pori ynddi ac yn defnyddio'r cynnwys i addoli a diolch i Dduw.

Huw John Hughes

ADNODAU AGORIADOL

Yn y dechreuad creodd Duw y nefoedd a'r ddaear......Gwelodd Duw y cwbl a wnaeth, ac yr oedd yn dda iawn. **Genesis 1: 1, 31**

Eiddo'r Arglwydd yw'r ddaear a'i llawnder, y byd a'r rhai sy'n byw ynddo. **Salm 24: 1**

Y sawl sy'n cyflwyno offrymau diolch sy'n fy anrhydeddu, ac i'r sawl sy'n dilyn fy ffordd y dangosaf iachawdwriaeth Duw. **Salm 50: 23**

Rhof ddiolch i ti, O Arglwydd, ymysg y bobloedd. **Salm 57: 9**

Moliannaf enw Duw ar gân, mawrygaf ef â diolchgarwch. **Salm 69: 30**

Diolchwn i ti, O Dduw, diolchwn i ti; y mae dy enw yn agos wrth adrodd am dy ryfeddodau. **Salm 75: 1**

Dewch i mewn i'w byrth â diolch, ac i'w gynteddau â mawl. **Salm 100: 4**

Diolchwch i'r ARGLWYDD, oherwydd da yw, ac y mae ei gariad hyd byth. **Salm 107: 1**

Rhof ddiolch i ti, O ARGLWYDD, ymysg y bobloedd, a chanmolaf di ymysg y cenhedloedd. **Salm 108: 3**

Ti yw fy Nuw, a rhoddaf ddiolch i ti; fy Nuw, fe'th ddyrchafaf di. **Salm 118: 28**

Canwch i'r ARGLWYDD mewn diolch, canwch fawl i'n Duw â'r delyn.
Salm 147: 7

Oni wyddost, oni chlywaist? Duw tragwyddol yw'r Arglwydd a greodd gyrrau'r ddaear; ni ddiffygia ac ni flina, ac y mae ei ddeall yn anchwiliadwy.
Eseia 40: 28

Ond aberthaf i ti â chân o ddiolch. Talaf yr hyn a addunedais; i'r ARGLWYDD y perthyn gwaredu. **Jona 2: 9**

Diolchwn bob amser am bob dim i Dduw y Tad yn enw ein Harglwydd Iesu Grist. **Effesiaid 5: 20**

Beth bynnag yr ydych yn ei wneud, ar air neu ar weithred, gwnewch bopeth yn enw yr Arglwydd Iesu, gan roi diolch i Dduw, y Tad, drwyddo ef.
Colosiaid 3: 17

Ym mhob dim rhowch ddiolch, oherwydd hyn yw ewyllys Duw yng Nghrist Iesu i chwi. **1 Thesaloniaid 5: 18**

Oherwydd y mae popeth a greodd Duw yn dda, ac ni ddylid gwrthod dim yr ydym yn ei dderbyn â diolch iddo ef. **1 Timotheus 4: 4**

Felly, gan ein bod yn derbyn teyrnas ddi-sigl, gadewch inni fod yn ddiolchgar, a thrwy hynny wasanaethu Duw wrth ei fodd, â pharch ac ofn duwiol.
Hebreaid 12: 28

Byddwch yn amyneddgar, gyfeillion, hyd ddyfodiad yr Arglwydd. Gwelwch fel y mae'r ffermwr yn aros am gynnyrch gwerthfawr y ddaear, yn fawr ei amynedd amdano nes i'r ddaear dderbyn y glaw cynnar a diweddar. Byddwch chwithau hefyd yn amyneddgar, a'ch cadw eich hunain yn gadarn, oherwydd y mae dyfodiad yr Arglwydd wedi dod yn agos. **Iago 5: 7-8**

A chlywais bob peth a grewyd, yn y nef ac ar y ddaear a than y ddaear ac ar y môr, a'r cwbl sydd ynddynt, yn dweud:
'I'r hwn sy'n eistedd ar yr orsedd ac i'r Oen y bo'r mawl
a'r anrhydedd a'r gogoniant a'r nerth byth bythoedd!' **Datguddiad 5: 13**

DARLLENIADAU BEIBLAIDD

Yr Hen Destament:

Genesis 8: 15-22

Lefiticus 19: 9-18

Deuteronomium 26: 1-11

Deuteronomium 28: 1-14

Ruth 2: 1-17

Salm 65

Salm 100

Salm 103

Salm 147

Salm 148

Eseia 55

Y Testament Newydd:

Mathew 6: 25-34

Mathew 13: 24-35

Marc 4: 1-9, 13-20

Luc 12: 16-31

Ioan 6: 1-14

Ioan 12: 23-28

Rhufeiniaid 8: 18-25

2 Corinthiaid 9: 6-15

Philipiaid 4: 10-20

Colosiaid 1: 11-17

GWEDDÏAU

CREADIGAETH DUW

DECHRAU DIOLCH

Ymhle y dechreuaf fy niolchiadau? Y mae gennyf gymaint o destun diolch. Dichon mai dechreuadau'r ddynoliaeth yw'r man priodol. Diolchaf i Ti, y Crëwr, am y rhodd o fywyd. Creaist y bydysawd cyfan, gan osod dyn i arglwyddiaethu arno. Ein braint a'n hanrhydedd ni yw cael mwynhau dy greadigaeth. Arwain ni yn ein bywydau i barchu dy greadigaeth ac i gyfrannu'n adeiladol tuag ati.

Tueddwn i gredu ei bod yn hen ffasiwn ac yn naïf i'th dderbyn fel Crëwr, yn wyneb y dystiolaeth wyddonol ddiweddaraf. Ond nid yw'r wybodaeth yma'n peryglu'r gwirionedd ysgrythurol. Dywed awdur llyfr Genesis, 'A Duw a ddywedodd... ac felly y bu.'

Nid yw gwyddoniaeth yn tanseilio dy safle Di fel Crëwr, nac yn amau grym y Gair Creadigol. Felly diolchaf i Ti am y rhodd o fywyd ac am y byd hwn i fyw ynddo.

Rhodri Glyn Thomas yn Euros W. Jones (gol.), *Diolchgarwch*

AM RYFEDDODAU'R CREAD

Duw'r Creawdwr,
diolchwn i ti am y byd a roddaist i ni,
mor llawn o brydferthwch,
mor gyfoethog mewn amrywiaeth,
yn llawn diddordeb,
ac ôl rhyfeddod ym mhob man.
Rhoddaist gymaint i ni,
a diolchwn i ti amdano.

Diolchwn i ti am yr holl brydferthwch a roddaist i ni i'w fwynhau –
ysblander codiad a machlud haul,
amrywiaeth y tymhorau,

prydferthwch y mynyddoedd,
coetiroedd a dyffrynnoedd,
rhyfeddod blodau yn agor
a lliwiau cyfoethog dail,
mawredd cefnforoedd ac afonydd,
mwynder nant y mynydd,
sŵn adar yn canu a phlant yn chwerthin,
arogl coginio,
llawenydd blasu a chyffwrdd.
Rhoddaist gymaint i ni,
a diolchwn i ti amdano.

Duw'r Creawdwr,
mae yna gymaint yn ein byd i'n gwefreiddio,
i'n synnu a'n hadfywio,
gymaint sy'n dda ac yn hyfryd,
mwy o resymau dros ddathlu nag y gallwn ni fyth eu rhifo;
maddau i ni am ein bod yn anghofio hynny mor aml,
yn colli ein synnwyr cyntaf o ryfeddod a mwynhad,
megis plentyn bach.

Maddau i ni am ein bod yn methu â diolch i ti am bopeth.
Agor ein calonnau heddiw i brydferthwch ein byd –
mae'n cynnig cymaint;
a dywed wrthym pa fath ymateb
rwyt ti'n ei ddisgwyl gennym.
Rhoddaist gymaint i ni,
a diolchwn i ti amdano. Amen

Eirian a Gwilym Dafydd, ***Gweddïau'r Pedwar Tymor 2***

DIOLCHWN I TI

Rhoddwn ddiolch i ti, O Dduw.
Am y ffurfafen uwchben sy'n datgan dy ogoniant,
ac am y byd a greaist mor deg:
Diolchwn i ti, O Dduw.

Am rin yr haul a glendid yr aer,
ac am iechyd i'w mwynhau:
Diolchwn i ti, O Dduw.

Am ffurfiau'r mynyddoedd a'r bryniau,
am liwiau'r blodau a'r coed,
ac am lygaid i'w gweld a'u mwynhau:
Diolchwn i ti, O Dduw.

Am gân yr adar, am fiwsig llais ac offeryn,
ac am glustiau i'w clywed a'u mwynhau:
Diolchwn i ti, O Dduw.

Elfed ap Nefydd Roberts, *Gweddïau Ymatebol a Chynulleidfaol*

GOGONIANNAU'R CREAD

Arglwydd, a greaist yn y dechreuad nefoedd a daear,
ddydd a nos, oleuni a thywyllwch,
ehediaid y nefoedd, anifeiliaid ac ymlusgiaid y maes,
pysgod y môr, a phob creadur byw,
ac a osodaist ddyn yn goron ar dy greadigaeth,
mawrygwn dy enw, dyrchafwn dy glod.

Fe'th welwn Di yn y mawr a'r bach;
rhyfeddwn at odidowgrwydd dy ddatguddiad,
a gwelwn ôl dy fysedd yn y cread:
y nefoedd sydd yn datgan dy ogoniant
a'r ffurfafen sydd yn mynegi gwaith dy ddwylo.
Dydd i ddydd a draetha ymadrodd,
a nos i nos a ddengys wybodaeth.

Gwelwn dy lwybrau yn y sêr,
a mesuraist y gofod mawr â'th rychwant;
toaist y ddaear â'r ffurfafen,
eginaist borfa i anifail a chreadur
a rhoddaist fara beunyddiol i blant dynion;
bendithiaist lafur dyn ar y ddaear,

a rhoddaist iddo weld ffrwyth yn ei dymor
a medi'r cynhaeaf yn ei iawn bryd.

Diolchwn i Ti am lygaid i'th ganfod,
gan ddirnad ôl dy fysedd yn y cread.
Afradlonaist arnom dy ddaioni a'th ras
a diferaist fraster dy gariad arnom;
ac eto, mor fynych, Arglwydd, y'th anghofiasom,
y cerddasom drwy'r cread heb wneud cyfrif o'r Creawdwr,
a heb gymryd arnom adnabod y Pensaer
y canmolasom ei adeiladwaith. Amen.

Maurice Loader (gol.), ***Gweddïau yn y Gynulleidfa***

Y CREAWDWR

Diolch i Ti, O Dduw, am ddatguddio inni ein lle yn y greadigaeth, a dyro inni sylweddoli mai dy eiddo Di yw'r ddaear a'r byd a'r cwbl sydd ynddo, a gwae ni os camddefnyddiwn egnïon y cread. Daeth i ddynion alluoedd rhyfeddol i drafod grymusterau'r byd.

Ofnwn i'n cenhedlaeth ystyfnig lygru'r greadigaeth a gwenwyno bywyd er mwyn elw. Yn wyneb grymusterau dinistriol natur gwna ni'n wylaidd, a phâr i ni fwrw ymaith bob balchder a thraha. Gweddïwn yn daer â'n holl galon ar inni gael ein gwaredu rhag rhyfel. Ymbiliwn arnat i arwain dynion i ffordd dy dangnefedd:

> Gwyn eu byd y rhai addfwyn,
> oherwydd cânt hwy etifeddu'r ddaear.

Wrth edrych ar dy ryfeddodau aneirif, a chlywed yr holl greadigaeth yn dy foliannu, dywedwn ninnau,

> Fynni dithau 'f'enaid 'fod
> Yn y canol heb roi clod?

O Dduw, ein Creawdwr a'n Tad, clodforwn Di am yr harddwch a welwn o'n deutu yn feunyddiol. Bob bore mae dy ddaioni yn ein disgwyl pan ddeffrown. Ond na ad i ni dderbyn dirgelwch o'n cwmpas, yn neddfau natur, ac yn rhyfeddodau ein heneidiau. O Dad trugarog, gwna ni'n dawel a chadarn yn y gred dy fod Ti'n agos atom. Ti yw ein noddfa a'n nerth, ac oddi tanom y mae'r breichiau tragwyddol. Clodforwn Di am bopeth a rydd nerth a llawenydd i'n calonnau.

Cofiwn hefyd am dy waith yn ail-greu y galon edifeiriol, gan ein golchi, a dileu ein drygioni. Gad i'r profiad hwnnw ddod yn fyw i bob un ohonom, yn enw ein Harglwydd Iesu Grist, Amen.

D. Morlais Jones a J. Gwilym Jones (goln),
Rhagor o Weddïau yn y Gynulleidfa

MAWL A DIOLCH I DDUW

Molwn di, O Arglwydd, ein creawdwr.
Molwn di am odidowgrwydd gwaith dy ddwylo;
am ryfeddod a harddwch y cread mawr o'n cwmpas;
am brydferthwch y wlad y cawn fyw ynddi;
am godiad a machlud yr haul bob dydd;
am y mynyddoedd uchel a'u copaon gwyn;
am yr ynysoedd heirdd a'u palmwydd tal;
am draethau melyn a moroedd cwrel.

Aled Davies, ***Oedfaon Ffydd***

DUW'R CREAWDWR A'R CYNHALIWR

Ti, Greawdwr mawr y nefoedd,
mor ardderchog dy weithredoedd;
ti yw Brenin creadigaeth,
ti yw awdur iachawdwriaeth.

Plygwn ger dy fron i'th addoli,
a gwnawn hynny mewn rhyfeddod:
rhyfeddod y gall rhai di-nod fel ni
blygu gerbron Creawdwr a Chynhaliwr pob peth.

Addolwn di wrth feddwl am ryfeddod dy greadigaeth;
ac addolwn di o gofio mai ti yw cynhaliwr popeth sy'n bod.
Wedi'r creu, ti sy'n cynnal yr hyn a grewyd gennyt,
a diolchwn am bob cynhaliaeth a fu yn ein bywydau ni,
ac ym mywydau pawb o'n cydnabod.

Ti, O Dduw, sy'n pwyso'r bryniau
a'r mynyddoedd mewn cloriannau;
ti sy'n pwyso'r wan ochenaid
ac yn mesur ingoedd enaid.
Ysbrydola ni, O Arglwydd,
fel y bydded inni ganfod prydferthwch dy greadigaeth:
rho inni weledigaeth o brydferthwch sancteiddrwydd;
dyro inni lygaid a chlust i werthfawrogi
harddwch môr a mynydd, daear ac awyr a sêr,
i glywed cân aderyn, i ganfod lliw blodau,
a mân symud yr anifeiliaid.
Yn fwy na dim, caniatâ i ni ddirnad gogoniant dy feddwl di
fel y'i hamlygwyd yn yr efengyl dragwyddol,
ac ym mywyd y rhai a waredwyd drwy dy ras.
Arglwydd, creawdwr goleuni,
ti sy'n adnewyddu goleuni yn ein bywyd bob bore,
llewyrcha oleuni dy drugaredd arnom;
goleua ein deall â'th wirionedd,
a phâr i'n calonnau lewyrchu gan dy gariad.
Dangos inni, Arglwydd, brydferthwch bywyd
y rhai a adnewyddwyd gan gariad Iesu Grist,
a galluoga ni i gyfleu'r cariad hwnnw i eraill.
I ganol holl ogoniant a rhyfeddod dy greadigaeth di
dygwyd hagrwch a drygioni.
Maddau i ni am lygru dy greadigaeth,
a chymorth ni y dydd hwn drwy waith a gweddi i'th addoli
ym mhrydferthwch dy sancteiddrwydd.

Creawdwr nerthoedd byd,
efe, Gynhaliwr bod,
yw'r un a rydd i ninnau nerth
i ganu cân ei glod.

Mae cenedlaethau'r nef,
pob cenedl a phob gwlad,
a'r cread oll yn chwyddo'r gerdd
o fawl i'r Duw sy'n Dad.
Amen.

Aled Davies, *Oedfaon Ffydd*

MAWL I'R YSBRYD GLÂN

Ein Tad, ti yw pensaer y Cread, awdur pob dirgelwch fel yn y dechreuad; rwyt ti o hyd yn creu ac yn dymuno i bopeth fod yn dda. Cofiwn i ti greu dyn yn goron ar dy greadigaethau, a'i fendithio, ac ar ôl gosod dy ddelw arno, a'th anadl ynddo, i ti ymddiried iddo dy fyd. Datguddiaist i ni dy fwriad grasol, a threfnu yn dy ddoethineb dy gynhaliaeth i bawb, a chyfrifoldeb am ddefaid ac ychen, anifeiliaid gwylltion, adar y nefoedd a physgod y môr. Arglwydd, mor ardderchog yw dy enw ar yr holl ddaear!

Cyffeswn ger dy fron, gyda chywilydd, i ni amharchu dy ddeddfau, bychanu dy eiriau, camliwio dy feddyliau, camarfer dy roddion, a byw yn afradlon. Pechasom, gan anufuddhau i'th lais, lladd ein gilydd ar draws y canrifoedd, llygru dy fyd, camddefnyddio dy ddoniau hael i ni, a thristáu dy Lân Ysbryd. Amen.

Aled Davies, *Oedfaon Ffydd*

GWEDDI AM OFAL DUW TROSOM A THROS EI HOLL GREADIGAETH

Diolch, Arglwydd y Cread,
am ddirgelwch bywyd,
am y pethau sy'n gwneud i ni ryfeddu a synnu,
am bethau sy'n gwneud i ni ddotio atyn nhw,
am bethau sydd tu hwnt i'n deall ni,
am bethau sy'n ein harwain ar ein gliniau,
mewn gostyngeiddrwydd a gwyleidd-dra.
Diolch, Arglwydd y Cread,
am fyd hardd a phrydferth,
am amrywiaeth pethau byw,
am gydberthynas rhwng gwahanol rywogaethau,
am gael rhannu'r cread â myrddiynau o greaduriaid,
am ein galw i stiwardio, gofalu, parchu a dangos consyrn at y byd
a phobl eraill.

Diolch, Arglwydd y Cread,
am batrwm a threfn i fywyd,
am godiad haul yn y bore a machlud yr hwyr,

am dro'r tymhorau a threiglad y blynyddoedd,
am gylchdro'r sêr a'r planedau,
ac am gilwg ar alaethau tu hwnt i'n planed ni,
a'r cyfan yn datgelu trefn dy gread Di.
Diolch, Arglwydd y Cread,
am roi i ddyn y gallu i feddwl
ac i chwilio i ddirgelwch dy gread.
Maddau i ni, Arglwydd y Cread,
y trachwant sy'n difetha yfory
er mwyn i ni gael diddanwch a chysur heddiw,
y diogi sy'n atal a rhwystro yfory
er mwyn i ni gael byd braf heddiw,
y diofalwch sy'n llygru yfory
er mwyn i ni gael esmwythdra heddiw,
yr anghyfiawnder sy'n amddifadu yfory
er mwyn cyfoethogi ein byd ni heddiw,
y ffolineb sy'n anghofio yfory a byw yn unig
er mwyn heddiw a'i bleserau.
Arglwydd, heddiw, yfory ac yn dragywydd
heria ni i newid ein hagwedd
a byw heddiw gan baratoi ar gyfer yfory.

Helpa ninnau hefyd, Arglwydd y Cread,
i ehangu ein gorwelion
ac i weld tu hwnt i bopeth,
dy fod Ti yn bod. Amen.

Huw John Hughes, *Yr Enw Mwyaf Mawr*

LLAWENYDD A HARDDWCH CARIAD

Ein Tad, yr hwn wyt yn y nefoedd, diolchwn i Ti am fendithio y ddaear hon. Fedrwn ni byth restru dy roddion i gyd, maen nhw mor niferus. Diolchwn am y llawenydd sydd ynghlwm wrthynt. Llawenydd y tymor arbennig hwn. Er bod y dail yn newid eu lliw, a bod eu cwymp yn agos, nid oes tristwch yn nail yr hydref. Fel yr haf, felly'r hydref, 'marw i fyw' a wna.

Diolch wedyn am harddwch y tymor. Wrth newid eu gwedd a'u gwisg, mae'r coed, y perthi a'r llwyni yn dapestri hardd, a lliwiau'r enfys ym mhasiant y blodau. Felly dy roddion a'th fendithion, y llawenydd a'r harddwch sydd iddynt. Ond er eu cystal, mae'r harddwch a'r llawenydd a berthyn i'r rhodd fwyaf a gawsom, sef Iesu Grist, yn rhagori llawer iawn mwy.

'Mae Iesu'n fwy na'i roddion'.

Gareth Maelor, *Helo pwy sy' 'na*

DUW Y CRËWR

Y Ti sy'n rhoi'r haul disglair, a disgleirdeb y rhew hefyd,
Ti wnaeth greu'r afonydd, a'r eogiaid yn yr afon.

Crefft anhygoel, O Grist, oedd gwneud i'r gollen flodeuo;
trwy dy allu di hefyd y daw'r gneuen, Ti flaguryn yr ŷd.

Er nad yw plant dynion yn haeddu'r adar a'r pysgod,
yr Un Anfarwol ar y groes wnaeth y pysgod a'r adar.

Efe sy'n gwneud i flodau'r ddraenen wen dorri trwy'r
rhisgl, a blodau'r gollen ar y coed. Pa wyrth sy fwy na'r rhain?

Gerald Morgan ac A K Morris, *Gwyn Fyd*

GREAWDWR DDUW

Greawdwr Dduw,
diolchwn iti am rodd y blaned daear,
am harddwch dydd yn ei ddisgleirdeb,
am fedru gorffwys y nos mewn tywyllwch.

Rydym yn cyfaddef na fuom yn deilwng o'th rodd;
rydym wedi difwyno'r ddaear
a gawsom yn etifeddiaeth;
rydym wedi anwybyddu deddfau iechyd natur;
rydym wedi anufuddhau i'th air.
Maddau inni a chynorthwya ni i gymryd gwell gofal
o'n cartrefle cyffredin, y fam ddaear.

Saer Bendigaid,
â'th gŷn gweithia fi'n siâp addas ar gyfer dy waith;
â'th blaen gwna fi'n offeryn addas i'th deyrnas;
ail-lunia fi'n gostrel deilwng o'th win
a ffurfia fi o'r newydd er gogoniant i'th enw.

Arglwydd,
trwy dy waith y caf ddechreuad,
trwy dy air y caf fywyd,
trwy dy farw y caf fy nghadw,
a thrwy dy atgyfodiad y caf obaith.

Yn symudiadau'r cymylau, y sêr a'r planedau
gwelwn dy law di'n symud, Arglwydd Dduw.
Yn symudiadau afonydd, llynnoedd a moroedd
gwelwn dy law di'n symud, Arglwydd Dduw.
Yn symudiadau'r galon, y gwaed a'r embryo
gwelwn dy law di'n symud, Arglwydd Dduw.
Yn symudiad yr enaid o'r ddaear i dragwyddoldeb
gwelwn dy law di'n symud, Arglwydd Dduw.

Dduw'r cariad,
diolchwn iti am ein pleser yn ein mam ddaear;
am ei ffrwythlondeb yng nghnwd y maes a'r berllan;
am yr hadau cuddiedig a'u haddewid am gynhaeaf;
am liwiau, arogleuon a synau natur gain.

Cyffeswn na fuom yn deilwng o'r fath roddion;
rydym wedi ysbeilio'r ddaear am ei golud;
yn ein trachwant rydym wedi lladd y ddaear wrth ei hau;
nid ydym wedi rhannu'r cynhaeaf yn deg rhwng pawb.

Maddau inni a chymorth ni i ofalu'n fwy tyner
am y fam ddaear;
fel y darparodd hithau mor hael ar ein cyfer ni,
felly dyro i ninnau lawenydd wrth ddarparu'n
hael ar gyfer eraill;
Cymorth ni i sylweddoli ein bod wedi'n clymu ynghyd

gyda'th holl blant di ac wedi ein galw i fyw mewn cytgord
ar y blaned hardd hon.

Cyflwynaf fy nghariad iti, Arglwydd,
a derbyniaf dy lawenydd di;
Cyflwynaf fy llawenydd iti, Arglwydd,
a derbyniaf dy dangnefedd di;
Cyflwynaf fy nhangnefedd iti, Arglwydd,
a derbyniaf dy gariad di.

Amser hau a chasglu, rhodd Arglwydd yr haul,
Cynhaeaf llynnoedd a moroedd, rhodd Arglwydd y glaw,
Cynhaeaf maes a mwynglawdd, rhodd Arglwydd y ddaear,
Amser hau a chasglu, rhodd Arglwydd y tymhorau.

Greawdwr doeth a chariadlon,
rhown iti foliant a diolch am oleuni ein llygaid,
am yr haul tanbaid ganol dydd,
am dynerwch golau lleuad ganol nos,
am lewyrch sêr mewn awyr dywyll, felfed,
am gynnwrf godidog lliwiau'r machlud
a gogoniant euraidd y wawr.

Cyffeswn inni'n rhy aml gymryd hyn oll yn ganiataol
gan fethu gweld y fraint fawr sy'n eiddo i ni
yn rhodd goleuni.
Atgoffa ni'n barhaus o'th gariad.
Boed inni fynegi'n diolchgarwch
mewn bywydau wedi eu hoffrymu yn dy wasanaeth.

Arglwydd y ddeilen, Dduw'r sêr,
Rhoddwr dŵr, Greawdwr moroedd,
Dad trugareddau, Waredwr mewn cariad,
Ysbryd heddwch, Drindod sanctaidd,
aros gyda ni'n wastadol.

Greawdwr Dwyfol,
diolchwn iti am hyfrydwch pur

yr holl greaduriaid hardd a wnaethost
a'u gosod yma i rannu'r blaned hon â ni.

Am bopeth sy'n nofio yn nyfnder y môr,
am bopeth sy'n hedfan yn uchelderau'r nefoedd,
am bopeth sy'n crwydro meysydd a gwastadeddau, diolchwn i ti.

Cyffeswn na fuom yn stiwardiaid da.
Rydym wedi hela, abwydo, maglu, arteithio a lladd
anifeiliaid dirifedi, gwyllt a dof.
Buom yn achos tranc rhywogaethau cyfan
trwy ein trachwant a'n hecsploetio hunanol ar anifeiliaid.
Buom yn achos tristwch yn y nef a galar ar y ddaear
trwy gamddefnyddio adar, bwystfilod a physgod.
Maddau inni a symbyla ni i fod yn well stiwardiaid.

Yn nhywod yr anialwch
mae dŵr bywyd mor werthfawr, mor hanfodol.
Mewn pentrefi pellennig wedi eu llyffetheirio gan dlodi
mae reis bywyd mor werthfawr, mor hanfodol.
Ar ffermydd truenus y gwledydd llai datblygedig
mae gwrtaith mor werthfawr, mor hanfodol.
Ac eto caiff dŵr ei arllwys yn hael ar lawntiau byd hamdden;
caiff reis ei daflu i finiau sbwriel gwestai moethus;
caiff gwrtaith ei wasgaru'n ddibrin ar gyrsiau golff llewyrchus.

Dduw'r tlawd,
heria'r Sacheus ym mhob un ohonom,
symbyla ni i roi o'n digonedd,
i rannu'r pethau da a ymddiriedwyd inni,
fel y bo'r anialwch yn blodeuo fel rhosyn
a'r pentrefi'n atsain â chaneuon dathlu.

Greawdwr Frenin,
ti yw'r dŵr bywiol,
ti yw'r aer trydanol,
ti yw'r ddaear ffrwythlon,
ti yw calon y cyfanfyd.

Greawdwr yn creu, crea ysbryd newydd o'm mewn
imi fod yn un â dŵr, aer a daear.

Yn y cynamser, y creu; gwnaethost ti'r cyfanfyd.
Yn y dechreuad, y creu; bu iti wahanu tir a môr.
Ar y cychwyn, y creu; creaist oleuni mewn tywyllwch.
Yn y cynamser, y creu; lluniaist ŵr a gwraig ar dy ddelw.

Wehydd Dwyfol,
gwnaethost fyd o harddwch astrus
a pheri ein bod yn perthyn i'n gilydd ym mhatrwm dy greadigaeth,
natur, pobl, anifeiliaid, haul, sêr, afonydd, moroedd,
wedi eu gwau yn un cyfanwaith ac eto mor amrywiol
yn unigol.

Cyffeswn nad ydym wedi parchu
y modd yr ydym wedi'n cydgysylltu;
rydym wedi rhwygo defnydd ein cymdeithas;
rydym wedi darnio brethyn ein hundod;
rydym wedi llarpio'r edafedd sy'n ein clymu.
Maddau inni a galluoga ni i ailweithio'r patrwm,
i adfer popeth sy'n ein clymu,
bobl wrth bobl, anifeiliaid a phobl,
ddynolryw i'r ddaear, dy blant i ti,
er mwyn inni fod eto'r hyn a fwriedaist inni fod,
yn unigryw ynom ein hunain
ac eto'n gyfan ac ynghyd yn ein byd cydgysylltiedig.

Glyn Tudwal Jones, *Gweddïau'r Pererin*

Y BYD O'N CWMPAS

Gadewch i ni gydnabod nerth a mawredd Duw
a adlewyrchir yn rhyfeddod a dirgelwch ei greadigaeth.
Eangderau'r ddaear;
gwagedd enfawr y gofod;

gorwel di-ben-draw y moroedd, yn rhyfeddol yn ei lonyddwch, yn ddychryn yn y storm.
Yr Arglwydd, ef sydd Dduw:

Gogoneddwn dy enw sanctaidd, O Arglwydd.

Meysydd iâ pegynau'r De a'r Gogledd; dirgelwch yr anialwch mud;
y rhyfeddod mân a ddatguddir â'r meicrosgop;
y perffeithrwydd, yr amrywiaeth, y lliw
a'r prydferthwch a amlygir yn y greadigaeth.
Yr Arglwydd, ef sydd Dduw:

Gogoneddwn dy enw sanctaidd, O Arglwydd.

Lluosogrwydd pobloedd y ddaear; amrywiaeth cenhedloedd a hil;
amrywiaethau gobaith a diwylliant, galluoedd a dirnadaeth dynol;
y gred mewn brawdoliaeth a goddefgarwch
y ceir cipolwg arnynt yn yr Eglwys ac a welir orau yn Iesu Grist.
Yr Arglwydd, ef sydd Dduw:

Gogoneddwn dy enw sanctaidd, O Arglwydd. Amen.

Trefor Lewis, *Gweddïau i'r Eglwys a'r Gymuned*

BYD DUW

Ti, Arglwydd, a greodd y bydoedd
a threfnaist i'r wawrddydd ei lle,
dy allu a daenodd y nefoedd,
a'th gerbyd yw cwmwl y ne'.

Down gyda diolch yn ein calonnau yn awr, O Dduw, am i Ti greu y nefoedd a'r ddaear, a gwahanu'r goleuni oddi wrth y tywyllwch, a rhoi cyfle i'r hil ddynol i ofalu am dy gread. Mae ôl dy fysedd ym mhob man o'n cwmpas, ac felly boed i ni droi ein meddyliau atat Ti, y Crëwr, a pheidio â chymryd popeth yn ganiataol, a boed diolch yn ein calonnau am yr hyn a gawn eu benthyg gennyt Ti dros dro.
Y nefoedd sydd yn datgan dy ogoniant,

a'r ffurfafen sy'n mynegi gwaith dy fysedd.

Bendithiaist lafur dyn ar y ddaear, a rhoddaist inni lygaid i weld yr harddwch sydd o'n cwmpas. Cywilyddiwn wrth feddwl mor aml yr anghofiwn amdanat, er inni gael ein dysgu ym more oes mai Ti yw ein Crëwr a'n Cynhaliwr. Cerddwn drwy'r byd yn aml, heb sylweddoli'r fraint o gael byw a chael ein cynnal trwy dy ras a'th haelioni, a heb sylweddoli ein dibyniaeth arnat.

Maddau i ni am y balchder hwnnw sy'n peri i ni ymffrostio yn ein gallu ein hunain, y balchder sy'n ein cymell i geisio byw yn annibynnol arnat, a'n gwneud ein hunain yn ganolbwynt pob peth. Diolch i Ti am dy gariad a'th ras tuag atom, er i ni droi ein hwynebau i gyfeiriadau eraill mor aml, ac anghofio amdanat.

Deui atom yn ein gwendid, gan ein codi ar ein traed;
drwy dy ysbryd, drwy dy bobol, sefyll yr wyt Ti o'n plaid.
Deui atom yn ein trallod, gyda chysur yn dy lais;
drwy dy Ysbryd, drwy dy bobol, parod wyt i wrando'n cais.

Maddau i ni am y ffordd y caiff cyd-ddynion eu trin gennym, er iddynt fod yn frodyr a chwiorydd i ni. Dysg ni i rannu dy drysorau ag eraill, gan sylweddoli o'r newydd nad gwaith angylion yw troi byd o boen a braw yn fyd o gariad pur, a heddwch ar bob llaw, ond yn hytrach, fod Iesu wedi ein hanfon **ni** i'r byd i wneud ei waith a gwneud yn siŵr y daw ei deyrnas ef yn ffaith.

Dangos dy hun o'r newydd i ni; gwna ni'n ofalwyr gwell o'th winllan, ac yn gymwynaswyr gwell i'n cyd-ddynion. Gofynnwn hyn yn enw ein Harglwydd Iesu Grist. Amen.

Alice Evans, *Wyth Oedfa*

GWEDDI

Arglwydd, creaist y ddaear yn y fath fodd fel y dygodd dyfiant.
Trefnaist i'r llysiau a'r coed ddwyn had a ffrwyth yn ôl eu rhywogaeth,
ac ar derfyn y trydydd dydd gwelaist fod hyn yn dda.
Ai da Arglwydd, fod ffrwythau'n rhagori ar ei gilydd mewn maint,
ffurf, lliw a blas?
Ai da fod rhai'n ddanteithfwyd ac eraill yn ôl eu rhywogaeth ond bwyd anifail?

Ai da ein bod ninnau hefyd yn ôl ein safleoedd a'n swyddi yn freintiedig,
ac eraill o'n plith yn rhy gyffredin a syml i hawlio eu lle yn ein byd?
Arglwydd, diolch am y ffrwythau cyffredin a'r llysiau di-sylw
a gadwodd deuluoedd rhag newyn, a'u cynnal mewn cyni.

Diolch am drigolion llariaidd ein daear –
y rhai sy' mor ostyngedig fel na wyddant eu bod yn naturiol wylaidd.
Hwy a'n gwna yn genedl wâr.
Diolch i Ti, Arglwydd y cread:
– am fywyd a gwyrth y blodau
a ninnau weithiau'n ddigon ffôl i alw rhai ohonynt yn chwyn.
Defnyddiaist hwy i droi anialdir tristwch yn ardd llawenydd.

Diolch i Ti:
– am orchuddio hagrwch cors anobaith
â harddwch **yr erwaint a sidan wen;**
– am gyfoethogi moelni'r mynyddoedd
ag **arian y gweiriwr** ac aur **yr eithin;**
– am anadlu arnom awelon maes a môr i adnewyddu corff ac ysbryd –
awelon sy'n llawn o beraroglau **gweiriau** a **gwymon,**
meillion a **mintys gwylltion.**
Pan gollir y blodau fe gollir y cwbwl.

Felly Arglwydd y cread, gwasgara'r paill a'r had
fel y pery'r ddaear i flodeuo fel ag erioed.

Diolch wnawn am fwynder hydref,
A'i dawelwch dros y wlad;
Ffrwyth y maes a gwynfyd cartref
Ddaeth o'th ddwylo di, ein Tad;
Dy fendithion sy'n ddi-drai,
Mawr dy gariad i bob rhai. Amen

R. Bryn Williams

Gareth Maelor, *Ystyriwch y Lili*

GWAITH EI DDWYLO EF

Arweinydd: Yn y dechreuad, creodd Duw y byd:
Gwragedd: Creodd y byd a bu'n fam iddo,
Gwŷr: Ffurfiodd y byd a bu'n dad iddo;
Gwragedd: Llanwodd y byd â hadau ac arwyddion o ffrwythlondeb.
Gwŷr: Llanwodd y byd â chariad a'i bobl â gallu.
Arweinydd: Y cyfan sy'n wyrdd, glas, dwfn ac yn tyfu,
Pawb: **Eiddo Duw yw'r llaw a'u creodd.**
Arweinydd: Y cyfan sy'n dyner, cadarn, peraroglus a rhyfedd,
Pawb: **Eiddo Duw yw'r llaw a'u creodd.**
Arweinydd: Y cyfan sy'n ymlusgo, hedfan, nofio,
cerdded neu'n llonydd,
Pawb: **Eiddo Duw yw'r llaw a'u creodd.**
Arweinydd: Y cyfan sy'n siarad, canu, wylo, chwerthin neu'n ddistaw,
Pawb: **Eiddo Duw yw'r llaw a'u creodd.**
Arweinydd: Y cyfan sy'n dioddef, cloffi,
mewn angen, neu'n hiraethu am derfyn,
Pawb: **Eiddo Duw yw'r llaw a'u creodd.**
Arweinydd: Eiddo'r Arglwydd yw'r byd.
Pawb: **Eiddo ef yw'r ddaear a'i holl bobl.** Amen

Cymuned Iona yn Edwin C. Lewis, *Mil a Mwy o Weddïau*

RHYFEDDOD Y GREADIGAETH

Bensaer Dwyfol,
molwn di am ryfeddod y greadigaeth,
am haul a lloer a sêr.
Cofiwn o'th flaen yr anturwyr hynny
sydd wedi torri llwybrau i'r planedau;
rho ddewrder a ffydd i'r gofodwyr hynny
sydd wedi teithio i'r lleuad
a wynebu peryglon mewn lleoedd pell.
Rho allu a dealltwriaeth
i'r rhai sy'n cynllunio ac adeiladu rocedau.
Wrth i'n dealltwriaeth o'r bydysawd ehangu
boed i'n gwybodaeth ohonot ti ddyfnhau. Amen.

DIOLCHWN AM BRYDFERTHWCH EIN BYD

Greawdwr doeth a chariadlon,
rhown iti foliant a diolch am oleuni ein llygaid,
am yr haul tanbaid ganol dydd,
am dynerwch golau lleuad ganol nos,
am lewyrch sêr mewn awyr dywyll, felfed,
am gynnwrf godidog lliwiau'r machlud
a gogoniant euraidd y wawr.
Cyffeswn inni'n rhy aml gymryd hyn oll yn ganiataol
gan fethu gweld y fraint fawr sy'n eiddo i ni
yn rhodd goleuni.
Atgoffa ni'n barhaus o'th gariad.
Boed inni fynegi'n diolchgarwch
mewn bywydau wedi eu hoffrymu i'th wasanaeth. Amen.

Glyn Tudwal Jones, *Gweddïau'r Pererin*

HARDDWCH BYD DUW

Molwn di, O Arglwydd, creawdwr nef a daear, am harddwch y byd a roddaist inni i breswylio ynddo:

am heulwen a chawod a chwmwl;
am y nos a'i sêr aneirif;
am ddisgleirdeb cyntaf y wawr a llewyrch olaf y machlud;
am gadernid ac urddas mynyddoedd ac am brydferthwch dyffrynnoedd;
am gyfaredd y môr hefyd yn ei dawelwch a'i gyffro;
am dlysni a sirioldeb blodau, ac
am goed yn amser gwanwyn.
Rhyfedd yw dy weithredoedd, O Dduw, ac uwchlaw ein deall ni.

Elfed ap Nefydd Roberts, *Yn Ôl y Dydd*

AM HOLL FENDITHION DUW

Ein Duw Hollalluog a chariadlon,
deuwn gyda'n gilydd yn enw Crist,
fel dy bobl,
dy deulu,
dy blant.
Bendithiaist ni â chymaint:
yn ddiolchgar molwn di.

Diolchwn i ti am dy gariad, mor gyson,
dy ofal, mor ffyddlon,
a'th arweiniad, mor sicr.
Bendithiaist ni â chymaint:
yn ddiolchgar molwn di.

Diolchwn i ti am gael dy gyfarch fel 'Ein Tad';
ac nad yw ein perthynas â thi
yn un o ofn, dyletswydd neu waseidd-dra,
ond un o gariad, ymateb diolchgar a rhyddid.
Bendithiaist ni â chymaint:
yn ddiolchgar molwn di.

Diolchwn i ti am ryfeddod y greadigaeth,
prydferthwch y ddaear
ac aruthredd y bydysawd.
Bendithiaist ni â chymaint:
yn ddiolchgar molwn di.

Diolchwn i ti am lawenydd bywyd,
am gariad teulu a ffrindiau
a'r pleser sydd i'w gael mewn gwaith a hamdden.
Bendithiaist ni â chymaint:
yn ddiolchgar molwn di.

Diolchwn i ti am fwyd a dillad,
iechyd a nerth
corff, meddwl ac ysbryd.

Bendithiaist ni â chymaint:
yn ddiolchgar molwn di.

Ein Duw hollalluog a chariadlon,
am y bendithion a dderbyniasom,
y llawenydd a brofwn,
y cariad sy'n ein hamgylchynu
a'r gobaith sy'n ein cynnal o ddydd i ddydd,
deuwn â'n mawl diolchgar.
Bendithiaist ni â chymaint:
Yn ddiolchgar molwn di.
Yn enw Crist. **Amen**

Eirian a Gwilym Dafydd, ***Gweddïau'r Pedwar Tymor***

BENDITHION DUW

O Dad, diolchwn i ti am y cyfle hwn i ddod atat mewn gweddi. Mae gyda ni i gyd lawer rheswm dros ddiolch i ti oherwydd rwyt ti'n tywallt dy fendithion arnom yn gyson. Diolchwn am ryfeddod y cread o'n cwmpas, am wyrthiau tymhorol byd natur, am bobol sy'n gwneud ein bywyd yn werth ei fyw. Gwyddom hefyd mai ti sy'n rhoi dawn i'r cerddor, gallu creadigol i'r cerflunydd a medr i'r artist. Ac rwyt ti'n ein galluogi ninnau i werthfawrogi eu doniau nhw. Diolchwn i ti, O Dad. Ond diolchwn hefyd dy fod wedi plannu hadau ym mhob un ohonom ninnau i ddweud amdanat ti a'th wasanaethu di yng Nghrist. Cynnal ni yn y mannau lle'r ŷm ni'n wan yn ein tystiolaeth. Pan wyt ti'n ewyllysio i ni wneud un peth, neu fynd i un cyfeiriad, maddau i ni ein bod ni mor benstiff â mynnu dilyn trywydd arall. Gwna ni'n well tystion i ti os gweli'n dda.

Bydd gyda phawb yn awr a fyddai'n caru rhan yn ein gweddi – mae angen pob un ohonom yn wahanol – a'r rhyfeddod yw dy fod ti'n gallu diwallu'r holl anghenion hynny. Rho i ni felly, bob un ohonom, yn ôl ein hangen. Gofynnwn hyn yn enw Iesu Grist ein Harglwydd. Amen.

Meurwyn Williams, ***Mil a Mwy o Weddïau***

DIOLCH AM RYFEDDODAU A BENDITHION

Dad cariadlawn, bendithiwn di â chalonnau diolchgar:
am ryfeddodau'r bydysawd ac am ffrwythau'r ddaear;
am ddatblygiad y ddynoliaeth, y rhoddion a'r talentau a roddaist i ni ac am fendithion ein trefn gymdeithasol;
am bleserau celfyddyd a cherddoriaeth, llenyddiaeth a drama;
am ddarganfyddiadau gwyddoniaeth ac egwyddorion cyfiawnder;
am gariad dynol, am gysuron ein cartrefi a chwmnïaeth cyfeillion;
am faddeuant pechodau, am newyddion da yr Efengyl ac am arweiniad a gweddïau dy Eglwys.

Am dy holl ddaioni ac am y mwyaf o'th roddion, dy Fab Iesu Grist,
gobaith holl gyrrau y ddaear a'n Gwaredwr ninnau:
Offrymwn i ti ein clod a'n diolch.

Elfed ap Nefydd Roberts, *Yn Ôl y Dydd*

DIOLCH CYFFREDINOL

GWEDDI

Diolch i Ti, Arglwydd:
– am y dorth nad oes rhaid ei thylino,
– yr un nad oes rhaid ei phobi,
– y dorth nas gwelir mohoni ar silff y siop
na chwaith ar fwrdd y gegin i'n digoni dros dro.

Diolch i Ti:
– am y bara na ellir ei brynu.
Nid 'ein bara beunyddiol'
ond y bara sy'n para byth.
– Y bwyd bywiol sy'n Fara'r Bywyd.
– Bara cofio bwrdd y cymun
a dorrir trosom a ninnau'n annheilwng o'r briwsion
sy'n syrthio oddi ar y bwrdd.

Diolch am eiriau Iesu,
'Myfi yw Bara'r Bywyd.' Amen.

Gareth Maelor, *Ystyriwch y Lili*

DIOLCHWN I TI

Diolchwn i Ti
Am anadl yn y ffroen bob bore
Pan ddihuno'r corff o drwmgwsg y nos.
Diolch i Ti
Am y dwrn ar dalcen y drws,
Neu dinc cynnar y gloch
Pan estynno'r postman y llythyr
I'n llawenhau;

Diolchwn i Ti
Am wyrth y radio a'r teledu
Sy'n hebrwng y byd eang i'n haelwyd;

Ac am y bachgen-ysgol a gododd yn gynnar
I chwibanu ei ffordd drwy'r cyfddydd
O dŷ i dŷ
I ollwng papur newydd a'r cylchgrawn
Yn drystfawr trwy'r drws.

Diolchwn i Ti
Am y meddyg a ffiol ei ffisig,
Am y siopwr sy â'i silffoedd yn gymen a'i glorian yn gytbwys,
Am ferched sy â'u bysedd buain ar ddawns dros wyddor y teipiadur;
Am feibion crefft i drwsio a llunio â llaw;
Am ysgubwr y ffordd, ac ysgwyddwr llychlyd y biniau,
Am bawb sy'n barod i gyflawni'r beunyddiol bethau dibwys . . .

Maurice Loader, *Taro'r Sul*

GWEDDI O DDIOLCHGARWCH

O Arglwydd ein Duw, Crëwr a Lluniwr popeth; Tydi yw ffynhonnell bywyd a'i gynhaliaeth. Diolchwn i Ti am dir ffrwythlon.

Diolchwn i Ti am grefft yr amaethwr, yr hwn sydd yn trin y tir, yn hau yr had ac yn medi'r cynhaeaf.

Gwyn fyd y neb o'i febyd – fu'n gymar
I'r ddaear werdd ddiwyd;
Y gŵr a arddo'r gweryd,
A heuo faes, gwyn ei fyd.

Diolchwn i Ti am y dydd arbennig hwn i gofio mai Ti, Arglwydd, sydd yn rhoi twf i'r had ac aeddfedrwydd i'r grawn. Deisyfwn dy fendith ar waith yr amaethwr am y dibynnwn gymaint arno am fwyd a chynhaliaeth.

O Arglwydd ein Duw, Crëwr a Lluniwr popeth, Tydi yw ffynhonnell bywyd a'i gynhaliaeth. Diolchwn i Ti am y golud sydd yn y graig ac yn y ddaear. Diolchwn i Ti am y glöwr sydd yn trin y glo yn nhywyllwch y ddaear, gan sicrhau i ni aelwydydd diddos a chynnes.

Caner a rhodder iddo – glod dibrin
Y werin a'i caro.
Nydder y mawl a haeddo
I arwr glew erwau'r glo.

Diolchwn i Ti am grefft y chwarelwr a'r saer maen, y rhai sydd yn sicrhau cartrefi ac aelwydydd cyfforddus ar ein cyfer. Diolchwn i Ti am yr orig hon i gofio mai Ti, Arglwydd, sydd yn darparu o hyd at raid dynol-ryw. Deisyfwn dy fendith ar bob crefftwr yn ei waith, am y dibynnwn gymaint arnynt i hwyluso ein bywyd ar y ddaear.

O Arglwydd ein Duw, Crëwr a Lluniwr popeth, Tydi yw ffynhonnell bywyd a'i gynhaliaeth. Diolchwn i Ti am waith y gwyddonydd yn dyfeisio ac yn cynllunio peiriannau ar gyfer dyn yn ei waith ac yn ei gartref. Diolchwn i Ti am ddawn a thalent o eiddo'r gwyddonydd, a ddefnyddir er lles dyn ac er gogoniant i'th enw Di. Diolchwn i Ti am addysg a gwybodaeth, celfyddyd a chrefft, diddordebau a mwyniant creadigol a'r holl bethau hynny sydd yn cyfoethogi'n bywyd. Dyro, O Arglwydd, dy fendith ar ddiwylliant dyn, gan ein dysgu i'w ddefnyddio yn ddoeth ac anhunanol.

Trwy bob gwybodaeth newydd,
Gwna ni'n fwy doeth i fyw;
A gwisg ni oll ag awydd
Gwasnaethu dynol-ryw.

Bendithia ddyn yn ei holl weithgarwch, fel y byddo'r cyfan yn gyfrwng mawl i Ti a lledaeniad yr Efengyl. Yn enw Iesu Grist ein Gwaredwr, Amen.

O Arglwydd bywyd,
yn ein mawl, yn ein gwaith, ac yn ein hamdden;
gwrando'n cri.
O Arglwydd, ein cynhaliwr mawr;
cofia'r newynog a'r anghenus, y digynhaliaeth a'r diymgeledd.
O Arglwydd ein bugail mawr,

Yng nghanrif y ffoaduriaid a'r bobl ddigartref,
Fforestydd ohonynt, di-bridd a diwreiddiau:
A wnei Di gofio am y rhain, y Bugail di-obennydd?
Am y di-gorlan a'r di-gynefin breiddiau.

O Arglwydd, ein barnwr cyfiawn,
cofia'r difreintiedig, y tlawd, y rhai isel-radd a'r rhai sy'n newynu am gyfiawnder.
O Arglwydd pob cenedl a lliw,
cofia'r tywyll ei groen yn ei frwydr am ei hawliau a'i ryddid.
Yn wyneb yr anghyfiawnder sydd yn ein byd,
gwna ni yn gyfryngau bywiol ac achubol,
yn Ysbryd anhunanol Efengyl Iesu Grist.
Bydded i ras ein Harglwydd Iesu Grist . . . Amen.

Harri Parri a D Ben Rees, *Llyfr Gwasanaeth Ieuenctid*

DIOLCHGARWCH

Arglwydd, agor ein llygaid i ganfod dy ddaioni,
a'n genau i ganu dy glod.

Planna ynom yr ysbryd diolchgar hwnnw
sy'n gweddu i rai sy'n ymddiried ynot.

Bydd drugarog wrthym a maddau i ni –
y dallineb sy'n ein hatal rhag gwerthfawrogi dy roddion;
y diofalwch sy'n peri i ni eu camddefnyddio;
yr ysbryd hunanol sy'n ein gwneud yn drachwantus
yn ein defnydd ohonynt.

Glanha ni o'n beiau
a chymorth ni, mewn llawenydd a gostyngeiddrwydd,
i offrymu iti ein mawl a'n diolch.

O Dduw ein Tad a'n Harglwydd,
diolchwn i ti am y cyfan a greaist
ac am y cyfan a gyfrennaist i ni dy blant.
Yr wyt wedi llenwi ein bywyd â phrydferthwch a daioni,
ac wedi'n hamgylchynu â phethau hardd a defnyddiol.

Diolchwn i ti am dy gread:
am odidowgrwydd y byd o'n cwmpas;

am ogoniant y bryniau a'r dyffrynnoedd,
yr afonydd a'r moroedd,
y meysydd a'r blodau.

Yn ysblander a chyfoeth dy greadigaeth
gwelwn dystiolaeth i ryfeddod dy waith
yn ein cynnal, ein cadw a'n cyfoethogi.

Diolchwn i ti am dy ofal tadol:
am gynhaliaeth a bendithion bywyd beunyddiol;
am iechyd a nerth;
am serchiadau a chyfeillgarwch.

Yn holl fendithion bywyd yr wyt yn rhoi i ni lawenydd,
ac yn nhreialon bywyd yr wyt yn ein dysgu i ymddiried ynot.

Diolchwn i ti am dy arweiniad:
am dy ffyddlondeb i ni bob amser;
am i ti ein harwain a'n nerthu ar hyd llwybrau bywyd;
am i ti fod yn oleuni i ni ymhob tywyllwch
ac yn gynhaliaeth ymhob argyfwng.
Mewn hawddfyd ac mewn adfyd buost wrth law bob amser
i'n tywys a'n hymgeleddu.

Diolchwn i ti am rasusau'r Efengyl:
am dy gariad anfeidrol yn Iesu Grist;
am bob mesur o'th wirionedd a ddysgaist i ni;
am foddion gras a chymdeithas dy bobl;
am faddeuant pechodau ac am obaith gogoniant.

Rhoddaist i ni'r holl fendithion dirifedi hyn
i wneud ein dyddiau yn hardd ac yn llawen.

Cynorthwya ni i ymateb gyda diolchgarwch
nad yw'n bodloni ar eiriau yn unig,
ond sy'n mynegi ei hun mewn ymgysegriad
i ti ac i waith dy deyrnas.

Cyflwynwn i ti y rhai sy'n methu diolch heddiw
a'r rhai sy'n amau dy ragluniaeth a'th ofal.

Bydd yn gymorth ac yn ddiddanwch
i'r rhai sydd mewn adfyd a thrallod,
mewn galar a thristwch,
mewn afiechyd a llesgedd,
mewn unigrwydd ac anobaith.

Tro eu tywyllwch yn oleuni
a'u gofid yn gysur.

Clyw ein hymbiliau ar eu rhan,
a gwna ninnau bob amser yn fwy diolchgar
am ein dedwyddwch a'n hiechyd.

Cyflwynwn ein moliant a'n hymbiliau
yn enw ein Harglwydd a'n Gwaredwr, Iesu Grist. Amen.

Elfed ap Nefydd Roberts, *O Fewn ei Byrth*

DIOLCH AM BOPETH

Diolchwn i ti am bopeth sy'n gwneud bywyd yn werth ei fyw,
am gadernid cyfeillgarwch, a chymdogaeth dda,
am gwlwm sefydlog perthynas a gwaed,
am gariad mab a merch, a phrofedig gariad gŵr a gwraig,
am y rhodd o blentyn bach, ac am osod yr unig mewn teulu:

Diolchwn i ti, ein Tad.

Diolchwn i ti am bopeth sy'n codi ein meddyliau uwch ffiniau'r byd gweledig: Am lyfrau da, a ffrwyth myfyrdodau mawr, am farddoniaeth i'n cynhyrfu a'n deffro, ac i aros yn drysor yn y cof; am faes llafur ac am faes llawenydd; am fiwsig a rydd adenydd i'n dychymyg, am gelfyddyd darluniau a cherfiadau a fydd yn cadw inni un foment o harddwch yn fythol hyfrydwch; am bob tragwyddoli a fu ar y diflanedig, am rym gwirionedd a phrydferthwch, a phob gogoniant a luniodd dwylo dyn:

Diolchwn i ti, ein Tad.

Diolchwn i ti am y sicrwydd sydd gennym nad y byd hwn yw diwedd y daith: fod gennyt drefn lle'r atebir rywbryd ein holl gwestiynau, lle mae'r pethau y gobeithiwn amdanynt yn ffeithiau, lle cyfannir yr hyn a ddrylliwyd, ac y ceir yr hyn a gollwyd, ac y gwelir yr hyn a guddiwyd rhagom dros dro:

Diolchwn i ti, ein Tad.

Uwchlaw popeth, diolchwn i ti am ein Harglwydd Iesu Grist, ein gwynfydedig Waredwr, yr hwn a fu farw, ac sydd yn fyw yn oes oesoedd, yr hwn sydd ar dy ddeheulaw yn eiriol drosom. Diolchwn i ti am ddigonolrwydd ei gariad, a chyfoeth dihysbydd ei drugaredd, a bythol ddaioni ei faddeuant.

Clyw ein gweddi o ddiolchgarwch yn ei enw ef, ac iddo ef y byddo'r gogoniant yn oes oesoedd. Amen.

Brynley Roberts, *Cynnal Oedfa*

RHYFEDDODAU'R CREAD

Plygwn ger dy fron, Arglwydd ein Duw,
i'th gydnabod fel crëwr a chynhaliwr pob peth:
eiddot ti'r bydysawd enfawr,
oherwydd tydi sydd wedi ei alw i fodolaeth trwy dy air nerthol;
tydi sydd wedi ei gynnal trwy ganrifoedd dirifedi.
Diolchwn i ti fod gwaith ein gwyddonwyr
yn ein cynorthwyo i sylweddoli
pa mor fawr a chymhleth yw'r bydysawd:
teithia'r sêr a'r planedau trwy'r gofod enfawr
ar hyd llwybrau a ordeiniaist ti.
Ac nid llai rhyfeddodau'r bychanfyd
ym mhatrymau modrwyog yr atom a'r moleciwl.
Diolchwn i ti am y cread:
dysg ni ynghanol yr ysbeilio a'r difrodi sydd arno
i'w weld fel rhodd odidog a gyflwynaist inni.
A diolchwn i ti fod yr Arglwydd Iesu yntau
wedi cyfrannu at dy waith creadigol,

a'i fod yn ystod ei weinidogaeth ar y ddaear
wedi dangos fod grymusterau natur o dan ei law:
y fath gysur i ni yw gwybod fod y Gwaredwr
hefyd yn Arglwydd y cread,
a bod y dwylo a ddioddefodd yr hoelion dur
hefyd yn dal awenau'r cread.
Clod bythol i ti, O Dduw.

Elfed ap Nefydd Roberts, *Amser i Dduw*

BORE

O! Arglwydd a Gwneuthurwr pob dim, drwy allu creadigol yr Hwn y daeth y goleuni cyntaf, a'r Hwn a edrychaist ar fore cyntaf y byd ac a welaist mai da oedd, molaf Di am y goleuni sy'n llifo ataf drwy fy ffenestri yn awr ac yn fy nihuno i fywyd diwrnod arall.

Molaf Di am y bywyd sy'n ennyn o'm mewn:
Molaf Di am y byd cain a phrydferth yr af iddo:
Molaf Di am dir a môr a ffurfafen,
am gwmwl a yrrir gan wynt ac am gân aderyn:
Molaf Di am y gwaith a roddaist i mi i'w wneuthur:
Molaf Di am ddiddordebau f'oriau hamdden:
Molaf Di am fy nghyfeillion:
Molaf Di am fiwsig a llyfrau a chwmni da
a phob pleser glân.

Tydi yr Hwn y pery dy drugaredd yn dragywydd, rho i mi heddiw galon dyner tuag at y rhai y mae goleuni'r bore yn dwyn iddynt lai o lawenydd nag a ddwg i mi:

Y rhai y mae curiad bywyd ynddynt yn llesgáu:
Y rhai y gorfydd arnynt orwedd ar wely drwy'r oriau heulog:
Y dall, na welant olau dydd:
Y rhai sy'n gor-weithio heb brofi mwynhad hamdden:
Y di-waith, na chânt y mwynhad sydd mewn llafur:
Y galarus, sydd a'u calonnau a'u cartrefi'n wag:
Gwêl yn dda estyn dy drugaredd iddynt oll.

O! Oleuni nad yw fyth yn pallu, megis y ffrydia goleuni'r dydd drwy'r ffenestri hyn a llenwi'r ystafell, gad i mi agor ffenestri fy nghalon i Ti, fel y goleuer fy holl fywyd â disgleirdeb dy bresenoldeb. Na foed un gorwel o'm henaid heb ei oleuo â llewyrch dy wyneb-pryd.

Na foed dim ynof i gymylu sirioldeb y dydd. Boed i Ysbryd yr Hwn sydd yn oleuni dynion deyrnasu yn fy nghalon hyd yr hwyr. Amen.

HWYR

Yn awr, O! Arglwydd, ar derfyn dydd o waith, trof atat Ti unwaith eto. Oddi wrthyt Ti y daw pob peth, ynot Ti y mae pob peth yn byw, ac ynot Ti y mae diwedd pob peth. Euthum allan yn y bore gyda'th fendith, cynheliaist fi drwy'r dydd â'th ras, ac yn awr gweddïaf am i Ti roi i mi orffwys a thangnefedd. Bwriaf fy holl ofalon arnat a gadawaf ffrwyth fy llafur i Ti. Llwydda, rwy'n deisyf arnat, bopeth a wnaed heddiw yn unol â'th ewyllys, a maddau yr hyn a wnaed ar fai. Pa ddaioni bynnag a wneuthum heddiw, arddel a llwydda hynny yn ôl dy ras; ac os gwneuthum unrhyw niwed, goruwchlywodraetha hynny a'i ddileu drwy dy allu anfeidrol.

O! Arglwydd, cofiaf o'th flaen holl weithwyr y byd:
Gweithwyr â'u llaw ac â'u hymennydd:
Gweithwyr yn y dinasoedd ac yn y meysydd:
Dynion sy'n mynd allan i'w gwaith a merched sy'n cadw tŷ:
Meistri gwaith a'u gweithwyr:
Y rhai sy'n gorchymyn a'r rhai sy'n ufuddhau:
Y rhai y mae eu gwaith yn beryglus:
Y rhai y mae eu gwaith yn undonog neu'n frwnt:
Y rhai sy'n methu cael gwaith:
Y rhai sy'n gweithio yng ngwasanaeth y tlawd neu iachâd y cleifion, neu sy'n cyhoeddi Efengyl Crist gartref neu mewn gwledydd estron.

O! Grist, a ddaethost nid i gael dy wasanaethu ond i wasanaethu, cymer drugaredd ar bawb sy'n llafurio'n ffyddlon er lles dynolryw.

O! Grist, a borthaist y miloedd â thorthau a physgod, cymer drugaredd ar bawb sy'n llafurio i ennill eu bara beunyddiol.

O! Grist, a elwaist atat dy Hun bawb sy'n flinderog ac yn llwythog, cymer drugaredd ar y rhai y mae eu gwaith tu hwnt i'w nerth. Ac i Ti, gyda'r Tad a'r Ysbryd Glân, y byddo'r holl ogoniant a'r clod. Amen.

BORE

O! Dduw bendigaid, yr Hwn a roddaist i mi'r nos i orffwys a'r dydd i weithio ac i wasanaethu, caniatâ i'r hun adfywiol a gefais neithiwr gael ei defnyddio heddiw i fawrhau dy ogoniant ym mywyd y dydd hwn sydd o'm blaen.

Na ad iddo fagu diogi ynof, ond yn hytrach fy nanfon i weithredu'n fwy diwyd ac i ufuddhau'n fwy ewyllysgar.

Dysg fi, O! Dduw, i ddefnyddio holl amgylchiadau fy mywyd heddiw i feithrin ynof ffrwythau sancteiddrwydd yn hytrach na ffrwythau pechod.

Gad i mi ddefnyddio siom i feithrin amynedd:
Gad i mi ddefnyddio llwydd i feithrin diolchgarwch:
Gad i mi ddefnyddio pryder i feithrin dyfalbarhad:
Gad i mi ddefnyddio perygl i feithrin gwroldeb:
Gad i mi ddefnyddio cerydd i feithrin hirymaros:
Gad i mi ddefnyddio clod i feithrin gwyleidd-dra:
Gad i mi ddefnyddio pleserau i feithrin cymedroldeb:
Gad i mi ddefnyddio poenau i feithrin dygnwch.

O! Arglwydd Iesu Grist, yr Hwn er mwyn y llawenydd oedd o'th flaen a oddefaist y Groes heb ddiffygio, gan ddiystyru'r gwarth, ac wyt yn awr yn eistedd ar ddeheulaw gorseddfainc Duw, gad i mi feddwl amdanat yn goddef y fath elyniaeth tuag atat gan bechaduriaid, rhag i mi flino a digalonni.

Drwy'r llafur fe ddoi di
Yn eiddo im ryw ddydd, –
A'r gofid, ei ben draw
Gerllaw fy ngorsedd fydd.

Sanctaidd Dduw, cofiaf ger dy fron fy holl gyfeillion ac aelodau fy nheulu, yn enwedig ..... a ....., gan ddeisyf arnat yn dy gariad mawr eu cadw'n rhydd o afael pechod a rheoli eu gweithredoedd heddiw yn unol â'th ewyllys berffaith. Amen.

BORE

Ysbryd creadigol, sy'n ymsymud yn dragywydd dros diroedd a moroedd y ddaear, gan eu cynysgaeddu â ffurfiau a lliwiau na fedr crefft un dyn eu hefelychu, dyro i mi heddiw, rwy'n deisyf arnat, feddwl a chalon i lawenychu yn dy gread.

Gwared fi rhag i mi gerdded drwy dy fyd prydferth heb lygaid i weled:

Gwared fi rhag i atyniad y farchnad un amser ddwyn fy nghalon yn llwyr rhag hoffi'r erwau agored a'r coedydd gwyrddion:

Gwared fi, pan fwyf dan do gweithdy neu swyddfa neu fyfyrgell, rhag anghofio bwa dy ffurfafen Di uwch fy mhen:

Gwared fi, pan fo dy holl greaduriaid yn cyfarch y bore â chân a bloedd o lawenydd, rhag i mi yn unig wisgo wyneb blin a sarrug:

Boed i'r grym a'r egni y gwelaist Ti'n dda yn dy ddoethineb hydreiddio popeth byw ag ef, gyffroi ynof finnau heddiw, fel na bwyf ymysg dy greaduriaid fel gwenynen ddiog:

Ac uwchlaw pob dim dyro imi ras i ddefnyddio harddwch daear o'm cwmpas a dygyfor bywyd o'm mewn yn gyfrwng i ddyrchafu f'enaid oddi wrth y creadur at y Creawdwr, ac oddi wrth natur at Dduw natur.

Tydi yr Hwn y mae dy dynerwch dwyfol yn ehangach ac yn lletach na mesurau meddwl dyn, rho imi galon dyner a charedig tuag at bopeth byw. Na ad i mi beri poen creulon i unrhyw un o'th greaduriaid. Boed imi ofalu am les plant bach, a'r rhai sy'n wael ac yn dlawd; gan gofio, beth bynnag a wnaf i'r lleiaf un o'i frodyr, fe'i gwnaf i Iesu Grist fy Arglwydd. Amen.

Trebor Lloyd Evans, ***Bore a Hwyr: Gweddïau Personol***

FFYNHONNELL POB SANCTEIDDRWYDD A GRAS

Hollalluog Dduw, Dad trugarog,
ffynhonnell pob sancteiddrwydd a gras,
diolchwn i ti am dy ddaioni a'th gariad diderfyn
tuag atom ni a'r greadigaeth gyfan.

Diolchwn i ti am ein creu a'n cynnal
a'n hamgylchynu â'th fendithion;
ond o'th holl roddion,
diolchwn fwyaf am i ti yn dy gariad,
sydd tu hwnt i'n gallu i'w fynegi,
roi dy Fab, ein Harglwydd Iesu Grist,
i adfer ac iacháu dynolryw.

Molwn di, Dad,
am holl sianelau dy ras,
ac am y gobaith o rannu dy ogoniant.

Goleua ein calonnau a'n meddyliau
a dangos i ni fawredd dy gariad,
fel y byddwn yn ddidwyll yn ein diolchgarwch;
nid yn unig â mawl ein gwefusau
ond gydag offrymiad ein bywydau,
yn ymroddedig ac yn gyfiawn yn dy wasanaeth.

Gofynnwn hyn i gyd trwy Iesu Grist ein Harglwydd,
gyda thi a'r Ysbryd Glân,
un Duw yn awr a thros byth. Aleliwia.

Elfed ap Nefydd Roberts, ***Amser i Dduw***

GWELD O'R NEWYDD

Dyro inni weld o'r newydd
Mai Ti, Arglwydd, yw ein rhan.

Ti, ein Tad, a welodd yn dda greu'r byd a'n creu ninnau, ac a ddangosodd dy gariad tuag atom trwy Iesu Grist, rhoddaist inni'r gallu i weld – i weld y dydd a'r nos, i weld ceraint a chydnabod, ac i weld yr holl amrywiaeth rhyfeddol sydd yn y bydysawd.
Agor ein llygaid i ryfeddod yr hyn a welwn.

Creaist ddyn mor rhyfeddol o gywrain –
yn feddwl a chorff ac ysbryd: yn enaid byw.
Creaist fydysawd rhyfeddol ei wneuthuriad a chywrain iawn ei ddeddfau.
Diolchwn am y wefr a rydd dy greadigaethau inni.
Wrth inni eu gweld, agor ein llygaid i ogoniant eu Crëwr.

Cyflwynwn i'th sylw y rhai hynny yn ein plith na chawsant
mo'r ddawn hon erioed, a'r rhai sydd wedi ei cholli.

Ein Tad, rhoddaist inni'r gallu i weld y da ac i weld y drwg,
ac i wahaniaethu rhyngddynt.
Maddau am ein bod mor barod i weld y gwael a'r hagr – am
na fynnwn weld, 'dan drueni dyn, ei fri'.

Diolchwn i Ti am y wefr a gawn o weld hunanaberth drud rhai o'th blant,
ac am yr ysbrydoliaeth a rydd hynny inni.
Agor ein llygaid i weld ein cyd-ddyn fel yr wyt Ti'n ei weld.

Ein Tad, rhoddaist i'r distadlaf y gallu i weld – gweld mewn gwirionedd: gweld y Bywyd sy'n gwefreiddio bod, y Crist sy'n cuddio yn y cread, yr Ysbryd sy'n sbardun byw.
Diolch i ti am y fflach o weld sy'n wefr ac yn fodd i fyw.
Maddau inni fod disgleirdeb materoliaeth yn ein dallu i noethni'r Crist a ogoneddwyd ar Galfaria.

O agor fy llygaid i weled
Dirgelwch dy arfaeth a'th air. Er mwyn Iesu Grist. Amen.

Harri Parri a William Williams, ***Ffenestri Agored***

DIM OND DIOLCH

Diolch i Ti, Arglwydd da,
Am bob rhodd a gefais gennyt:
Am fedru gweld a chlywed, a mwynhau dy roddion hael:
Am gartref bwyd a dillad:
Am swyn a chysur y pethau cyffredin a syml sydd o'm cwmpas o hyd.

Diolch
Am rieni da a theulu dedwydd a chariad anwyliaid hoff:
Am y gallu i feddwl ac i siarad a chyfnewid fy meddwl a'm barn ag eraill.

Diolch
Am y gymdeithas y cefais fy magu ynddi:
Am fy etifeddiaeth o'r gorffennol:
Am fedru mwynhau'r presennol:
Ac edrych ymlaen yn hyderus i'r dyfodol ar sail dy addewidion Di.

Diolch
Am gael byw mewn byd mor gyffrous:
Am amgylchfyd sy'n herio dychymyg, ac yn galw am ymroad
a menter ac ymgyflwyniad fel y byddo manteision bywyd heddiw yn fudd a bendith i fywyd yfory.

Diolch i Ti, Arglwydd da,
Am gael sicrwydd dy fod Ti yma gyda mi yn wastadol, ac
am d'addewid i aros gyda mi bob cam o'r ffordd hyd ddiwedd y daith.
Helpa fi ym mhob dim i ddangos fy niolch, nid yn unig mewn
meddwl a gair, ond hefyd trwy weithredu yn ôl y patrwm a roddwyd imi yn Iesu Grist, ac er ei fwyn Ef. Amen.

Harri Parri a William Williams, ***Ffenestri Agored***

DIOLCH I TI

"Fy enaid, bendithia yr Arglwydd, a chwbl sydd ynof, ei enw sanctaidd Ef." (Salm 103: 1)

Y mae ysbryd diolchgar, medd un, yn ein dysgu i weld, yn ein dysgu beth i'w weld, ac yn ein dysgu i weld mwy nag a welwn – gweld y tu ôl i bob dim gariad a daioni Duw.

Harri Parri a William Williams, *Ffenestri Agored*

BYWYD OLL YN DDIOLCH

"Yr ydym yn diolch iti, nid yn unig am roddi inni bethau da, ond hefyd am ein cadw rhag llawer drwg. Beth a dalwn i ti am dy holl ddoniau inni? Allwn ni ddim talu iti ond yn unig o'th eiddot dy Hun. Am hynny y mae'n dda gennym feddwl mai derbyn dy iachawdwriaeth a'th addoli ydyw'r diolch mwyaf cymeradwy gennyt Ti am ddoniau dy ragluniaeth. Cynorthwya bob un ohonom gan hynny i ddywedyd â'i galon: 'Ffiol iachawdwriaeth a gymeraf, ac ar enw yr Arglwydd y galwaf, fy addunedau a dalaf i'r Arglwydd.' Yr ydym yn teimlo oni wnawn hynny, mai ein twyllo'n hunain, a cheisio dy dwyllo Dithau y byddwn wrth ymgynnull ynghyd fel hyn."

Diolchwn i Ti, Dad cariadlon, am gael byw mewn byd yr wyt Ti yn Dduw iddo ac yn Arglwydd gwirioneddol arno. Bywha ni â'th Ysbryd i ymddiried fwyfwy ynot Ti y daw pob rhoddiad daionus a phob rhodd berffaith oddi wrtho.

Maddau inni ein byw anniolchgar. Mor chwannog ydym i grafangu dy fendithion heb gydnabod dy arglwyddiaeth ar ein bywyd drwyddo draw.

Maddau inni ein bod yn caru byw yn esmwyth 'gan anghofio'r byd a'i loes.' Cymorth ni i gofio'r byd a'i flinderau mewn bywyd diolchgar ac addolgar, gan drugarhau wrth ein gilydd a maddau i'n gilydd yn ôl dy esiampl Di yn Iesu Grist. O Dduw haelionus, gwared ni rhag bod yn grintach – rhag bod yn barotach gyda'n geiriau rhwydd na'n rhoddion hael.

Derbyniasom yn rhad, rhoddwn yn rhad.
Sancteiddia ni yn dy faddeuant, trwy Iesu Grist ein Harglwydd. Amen.

I DAD Y TRUGAREDDAU

Dad y Trugareddau,
Diolchwn
I Ti am ambell funud
Feichiog o fendith,
Pan gofiwn yng ngofid
A gwewyr cymhlethdod ein cymdeithas gyfoes
Am dy drugaredd,
Sydd yn fwy na'th drugareddau
I gyd efo'i gilydd.
Diolchwn
Am hirhoedledd dy amynedd
Gydol ein blynyddoedd afrad;
Diolchwn
Am y ffrwd a dardd
O'th gariad digymar –
Y ffrwd a lif
I leddfu ing a gloywi gobaith,
Ac a ylch
Surni a sorod pechod,
Megis y gylch beiston
Gregyn yn llathrwyn ar draeth.
Diolchwn
Am awr anterth y gras
A ddatguddiwyd
Ym mhoen ar drostan.
Diolchwn
Am dridiau ysgarmes
Gethsemane a Golgotha,
Cyn toriad gwawr
Dydd Mab y Dyn.
Gweddïwn
Am i'th ddaioni cyson
Ein gwyleiddio
Ac ennyn ynom
Y meddwl grasol
'Yr hwn oedd hefyd yng Nghrist Iesu.'
Er mwyn ac er gogoniant ei Enw. Amen.

Harri Parri a William Williams, *Ffenestri Agored*

TAD YR HOLL DRUGAREDDAU

Hollalluog Dduw, Tad yr holl drugareddau, a Thad ein Harglwydd Iesu Grist, Ti a folwn, Ti a gydnabyddwn yn Arglwydd. Sanctaidd a chyfiawn ydwyt, a gwyddom mai Ti yw ffynhonnell bywyd. Deuwn yn awr i ddiolch i Ti am holl fendithion y bywyd hwn, a'r gallu a roddaist i ni i'w mwynhau.

Am ein creu ar dy lun a'th ddelw dy Hun;
Am fwyd a dillad, am gartref ac anwyliaid;
Am waith i'w wneuthur a nerth i'w gyflawni;
Diolchwn i Ti.

Am gyfeillion yma, ac am y rhai a aeth o'n blaen;
Am hamdden a hwyl, a chyfaredd byw mewn byd sy'n llawn o ryfeddodau;
Am gymdeithas dy Eglwys, a'r fraint anhraethol o gael ein galw i fod yn ddisgyblion i'th Fab;
Diolchwn i Ti.

O! Dduw daionus a graslon, mor ardderchog ydwyt! Amen.

Maurice Loader, *Gweddïau yn y Gynulleidfa*

DIOLCHGARWCH IACH

'Ac un ohonynt . . .'
Iesu, feistr, anodd meddwl fod yna un gwell i fod yn ei gwmni a than ei gyfarwyddyd ar Ŵyl Ddiolchgarwch na'r Samariad yna ymhlith y deg dyn gwahanglwyfus a iachawyd gennyt a droes yn ôl i ddiolch i Ti wedi iddo sylweddoli iddo gael ei adfer. Dyma wyrth, a dameg fyw o'r modd i iawn brisio rhinweddau a rhoddion bywyd. Diolchwn amdano ac am ei debyg ddoe a heddiw. Yn wir y mae'r math yma o fonheddwr yn destun diolch ynddo'i hun. Diolchwn i Ti am yr un sy'n ddigon iach i fod, yn wahanol i'r mwyafrif,

yn batrwm i ni i gyd,
ac yn ddylanwad a erys.

' . . . pan welodd ei fod wedi ei iacháu . . .'

Iesu, feistr, sylwn fod gan y Samariad hwn lygaid i fedru gweld yn ddigon da i ganfod a gwerthfawrogi dy fendithion iddo mewn pryd. 'Pan welodd . . .' Nid rhoi amser i ddiolch yn unig a wnaeth hwn ond diolch mewn amser.

Agor ein llygaid ninnau:
i ganfod a gwerthfawrogi dy roddion,
i gael ein blaenoriaethau yn iawn,
ac i ochel gohirio, esgeuluso ac anghofio diolch.

Agor hwy'n ddigonol fel y byddwn yn diolch am dy fendithion
wrth y bwrdd,
cyn i'r cymhelliad oeri, a mynd yn ddefod wag ac yn
rhy dlawd i fod yn offrwm diolch,
rhy oer i wneud teulu ohonom,
a rhy hunanol i fod yn ddigon i bawb. Amen.

D. Morlais Jones a J. Gwilym Jones, *Rhagor o Weddïau yn y Gynulleidfa*

FY ENAID, BENDITHIA YR ARGLWYDD

'Fy enaid, bendithia yr Arglwydd, ac nac anghofia ei holl ddoniau Ef . . . Pob rhoddiad daionus, a phob rhodd berffaith, oddi uchod y mae, yn disgyn oddi wrth Dad y goleuni.' A ninnau'n bwrw golwg yn ôl fel hyn, fe gofiwn mai yr un wyt Ti o oes i oes, yn dy heulwen a'th haelioni. Ein Creawdwr a'n Cynhaliwr, buost yn Dad cariadus inni eleni eto. Yr wyt yn rhoddi pan na fyddwn yn gofyn, ac yn parhau i roddi pan na fyddwn yn diolch. Am bryd hau a phryd medi, am ein bara beunyddiol, am ddaioni a'th drugaredd holl ddyddiau ein heinioes, derbyn ein diolch.

Diolchwn iti am weinidogaeth lawen bywyd ei hun, am ryddid y gwynt, am fiwsig y glaw, am gysur haul y dydd, a thawelwch dwfn y nos. Moliannwn Di am weinidogaeth dynion a merched sanctaidd ym mhobman, ac am genadwri celfyddyd paentiwr a cherddor, cerflunydd a bardd pan fyddont ar eu gorau. Yn fwy na dim, diolchwn iti am weinidogaeth Iesu Grist, a fynegodd inni yr harddwch hwnnw sydd ym mhawb pan fyddont yn wir blant i Ti, a disgyblion d'ewyllys. Diolch iti am gapel ac Ysgol Sul a chwmni disgyblion eraill i Iesu Grist. Gad i'w ysbryd Ef ddod i fyw ynom, a'n defnyddio yn dy waith. Dduw'r cynhaeaf, derbyn ninnau i gyd yn weithwyr i'th winllan, wedi ein glanhau yn haeddiant ein Harglwydd Iesu Grist. Amen.

DERBYN EIN DIOLCH

Am y fraint o gael byw ar y ddaear, a chymysgu â dynion,
A theimlo bod rhamant pob profiad yn win i'r galon –
Plymio dyfnderoedd byw, a dringo'r mynyddoedd,
A theimlo y cwbl yn gyfoeth i goffrau'r blynyddoedd,
Tydi, sydd â'r plan yn dy law,
Derbyn ein diolch.

Am borfa i anifail, a gwenith yn gynhaliaeth i ddynion,
Am dymhorau y flwyddyn a ddaw'n eu ffyddlondeb cyson,
Am nos a dydd, oerni a gwres ar y ddaear,
Gwinllannoedd llawn a pherllannau, ie, a llwyni'r mwyar, –
Tydi, sydd mor hael dy drefn,
Derbyn ein diolch.

Am rywrai a roes gyfle i'r gorau wrth obeithio ynom,
Gan ymgnawdoli breuddwydion y Duwdod trwom,
A throi eiddilwch ein breuder yn gadernid tawel,
A naddu o newydd y meidrol i ddelw'r angel, –
Tydi, sydd yn creu o hyd,
Derbyn ein diolch.

Am y rhai a'n goddefodd mewn cariad, er ein haml ddiffygion,
A ninnau heb wybod na deall yr uchel amcanion,
Y cyfryw hynny a fu mor garedig eu hysbryd
Yn troi ambell nos yn ddydd, a gwneud haf o adfyd, –
Tydi, sy'n gwneud anial yn ardd,
Derbyn ein diolch.

Diau fe dderfydd ein dyddiau ninnau ar y ddaear,
Lle gwelsom y blodau, lle clywsom aderyn yn trydar.
Am y pethau ni chawsom er ceisio, a'r pethau a ddaeth heb eu disgwyl, –
Am y pethau a fydd gennym byth yn dragwyddol annwyl,
Tydi, y Caredig a'r Da,
Derbyn ein diolch. Amen.

Abiah Roderick yn Dafydd Owen, *Rhaglen i'r Eglwys*

BENDITHIA DY RODDION

Ein Tad trugarog, Awdur a Rhoddwr pob daioni, cydnabyddwn yn ddiolchgar dy gariad diderfyn tuag atom, a phlygwn ger dy fron i'th addoli. Nid ydym deilwng o'th drugareddau lleiaf di; maddau ein dibristod ohonynt, a maddau ein balchder pechadurus yn eu hawlio yn eiddo cyfiawn i ni ein hunain. Addolwn Di, Arglwydd, yn dy Ragluniaeth ddi-ball, mewn sylweddoliad o'th ofal cariadus yn ein hamgylchynu.

Bendithia dy roddion fel y gallom eu defnyddio yn fwy teilwng i'th wasanaethu Di; derbyn ein diolch am ein cynhaliaeth, fel y gallom fyw yn llwyrach i Ti.

Bendithia'r llafur y rhoddaist Ti nerth a doethineb i'w gyflawni, i'n dwyn ni'n nes at ein gilydd mewn brawdgarwch ynot Ti, fel y mwynhao pob dyn y daioni a ddarperaist Ti inni. Dysg inni drwy'r cyfan wybod nad ar fara'n unig y bydd byw dyn, ac i'th adnabod Di yn ein Harglwydd Iesu Grist, a roddes ei gorff i'w dorri drosom, ac a roddes inni allweddau'r bywyd helaethach.

Derbyn ein diolch, fel y gwasanaethom Di'n fwy cywir; cymer ein hoffrwm, fel y carom Di yn fwy perffaith; sancteiddia ein mawl fel yr addolom Di'n fwy teilwng. Canys eiddot Ti yw'r Deyrnas a'r Gallu a'r Gogoniant, yn oes oesoedd. Amen.

Dafydd Owen, *Rhaglen i'r Eglwys*

GWEDDI DDIOLCH

Diolch i Ti, O Dduw, am agor drws i ni ar dy wirioneddau bob amser, hyd yn oed ar ôl cyfnod hir o fethu â medru canfod dy bresenoldeb. Diolch i Ti am wobrwyo ffydd ynot Ti, ac awydd dynoliaeth i ail-geisio dy fodlonrwydd. Diolch i Ti am ddangos unwaith eto fod i bob diwrnod ei rin arbennig i'w fwynhau un dydd ar y tro.

Diolch am dy esboniad a'th oleuo, a'r modd y gallwn godi'n uwch na ni ein hunain drwy dy wasanaethu a dangos dy Gariad i eraill, fel y cawsom ninnau ef yn rhodd.

Diolch am y fraint o gael caru ac adnabod ein gilydd a hynny yn ein hamrywiol prysur gylchoedd. A phan ddaw cwmwl du, diolch mai Ti sy'n datrys ein ffordd drwyddo. Bydd gyda dy blant dros y byd lle mae'r nos yn ddu, y cymylau yn gwrthod cilio a'r dagrau yn methu sychu. Amen.

Aled Lewis Evans, *Troeon*

GWEDDI DIOLCHGARWCH I BAWB

Ysbryd Duw,
rhoddwr bywyd a chariad,
rwyt ti'n dweud y gwir,
rwyt ti'n llosgi'r drwg ymaith;
mae'n rhaid i ti gael cyfiawnder.
Rho'n calonnau ar dân
a'n gwneud yn un corff
â phawb sy'n ceisio dy gynhesrwydd.

Unwaith roedd bara'r bywyd yn had a wasgarwyd ar y ddaear i farw, a chyfodi i fywyd newydd. Felly hefyd deued dy bobloedd ynghyd yn un ddynoliaeth ar gyfer dyfodiad yr oes newydd. Adfer fywyd drylliedig dy gread, mendia gorff toredig dy fyd. Tynna atat dy hun bobl y ddaear trwy dy Groes ac yng ngrym dy fywyd atgyfodedig. Boed i bawb ffyddlon rannu yn dy wynfyd – trwy dy ras ac arweiniad dy Ysbryd yn preswylio ynom. Amen.

Deunydd Cymorth Cristnogol, gydag ail ran y weddi yn eiriau o dde'r India.

GWEDDI DIOLCHGARWCH

Ein Tad, diolchwn i Ti am ein cyrff.
Am lygaid i syllu ar awyr las
neu ar neges cariad llygaid eraill.
Am glustiau i glywed cerddoriaeth wych
ac i wrando ar dy air rhyfeddol Di.
Am ddwy law i gyflawni ein gwaith
neu i ddal llaw plentyn bach.
Am gegau i flasu bara poeth o'r popty
neu flas sudd afal, neu felyster cusan ar fin.
Am draed i gerdded, i lamu neu i ddawnsio.
Diolchwn am y meddyliau a'r eneidiau a luniwyd gennyt
sy'n medru ymateb i dy Gariad mawr.
Diolchwn i Ti am fod yn Dduw i ni,
am rannu rhodd bywyd,
ac am wneud hwnnw'n werth ei fyw
oherwydd Iesu Grist, Arglwydd Bywyd. Amen.

Aled Lewis Evans, *Adlais*

DIOLCHGARWCH

Diolch i Ti, Dduw, am dy ryfeddodau. Fel y dywed y gân gyfoes – o'r eiliad y'n genir mae gormodedd i ni ei weld o ryfeddodau'r ddaear. Ond helpa i ni weld y rhyfeddodau sydd o fewn cylch ein profiad ni – gwên annisgwyl, gair caredig o ddiolch neu werthfawrogiad, yr harddwch sydd mewn llygaid eraill.

Diolch ein bod ni'n byw mewn ardal a gwlad sydd â chymaint o harddwch yn perthyn iddi. Boed i ni ei diogelu hi rhag llygredd. Sicrha ein bod yn cadw ehangder mawr y mynydd yn bur, a bwrlwm y môr a'r afonydd a'u cylchdro naturiol, yn brofiad byw i ni i gyd.

Yn fwy fyth, Dduw, gofynnwn i Ti olchi unrhyw lygredd sydd ynom ni fel pobl – y geiriau cas, y lladd ar berson arbennig, y genfigen sy'n troi'r llygaid hardd yn llygaid hyll y troir i ffwrdd oddi wrthynt. Amen.

Aled Lewis Evans, *Adlais*

DIOLCH

Molwn di, O Dad.
Molwn di, Iesu Bendigaid.
Molwn di, Ysbryd Sanctaidd.

Am dy gariad ac am dy ddaioni di i'n byd,
am dy ofal drosom o ddydd i ddydd,
am iechyd corff a meddwl,
am ein hanwyliaid a'n cartrefi,
ac am gymorth a charedigrwydd cyfeillion:
I ti, O Dad, diolchwn.

Am brydferthwch natur a'r tymhorau:
am ffresni'r gwanwyn a'r briallu;
am yr haf a'i wres;
ac am yr hydref a'i liwiau hardd;
ac am y gaeaf a rhyfeddodau'r eira:
I ti, O Dad, diolchwn.

Am flodau'r gerddi a'r meysydd;
am ffrwythau'r coed a'r perllannau;

am gnwd y meysydd;
am ŷd a gwenith;
ac am bob rhyw ymborth i ddyn ac anifail:
I ti, O Dad, diolchwn.

Am bob peth sy'n llonni a llenwi ein dyddiau;
am ddylanwad pobl dda;
am ysgolion ac athrawon i'n dysgu;
am ysbytai a phawb sy'n gweini ynddynt;
ac am bob dyfais sy'n gyfleustra ac yn gysur i ni:
I ti, O Dad, diolchwn.

Rhoddwn ddiolch i ti, O Dduw.
Am ffurfafen uwchben sy'n datgan dy ogoniant,
ac am y byd a greaist mor deg:
Diolchwn i ti, O Dduw.

Am rin yr haul a glendid yr aer,
ac am iechyd i'w mwynhau:
Diolchwn i ti, O Dduw.

Am ffurfiau'r mynyddoedd a'r bryniau,
am liwiau'r blodau a'r coed,
ac am lygaid i'w gweld a'u mwynhau:
Diolchwn i ti, O Dduw.

Am gân yr adar, am fiwsig llais ac offeryn,
ac am glustiau i'w clywed a'u mwynhau:
Diolchwn i ti, O Dduw.

Am lyfrau buddiol, am farddoniaeth a chelfyddyd,
ac am synhwyrau i'w gwerthfawrogi a'u mwynhau:
Diolchwn i ti, O Dduw.

Am bobl dda, am eu ffydd, eu gobaith a'u gwroldeb,
ac am y ddawn i'w hedmygu a'u hefelychu:
Diolchwn i ti, O Dduw.

Am y rhai sy'n ein caru ac yn gofalu amdanom,
am eu cwmni a'u cyfeillgarwch,
ac am galonnau i'w caru hwy:
Diolchwn i ti, O Dduw.

Am deulu dy eglwys, am ei chymdeithas a'i haddoliad,
am fendithion gweddi, am rin dy air,
ac am ffydd i'w dathlu a'u mwynhau:
Diolchwn i ti, O Dduw.

Am Iesu Grist, ein Gwaredwr a'n Harglwydd.
ac am fywydau i'w cysegru iddo
mewn cariad a gwasanaeth:
Diolchwn i ti, O Dduw. Amen.

Elfed ap Nefydd Roberts, *Gweddïau Ymatebol a Chynulleidfaol*

DIOLCHGARWCH AM BOBL

Heddiw, Arglwydd, deuwn o'th flaen mewn diolchgarwch am bobl.
Am y rhai sy'n esiampl i ni,
rhai sy'n dangos yn eu bywydau sut y dylai bywyd fod;
Am y rhai sy'n ysbrydiaeth i ni,
ac sy'n dihuno ynom yr awydd i gyflawni gwaith aruchel;
Am y rhai sy'n gysur i ni pan fydd bywyd yn achosi loes;
Am y rhai sy'n gefn i ni wrth wynebu tasgau anodd;
Am y rhai, er nad ydym yn eu hadnabod,
sydd wedi dylanwadu arnom drwy eu geiriau a'u hysgrifau;
Am gariad, gofal a gwasanaeth y rhai y tueddwn i'w cymryd yn ganiataol;
Am gyfeillgarwch ffyddlon a chariad diffuant, diolchwn i ti, O Dduw.
Yn bennaf oll diolchwn i ti am Iesu ein Hesiampl,
ein Cydymaith, ein Gwaredwr.

Diolchaf am dy gariad cu
Yn estyn hyd fy oes;
Diolchaf fwy am un a fu
Yn gwaedu ar y Groes.
Amen.

Olaf Davies, *Gair a Gweddi*

ADNODDAU BYWYD

O Dduw, diolchwn i ti am bopeth sy'n ehangu'n gwybodaeth
ac sydd yn ein paratoi ar gyfer bywyd a byw.
Am ysgol, coleg a phrifysgol;
Am athrawon a hyfforddwyr doeth;
Am y rhai sydd yn dysgu drwy esiampl yn ogystal â thrwy eu geiriau:
Diolchwn i ti, O Dduw.

Am lyfrau da;
Am bopeth sy'n rhannu â ni ddoethineb y gorffennol;
Am wybodaeth y ddalen brintiedig, y gallwn ei throsglwyddo i'n meddyliau:
Diolchwn i ti, O Dduw.

Am drysorau'r gorffennol;
Am farddoniaeth fawr;
Am ddarluniau a cherfluniau sy'n llonni'r llygad;
Am gerddoriaeth sy'n swyno'r glust ac yn gwefreiddio'r galon;
Am etifeddiaeth dda a hardd:
Diolchwn i ti, O Dduw.

Am radio a theledu;
Am bopeth sy'n dwyn y pell yn agos;
Am bob cyfle i ychwanegu at ein gwybodaeth a'n doethineb;
Am bopeth sy'n gyfrwng i'n hyfforddi yn ein galwedigaeth a'n crefft;
Ac uwchlaw pob dim am Iesu, i'n cyfarwyddo i ddefnyddio'r cwbl er dy les
ac er lles y ddynoliaeth:
Diolchwn i ti, O Dduw. Amen.

Olaf Davies, *Gair a Gweddi*

DIOLCHGARWCH AC EDIFEIRWCH

O Dduw, ein Tad, diolchwn i ti heddiw am dy holl roddion.
Diolchwn i ti
Am gael byw;
Am gael byw mewn byd hyfryd;
Am iechyd corff a meddwl;
Am waith i'w gyflawni a hamdden i'w fwynhau;

Am gyfeillion i'w hoffi ac anwyliaid i'w caru;
Am i ti roi i ni Iesu Grist fel ein Meistr, ein Harglwydd a'n Gwaredwr.

O Dduw, ein Tad, mynegwn ein gofid am ein methiant.
Maddau i ni
Am ein methiant i weithio a myfyrio fel y dylem;
Am ein methiant i faddau a charu fel y dylem;
Am ein methiant i fod yn driw i'n cyfeillion a'n hanwyliaid,
ac i fod yn ffyddlon ac ufudd i ti;
Am ein methiant i fod yr hyn y dylem fod
a gwneud yr hyn y dylem ei wneud.

Helpa ni yn ystod y dyddiau nesaf i ddangos ein diolchgarwch
drwy fyw fel y dylem fyw. Amen.

Olaf Davies, *Gair a Gweddi*

DIOLCHGARWCH AM FYD DUW

O Dduw, ein Gwaredwr a'n Cynhaliwr, diolch i ti am dy fyd.

Am ddydd a nos;
Am dywyllwch a goleuni;
Am haf a gaeaf:
Diolchwn i ti.

Am yr haul, y glaw a'r gwynt;
Am y ddaear, y môr a'r awyr;
Am holl dymhorau'r flwyddyn:
Diolchwn i ti.

Am flodau, ffrwythau a holl gynnyrch y ddaear;
Am gyfoeth byd natur at wasanaeth dyn;
Am harddwch a gogoniant y byd:
Diolchwn i ti.

Am bopeth sy'n diwallu ein cyrff ac yn cyfareddu'r llygaid;
Am bopeth sy'n llonni'r galon;
Am ddefnyddiau crai y ddaear sy'n hwyluso'n gwaith:
Diolchwn i ti, O Dduw.

Gweddïwn y bydd i'r hyn a welwn droi ein meddyliau atat ti,
Creawdwr a Chynhaliwr y cyfan.

Olaf Davies, *Gair a Gweddi*

BYWYD CRISTNOGOL

O Dad, diolchwn ein bod yn ddibynnol arnat. Ti a'n gwnaeth, ti sydd yn ein cadw, ac hebot ti cyll bywyd ei bwysigrwydd a'i arwyddocâd. Yn ein gorchestion mwyaf gwyddom dy fod ti yn fwy; yn uchder gogoniant dynol rwyt yn dal yn Dduw. Galwn di yn Dad oherwydd rhoddodd Iesu'r hawl i ni wneud hynny, oherwydd edrychwn atat am ein bara beunyddiol ac oherwydd dy fod yn rhoi i ni wir fara'r bywyd sy'n ein cynnal ni. Felly, diolchwn i ti ein bod yn ddibynnol arnat.

Ac eto, yr un pryd, diolchwn am ein hannibyniaeth.
Rhoddaist ryddid inni; gwnaethost ni'n unigolion.
Rhoddaist inni'r grym i ddewis, a'r gallu i benderfynu.

Nid wyt yn gosod dy ewyllys arnom, na gorfodi dy orchmynion. Cymell ni at y gwirionedd yn hytrach na'n gyrru. Rwyt yn ein galw ac yn disgwyl, yn hytrach na hawlio; a phan y'th wrthodwn rwyt yn hir-ymaros.

Am ein dibyniaeth arnat, molwn di, ein Tad. Am ein hannibyniaeth a roddwyd i ni yn dy gariad, molwn di, ein Tad. Amen.

Trefor Lewis, *Gweddïau i'r Eglwys a'r Gymuned*

TYMHORAU'R FLWYDDYN

Diolchwn i ti, ein Tad, am dymor yr hydref. Cydnabyddwn mai ti sy'n llunio pob tymor yn ei dro ac yn sicrhau fod i'r tymhorau i gyd eu bendithion ar ein cyfer. Diolchwn am brydferthwch dy greadigaeth yr adeg hon o'r flwyddyn, pan fo dail y coed yn gwywo mor hardd, a'r barrug yn cuddio'r ddaear â'i flanced wen.

'Diolch wnawn am fwynder Hydref
A'i brydferthwch dros ein gwlad:
Ffrwyth y maes a gwynfyd cartref
Ddaeth o'th ddwylo di, ein Tad.'

O Dad, derbyn felly ein diolch am yr hyn a fuost inni,
yn llaw estynedig i'n cynnal a'n cadw,
yn glust i'n cri yn awr argyfwng,
yn llygad i'n gwylio rhag niwed,
yn llais cydwybod pan bechasom i'th erbyn, ac
yn gri o'r galon arnom i ddychwelyd i lwybrau dy ras.

O Dad, derbyn hefyd ein diolch am yr hyn a fyddi eto inni i'r dyfodol,
yn oleuni i'n tywys allan o'r tywyllwch,
yn nerth i'n galluogi i wrthwynebu temtasiynau, ac
yn rym cariad o'n mewn i fyw er mwyn Iesu Grist. Amen.

John Lewis Jones, *Coronwch Ef yn Ben*

DIOLCH, O DDUW, AM Y CYFAN OLL

O Dduw pob gras,
Tad ein Harglwydd Iesu Grist,
ein creawdwr, ein gwaredwr
a rhoddwr popeth da:
dyrchafwn ein calonnau atat
a diolchwn i ti
am dy ragluniaeth helaeth a thyner,
am dy fendithion sy'n newydd bob bore,
am oleuni dy wirionedd,
am dy agosrwydd atom bob amser
ac am arweiniad a thangnefedd
yr Ysbryd Glân.
Derbyn ein diolch,
cadw ni yn dy gariad,
a thywys ni yn y diwedd
i'r gogoniant tragwyddol,
lle mae llawnder llawenydd
a heddwch byth bythoedd;
trwy Iesu Grist ein Harglwydd. *Amen.*

Elfed ap Nefydd Roberts, *Mil a Mwy o Weddïau*

EIN DIOLCH FO I TI, O DDUW

Ein Tad Nefol, bendithiwn dy enw sanctaidd am dy holl drugareddau i ni heddiw, a phob dydd o'n hoes. Diolch i ti am ein bwyd a'n dillad, ein hiechyd a'n nerth, ein ffrindiau a'n perthnasau, ac am dy ddaioni mawr i ni. Yn fwy na'r cwbl, diolch i ti am ein Gwaredwr Iesu Grist, dy Fab di, ein Harglwydd ni. Helpa ni i ddangos mor ddiolchgar ydym, nid trwy eiriau'n unig, ond trwy dy wasanaethu di yn fwy ffyddlon o hyd; trwy Iesu Grist ein Harglwydd.

Edwin C. Lewis, ***Mil a Mwy o Weddïau***

DIM OND DIOLCH

Diolch i ti, Arglwydd da,
Am bob rhodd a gefais gennyt,
Am fedru gweld a chlywed, a mwynhau dy roddion hael,
Am gartref a bwyd a dillad,
Am swyn a chysur y pethau cyffredin a syml sydd o'm cwmpas o hyd.
Diolch.

Am rieni da a theulu dedwydd a chariad anwyliaid hoff,
Am y gallu i feddwl ac i siarad
a chyfnewid fy meddwl a'm barn ag eraill.
Diolch.

Am y gymdeithas y cefais fy magu ynddi,
Am etifeddiaeth o'r gorffennol,
Am fedru mwynhau'r presennol,
Ac edrych ymlaen yn hyderus i'r dyfodol ar sail dy addewidion di.
Diolch.

Am gael byw mewn byd mor gyffrous,
Am amgylchfyd sy'n herio dychymyg,
ac yn galw am ymroddiad a menter ac ymgyflwyniad
fel y byddo manteision bywyd heddiw yn fudd a bendith i fywyd yfory.
Diolch.

Diolch i ti, Arglwydd da,
Am gael sicrwydd dy fod ti yma gyda mi yn wastadol,
ac am d'addewid i aros gyda mi bob cam o'r ffordd hyd ddiwedd y daith.

Helpa fi ym mhob dim i ddangos fy niolch,
nid yn unig mewn meddwl a gair,
ond hefyd trwy weithredu yn ôl y patrwm a roddwyd imi yn Iesu Grist,
ac er ei fwyn ef. *Amen.*

Glyn Parry Jones, *Mil a Mwy o Weddïau*

Y CYNHAEAF

Gadewch inni weddïo ar Dduw, sydd yn Arglwydd y cynhaeaf ymhob peth materol ac ysbrydol.

Fel yr wyt ti wedi bendithio'r Eglwys â helaethrwydd o ras, cadw hi'n ffyddlon wrth iddi offrymu'r gair a'r sacrament, gan wybod fod pob peth yn dod oddi wrthyt ti ac yn dychwelyd atat ti. Anfon allan dy weithwyr i grynhoi cynhaeaf y byd, fel bod eraill yn cael adnabod dy gariad.

Gweddïwn dros bawb sydd yn gweithio er mwyn bwydo eraill, a thros y rhai sydd yn casglu cynhaeaf y tir a'r môr. Gweddïwn dros y rhai sy'n gweithio i brosesu a chludo bwyd. Caniatâ y bydd nwyddau'r byd yn cael eu dosbarthu yn fwy teg.

Dyro i ni, ein teuluoedd a'n ffrindiau, galonnau diolchgar am dy holl haelioni, a gofala am anghenion eraill. Bendithia bawb sydd yn llafurio i roi prydau i'r tlawd a'r methedig yn y gymuned hon.

Gweddïwn dros bawb sydd yn newynog ac yn dioddef oherwydd diffyg maeth. Gweddïwn yn arbennig dros blant y mae prinder bwyd yn effeithio ar eu hiechyd. Bendithia'r sawl sy'n gweithio i fwydo'r newynog.

Diolchwn am yr ymadawedig a gasglwyd i'th ofal di. Dyro iddynt lawenydd ffydd sydd wedi cyrraedd ei lawn dwf yn dy deyrnas nefol di.

Offrymwn ein gweddïau gan ofyn am gael bod yn weithwyr ffyddlon yng nghynhaeaf Teyrnas Crist. *Amen.*

Cynthia Davies, *Mil a Mwy o Weddïau*

Y CYNHAEAF

Arglwydd, mae dy gynhaeaf yn gynhaeaf o gariad;
cariad wedi'i hau yng nghalonnau pobl;
cariad sy'n ehangu
fel canghennau coeden fawr
yn cuddio pawb sy'n chwilio am ei chysgod;
cariad sy'n ysbrydoli ac yn ail-greu;
cariad a blennir yn y gwan a'r blinedig,
y claf a'r rhai ar farw.
Cynhaeaf dy gariad yw'r bywyd sy'n cyrraedd
drwy chwyn pechod a marwolaeth
hyd at heulwen dy atgyfodiad.
Arglwydd, meithrin fy nyddiau â'th gariad,
dyfrha fy enaid â gwlith maddeuant,
fel bo cynhaeaf fy mywyd wrth dy fodd. *Amen.*

Frank Topping, *Mil a Mwy o Weddïau*

GWEDDI O DDIOLCH

O Dduw, Tad ein Harglwydd Iesu Grist a'n Tad ninnau, mawrygwn dy enw a diolchwn i ti am dy amrywiol fendithion.
Am yr holl bethau sy'n gwneud dyddiau ein heinioes yn hardd ac yn llawen:
Diolchwn i ti.

Am y nefoedd uwchben a'r ddaear dan ein traed, ac am y bywyd sydd bob amser yn ffrydio ohonot ti:
Diolchwn i ti.

Am waith a gorffwys, am lawenydd a thristwch, am y trugareddau sy'n llonni ac am y treialon sy'n ein dysgu i ymddiried ynot:
Diolchwn i ti.

Am dy gariad a ddatguddiwyd i ni ym mywyd a chroes dy annwyl Fab, ac am y gras a'n gwnaeth yn ddisgyblion iddo:
Diolchwn i ti.

Am amryfal ddoniau dy Ysbryd; am gymdeithas y saint; am y byd hwn gyda'i gyfleusterau cyfoethog, ac am obaith ac addewid y byd a ddaw: Diolchwn i ti a bendigwn dy enw byth ac yn dragywydd.

Elfed ap Nefydd Roberts, *Yn Ôl y Dydd*

DARGANFOD BYD DUW

Dyfeisgarwch dynol

Diolchwn i ti, O Dad, y Creawdwr, am ein gwneud ninnau yn grewyr fel tithau.

Diolchwn i ti am sgiliau pobl sydd wedi gwneud bywyd llawnach yn bosibl:

am weisg argraffu sy'n agor drws i fyd llyfrau a phapur newydd i ysgogi'n meddyliau;

am longau a cheir, rocedi ac awyrennau sy'n diddymu amser a gofod a'n gorfodi i glosio at ein gilydd;

am beiriannau i adeiladu tai, ysgolion, ysbytai a ffyrdd;

am ddyfeisiadau yn ein cartrefi sy'n gwneud bywyd yn haws;

am ddyfeisiadau sy'n ein helpu yn ein horiau hamdden: radio a theledu, recordyddion tâp a chwaraewyr recordiau a disgiau;

am offer cymorth i'r anabl, y claf a'r sawl a anafwyd.

O Dad, rhoddaist sgiliau i ni, rho'r doethineb i'w defnyddio'n gall. Amen.

Trefor Lewis, *Gweddïau i'r Eglwys a'r Gymuned*

GWEDDI'R DDAEAR DDA

Dduw ein Tad, maddau inni'r trachwant a'r hunanoldeb sydd wedi peri i ni ysbeilio llawer, nes troi'r ddaear dda hon yn llygredd a diffeithwch. Agor ein llygaid i weld y perygl, inni gofio'n dyletswydd tuag at bopeth byw, ac inni ddarganfod eto'r gynghanedd iachusol honno gyda'th greadigaeth y'n crewyd ni er ein mwyn.

Dysg i ni chwilio am fwy o ffyrdd creadigol i sychu gruddiau'r Ddaear, ac esmwytháu ei chur presennol. Pâr i ni rannu dy roddion yn decach. Er i ni yn ein moeth gwyno ein bod yn brin, pâr i ni gofio am y rhai sydd heb ein breintiau ni, gan y gwyddom nad yw pawb yn canu cân o lawenydd ar wyneb y ddaear heddiw. Mae sôn am luosogi ac elw cynyddol, ond ni allwn eto fwydo dy bobl.

Diogela'n daear a'i chadw'n adnodd ond hefyd yn rhyfeddod. Boed i ni ddysgu ailgylchu a chefnogi'r byd gwyddonol a'i wir ddyfeisgarwch er lles y ddaear. Mae cydbwysedd brau a chywrain yng ngwyddoniaeth y Cread; helpa i ninnau dy bobl ymhob canrif fod mewn cytgord ag ef, ac â Thydi.

Rho gyfle i egni naturiol y greadigaeth, a dysga i ni ddoethineb wrth drin gwastraff. Rydym eisiau diogelu dy winllan i'r cenedlaethau ar ein holau ni, ein braint yw ei chadw i'n disgynyddion. Gwna'r neges hon yn berthnasol i genhedlaeth newydd sydd heb glywed am dy fawredd, heb amgyffred dy rym. Byddi'n dod drachefn a thrachefn ar newydd wedd, wedi dy ddilladu yng ngwisg addas pob cyfnod. O'r fath ddathlu a gorfoleddu a fydd pan ddaw dy bobl i'th geisio a'th adnabod fel grym cyfoes.

Gwared ninnau bob un o'n haflendid, a'n paratoi i fod yn gymeradwy ger dy fron. Pura ni i fedru dod gerbron dy allor. Lleiha bob statws a hunan addoli. a rho anrhydedd i'n gweithredoedd, a'n hymwneud â'n gilydd. Ymyrra fwyfwy â'n byd â'th ysbryd bywiol.

Os yw'r byd hwn mor rhyfeddol a bendigedig dyhëwn am gael codi cwr y llen ar dy fyd tragwyddol Di sydd tu hwnt i'n dirnadaeth fechan ni ar hyn o bryd. Gorffwyswn dan dy adain, ac ildiwn i'th addewidion oesol. Amen.

Aled Lewis Evans, *Adlais*

DUW EIN CRËWR A'N CYNHALIWR

O Dduw sanctaidd, ein creawdwr a'n gwaredwr,
yn dy rym creadigol dygaist y byd i fod
a gwnaethost ni ar dy ddelw dy hun
i'th garu a'th wasanaethu.
Gerbron dirgelwch dy gariad
cydnabyddwn mai dy eiddo di ydym.
Gerbron dy fawredd a'th sancteiddrwydd
sylweddolwn ein bychander.
Gerbron dy haelioni a'th ras
gwelwn a chyffeswn ein hannheilyngdod.
Ond er ein beiau a'n diffygion
nid wyt yn ein gwrthod nac yn cefnu arnom,
ond yn dod atom yn dy Fab Iesu Grist,
i faddau i ni ein pechodau
ac i'n harwain i lawnder bywyd.

Waredwr sanctaidd, ein Harglwydd Iesu Grist,
diolchwn i ti am yr hyn a wnaethost drosom
yn dy fywyd, dy farw a'th fuddugoliaeth.
Daethost yn dlawd
er mwyn ein gwneud ni yn gyfoethog.
Fe'th aned i'r byd hwn
er mwyn ein geni ni drachefn i'r bywyd tragwyddol.
Aethost i lawr i ddyfroedd bedydd
er mwyn ein codi ni i edifeirwch.
Yfaist o gwpan dioddefaint
er mwyn i ni yfed o gwpan llawnder a llawenydd.
Gwisgaist goron ddrain
er mwyn i ni wisgo coron gogoniant.
Derbyniaist gosb marwolaeth ar groes
er mwyn i ni dderbyn trugaredd a maddeuant.
Atgyfodaist ac esgynnaist
er mwyn i ni rannu â thi yng ngogoniant y Tad.

Ysbryd Sanctaidd, ein nerth a'n diddanydd,
goleuaist i ni ogoniant ein Harglwydd Iesu

a'i wneud yn weladwy i'n ffydd.
Tywynnaist ar ein heneidiau
i wasgaru y tywyllwch sydd ynom,
ac i roi i ni ffydd i bwyso ar Iesu.
Addewaist drigo gyda'th bobl yn wastad,
i'w diddanu yn eu gofidiau
a'u hysbrydoli yn eu gwaith.
Gwisgaist dy eglwys â grym
i gyhoeddi'r newyddion da
ac i gyflawni ei chenhadaeth yn y byd.

Dad, Mab ac Ysbryd Glân:
am y grym a'n creodd,
am y gras sy'n ein cynnal,
am y cariad sy'n ein cadw;
i ti y bo'r clod a'r gogoniant dros byth. *Amen.*

Huw John Hughes, *Yr Enw Mwyaf Mawr*

EIN LLE YM MYD DUW

Diolch i ti, O Dduw, am y cread, ein cartref mawr:
am ei gyfoeth ac am ei ehangder,
am y bywyd amryfal sy'n heigio arno ac ynddo,
ac am i ninnau fod yn rhan o'r bywyd hwnnw.

Diolch i ti am awyr las a gwyntoedd hyfryd,
am gymylau crwydrol a sêr gwibiog.

Diolch i ti am y môr hallt,
ac am y dyfroedd gloywon rhedegog;
ac ni fedrwn beidio dy ganmol
am y mynyddoedd tragwyddol
a'r coed a'r glaswellt dan ein traed.

Diolch i ti am y synnwyr a roddaist i ni
i weld ysblander y bore
ac arogleuo anadl y gwanwyn.

Dyro i ni galon ar agor led y pen
i fwynhau yr holl lawenydd a thegwch,
fel na fydd i ofnau du a nwydau annuwiol
staenio'n heneidiau,
fel na allom weld hyd yn oed y llwyn drain
yn fflam dan ogoniant Duw.

Elfed ap Nefydd Roberts, ***Amser i Dduw***

DIOLCH AM EIN CREU

Am y Gair a'r Grym, yn creu, yn llunio ac yn adfer:
rhown ddiolch i ti, O Dduw.

Diolch i ti am ein creu fel yr ydym,
am i ti blannu ynom ddoniau creadigol
a rhoi i ni fywyd a llawenydd.

Diolch i ti am ein creu ar dy ddelw dy hun,
am i ti drwy dy Air adfer ynom y ddelw
a faluriwyd gan ein pechod.

Diolch i ti am ein creu i adnabod y da a'r drwg,
am y ddawn i ddewis rhyngddynt
a'r bendithion a ddaw o ddilyn y da.

Diolch i ti am ein creu i fod mewn perthynas â thi,
am i ti ddatguddio dy hun inni
ac i ninnau gael dy adnabod a'th garu.

Diolch i ti am ein creu yn deulu dynol,
am i ti'n galw i garu a gofalu am ein gilydd
ac i fyw mewn undod a chymod ar y ddaear.

Am y Gair a'r Grym,
yn ail-greu, yn ail-lunio ac yn ailadfer,
rhown ddiolch i ti, O Dduw.

Elfed ap Nefydd Roberts, ***Amser i Dduw***

Y DUW DIGYFNEWID

Ein Tad, graslon a sanctaidd,
canmolwn di dy fod yn ddigyfnewid
yn dy hanfod ac yn dy ffyrdd.

Nid oes ynot ddiffyg cysondeb;
o dragwyddoldeb i dragwyddoldeb yr un ydwyt.

A ninnau ynghanol newid parhaus ac ansicrwydd mawr,
trown atat er mwyn meddiannu'r pethau a bery byth.

Ond diolch i ti am anfon dy Fab i'n byd
i fyw o dan yr un amodau â ni,
i wynebu'r un temtasiynau â ni,
i ddioddef yr un poenau â ni,
i ymdeimlo â'r un siomedigaethau â ni.

Diolchwn fod ei fywyd a'i farwolaeth
yn un patrwm cyfan,
yn wisg ddiwnïad.

Gorfoleddwn yn ei atgyfodiad a'i esgyniad,
ac am iddo gyflawni ei addewid
y byddai'n anfon ei Ysbryd arnom.

Trwy yr Ysbryd Glân y mae gyda ni bob amser
hyd ddiwedd y byd. Haleliwia!

Elfed ap Nefydd Roberts, *Amser i Dduw*

CÂN Y CREADURIAID

O Arglwydd Dduw da, goruchaf, hollalluog;
i ti y perthyn moliant, gogoniant, anrhydedd a phob bendith.
Moliant i'r Arglwydd Dduw gyda'i holl greaduriaid;
ac yn enwedig ein brawd yr haul,
sy'n dod â'r dydd inni ac sy'n dwyn goleuni.

Teg yw ef a disglair a gogoneddus iawn:
O Arglwydd, y mae yn arwydd ohonot i ni.

Moliant i f'Arglwydd am ein chwaer y lleuad,
ac am y sêr a osododd yn glir ac yn hardd yn y nefoedd.

Moliant i f'Arglwydd am ein brawd y gwynt;
ac am awyr a chwmwl, tawelwch
a'r holl dywydd sy'n cynnal bywyd y creaduriaid i gyd.

Moliant i f'Arglwydd am ein chwaer dŵr;
hi sydd wasanaethgar iawn i ni a distadl a gwerthfawr a glân.

Moliant i f'Arglwydd am ein brawd tân;
trwyddo y dyry i ni oleuni mewn tywyllwch;
ac y mae yn llachar a dymunol a mawr iawn a chryf.

Moliant i f'Arglwydd am ein mam y ddaear sy'n ein cynnal a'n cadw;
sy'n dwyn allan amrywiaeth ffrwythau a blodau amryliw a glaswellt.

Moliant i f'Arglwydd am y rhai oll sy'n maddau i'w gilydd
er mwyn ei gariad ef; ac sy'n goddef gwendid a chystudd.

Moliant i'r rhai sy'n dioddef yn dangnefeddus;
canys ti, O Oruchaf, a ddyry iddynt goron.

Moliant i f'Arglwydd am ein chwaer angau'r corff; bendigedig
yw'r rhai a geir yn cerdded wrth dy ewyllys sancteiddiaf di.

Molwch a bendithiwch yr Arglwydd a rhoddwch iddo ddiolch
a'i wasanaethu mewn gostyngeiddrwydd mawr. Aleliwia.

Sant Ffransis o Assisi cyf. Enid R. Morgan, *Gwyn Fyd*

DIOLCH AM Y CYNHAEAF

DDOE A HEDDIW

Arglwydd, diolchwn am amser arbennig i ddiolch. Bu Diolchgarwch unwaith yn ddydd o orffwys heb ddim gwaith. Chwarel, cloddfa a phwll yn dawel a di-stŵr. Siop, swyddfa a gweithdy – y cwbwl oll dan glo, ac ni chlywid cloch yr ysgol chwaith. Yn nyddiau'r trowsus bach pen-glin, paradwys oedd y dydd hwn, a'r 'sgidia hoelion trwm heb lwch yn sgleinio fel pisin swllt – offrwm y bore yng ngwasanaeth y plant. Y casgliad a gweddïau'r 'saint' mor bwysig â'i gilydd. Ar derfyn oedfa'r pnawn rhoid cyfri manwl am gynnwys yr amlenni bach a'r arian rhydd. Felly hefyd ar derfyn oedfa'r hwyr – cyfanswm holl gasgliadau'r dydd, pob punt a swllt a cheiniog yn gysáct. Mawr yr holi drannoeth yn y gwaith a iard yr ysgol, 'pa gapel gasglodd fwyaf un?'

Diolch, Arglwydd, am y gystadleuaeth iach o roi i gynnal a chadw dy achos Di drwy'r flwyddyn ar ei hyd. Daw hiraeth, Arglwydd, yn ein dyddiau prysur ni am ddyddiau fu. Hiraeth am hamdden trannoeth wedi'r trydydd Sul yn Hydref gynt, a'r diwrnod drwyddo draw yn union fel y Sul yn dri gwasanaeth fore, pnawn a hwyr.

Diolch i Ti, Arglwydd, am gyfle i ymarfer dawn a bwrw prentisiaeth yn oedfa'r ifanc a'r plant:

> 'Da yw bod wrth draed yr Iesu
> Ym more oes,
> Ni chawn neb fel ef i'n dysgu
> Ym more oes.'

Go brin y byddem yma heddiw yn gweddïo oni bai am y cyfle hwnnw.

Yna'r pnawn a'r hwyr – yr un drefn, pwy oedd i ddilyn pwy, a'r un rhai a gymerai ran am flwyddi maith. Pob un â'i ddull ei hun wrth blygu glin gerbron gorsedd gras. Os trwsgwl ydoedd ambell un wrth geisio dod â geiriau ynghyd, diffuant oeddent wrth eirio'n gloff, a'r diffuantrwydd hwnnw'n taro deg.

Diolch i Ti am yr hyn a gaed ddydd Llun ddilynai'r trydydd Sul yn Hydref bore oes.

Roedd eraill yn eu plith yr un mor ddilys ger dy fron yn geirio'n gelfyddyd gain, a geiriau dethol wedi eu plethu'n dynn i wead eu gweddïau taer. Bu'n brofiad mynychu'r ysgol weddi hon i wrando arnynt bnawn a hwyr, ac elwa ar eu profiad, a dysgu drwyddynt fod rhaid wrth naturioldeb, gonestrwydd, gostyngeiddrwydd ac edifeirwch wrth nesu a chlosio atat Ti.

Er nad oes cymaint bri ar ddydd Diolchgarwch mwy, diolch y deil yr arferiad yn ein plith o hyd, a bod rhai yn gweled gwerth o restru'r bendithion a'r rhoddion gawsom gennyt Ti, a diolch amdanynt ger dy fron. Er mwyn cynnal yr achos sy'n ein cynnal ni, derbyn ein diolch a'n rhoddion, Arglwydd da; clyw ein gweddïau o ddiolch i Ti. Amen.

Gareth Maelor, *Helo pwy sy' 'na*

GWEDDI DYDD DIOLCHGARWCH

Ein Tad, bendithiwn dy enw am ddiwrnod arbennig fel hwn i ddiolch am y bendithion a gawsom gennyt Ti yn ystod y flwyddyn. Mae'r ŵyl hon yn hen iawn, ac mae dynion wedi bod yn rhyfeddu at gyfrinachau'r Cread drwy'r canrifoedd, ond fel y mae dynion yn darganfod gwyrthiau newydd yn y Cread, fe garem ni allu diolch amdanynt o newydd.

Diolch i Ti am ein cynhaeaf yr ydym yn bennaf heddiw, am gysondeb rhod y tymhorau. 'Haf a gaeaf ni phaid holl ddyddiau'r ddaear.'

Diolch i Ti am y bywyd a'r had, sy'n para i fod yn ddirgelwch. Plannu yn unig wnawn ni, ond 'Duw sy'n rhoi y cynnydd.'

Diolch i Ti fod pob deilen werdd, pob llafn o laswelltyn yn anadlu gwenwyn, ac yn ei buro'n awyr iach i ni. Pe peidia'r drefn yna, fe fyddai ar ben arnom.

Diolch i Ti am drai a llanw'r môr; am fod dy fôr Di mor aflonydd y mae bywyd yn bosibl. Pe safai'r môr byddai ar ben arnom.

Diolch i Ti am y cydbwysedd rhyfeddol yma rhwng dyn a'i amgylchfyd yn y Greadigaeth.

Diolchwn i Ti am y gwyddonwyr a esboniodd gymaint ar wyrth y bydysawd, a diolchwn fod pob darganfyddiad a wnaethant yn gwneud dy Greadigaeth Di'n fwy ardderchog.

Mae'r meddyg bob dydd yn darganfod dirgelwch newydd – 'Rhyfedd ac ofnadwy y'n gwnaed.'

Mae'r gwyddonydd, cyn cymryd y cam cyntaf yn ei waith, yn gorfod cydnabod deddfau dy Gread rhyfeddol Di.

Y gofotwr cyn mynd i'r gwagle yn dibynnu ar reol dy Greadigaeth Di. Ofer pob 'sym' mewn compiwtar heb gymryd yn ganiataol fod dy sêr a'th blanedau Di yn symud yn gyson yn eu cylchoedd. Nid rhyfedd i'r emynydd deimlo fod y 'sym' yn ormod iddo –

'Rwy'n soddi wrth fyfyrio
Ar dy ryfeddol waith.'

Ond os na allwn ni ddirnad, fe allwn ddiolch. Ac mae'n haws diolch am y pethau 'a welir' na'r pethau 'nis gwelir' – y synhwyrau a'r deall, ffydd, gobaith, cariad. Rhoddion Duw ydynt i gyd, a'r mwyaf ohonynt yw cariad.

Ac fel y mae'r drwg yn cael ei buro yn y Greadigaeth faterol, erfyniwn heddiw, O Dad, am dy Gariad Di i buro'r byd –

Cariad at ein gilydd mewn cartref, eglwys, tref a gwlad.
Cariad at gyd-ddyn pa le bynnag y bo.
Cariad a wna ryfel yn hyll ac atgas.
Cariad at y rhai sy'n cael bywyd yn anodd, ac yn methu dy weld yn Dad.
A Chariad sy'n ddigon mawr fel na fydd lle i hunanoldeb yn ein bywyd.

Ein Tad, gwna ni'n barod i dderbyn y rhodd fawr hon o gariad, a ddaeth i ni trwy Iesu Grist.
Helpa ni i drosglwyddo'r cariad hwn, trwy ein gweithredoedd, i fywyd ein tref, a gweddïwn am gael gras yn dy Gariad ddyddiau'n hoes.
Er mwyn dy Fab, Iesu Grist. Amen.

Brynley F. Roberts, *Cynnal Oedfa*

YSGUBORIAU LLAWN

Diolchwn, O Dduw, am gynnyrch y cynhaeaf: am i ti eleni eto sicrhau fod yr had yn egino, am amrywiaeth ryfeddol y tyfiant, a'r ffrwythloni a ddigwyddodd, am y gwrtaith a gafwyd ym mhridd y ddaear, am y cawodydd a'r heulwen a roes dyfiant i'r cnwd; diolchwn hefyd am y dechnoleg a roes fodd i'r amaethwr grynhoi'r cyfan i ystordy ac ysgubor. Derbyn ein diolch am y cyfan hyn.

Wrth inni ymfalchïo yn ein hysguboriau llawn, na ad inni anghofio dy fod ti'n darparu ar gyfer anghenion dy blant drwy'r byd. Ynghanol ein llawnder a'n digon maddau inni, Arglwydd, am ymddwyn yn drachwantus, gan gredu mai ein heiddo ni yw'r cyfan. Dysg inni rannu ein hymborth fel y bachgennyn hwnnw gynt a rannodd ag eraill ei bum torth a'i ddau bysgodyn.

O Dduw, cyflwynwn gynhaeaf y flwyddyn hon mewn diolchgarwch i ti, ein Creawdwr, a Thad holl blant y byd. Amen.

Llyfr Gwasanaeth yr Annibynwyr

DIOLCHGARWCH AM Y CYNHAEAF

Ein Tad, awdur bywyd, cynhaliwr pob dim byw,
a'n harweinydd trwy Iesu, i fywyd llawn:
diolchwn i ti am gynnyrch y ddaear a'r môr,
llysiau y caeau a'r gerddi,
a ffrwythau'r coed a'r llwyni;
am yr haul a'r gwynt a'r glaw
a roes gynnydd ac aeddfedrwydd i'r had;
am yr amaethwr a'r garddwr
fu'n bartneriaid ffyddlon a diwyd i ti,
yn trin y tir ac yn hau,
yn cywain ac yn casglu i ysguboriau;
am y crefftwyr a'r gweithwyr fu'n gyfrifol
fod y cynhaeaf yn gynhaliaeth wrth law ar ein cyfer,
i'n cadw ni a'n teuluoedd yn fyw ac yn iach.

Ond, O Dad, rho i ni raslonrwydd Iesu Grist

i gofio am y rhai sydd mewn angen,
trwy weddïo, trwy rannu
a thrwy geisio trefn decach i'r gwan a'r tlawd.

'Rho i ni nerth i wneud ein rhan',
yn enw Iesu Grist.

John Owen, ***Amser i Dduw***

DIOLCHGARWCH AM Y CYNHAEAF

O Dduw, ein Tad a'n Harglwydd,
diolchwn i ti am y cyfan a greaist
ac am y cyfan a gyfrennaist i ni dy blant.

Yr wyt wedi llenwi ein bywydau â phrydferthwch a daioni
ac wedi'n hamgylchynu â phethau hardd a defnyddiol.

Diolchwn i ti am dy *gread:*
am odidowgrwydd y byd o'n cwmpas,
am ogoniant y bryniau a'r dyffrynnoedd,
yr afonydd a'r moroedd,
y meysydd a'r blodau:
yn ysblander a chyfoeth dy greadigaeth
gwelwn dystiolaeth i ryfeddod dy waith
yn ein cynnal, ein cadw a'n cyfoethogi.

Diolchwn i ti am dy *ofal tadol:*
am gynhaliaeth a bendithion bywyd beunyddiol,
am iechyd a nerth,
am serchiadau a chyfeillgarwch:
yn holl fendithion bywyd yr wyt ti yn rhoi i ni lawenydd,
ac yn nhreialon bywyd yr wyt yn ein dysgu i bwyso arnat ti.

Diolchwn i ti am dy *arweiniad:*
am dy ffyddlondeb i ni bob amser,
am i ti ein harwain a'n nerthu ar lwybrau bywyd,
am i ti fod yn oleuni i ni ym mhob tywyllwch

ac yn gynhaliaeth ym mhob argyfwng:
mewn hawddfyd ac adfyd buost wrth law bob amser
i'n tywys a'n hymgeleddu.

Diolchwn i ti am *fendithion yr Efengyl:*
am dy gariad anfeidrol yn Iesu Grist,
am bob mesur o'th wirionedd a ddysgaist i ni,
am foddion gras a chymdeithas dy bobl,
am faddeuant pechodau ac am obaith gogoniant:
rhoddaist i ni'r bendithion dirifedi hyn
i wneud ein dyddiau yn hardd ac yn llawen.

Cynorthwya ni i ymateb gyda diolchgarwch
sy'n ei fynegi ei hun, nid mewn geiriau yn unig
ond mewn ymgysegriad llwyrach i ti ac i waith y deyrnas.

Cyflwynwn i ti y rhai sy'n ei chael hi'n anodd diolch,
a'r rhai sy'n amau dy ragluniaeth a'th ofal:
y rhai sydd mewn adfyd a thrallod,
mewn galar a thristwch,
mewn afiechyd a llesgedd,
mewn unigrwydd ac anobaith.

Clyw ein hymbiliau ar eu rhan,
a gwna ninnau bob amser yn fwy diolchgar
am ein dedwyddwch, ein hiechyd,
a'th holl roddion di i ni.

Cyflwynwn ein moliant a'n hymbiliau
yn enw ein Harglwydd a'n Gwaredwr, Iesu Grist.

Elfed ap Nefydd Roberts, ***Amser i Dduw***

DIOLCHGARWCH AM Y CYNHAEAF

Clod i ti, y Duw nerthol, am holl ryfeddodau'r cread.
Clod i ti am y tir a'r môr;
am ffrwythlonder y pridd, amrywiaeth y blodau,
eu lliwiau a'u persawr,
am gadernid coed
a golud bywyd y fforestydd.
Eiddot ti ddirgelion y moleciwl ac ysblander cysawdau'r sêr.

Diolch i ti am bopeth byw,
am anifeiliaid ac adar,
am ymlusgiaid a phryfetach
ac am amrywiaeth syfrdanol y rhywogaethau.

Mawrygwn di am rythmau'r tywydd,
am heulwen a glaw, tes a rhew,
gwlith ac eira, y gwynt nerthol a'r awel dyner.

Llenwaist ein clustiau â seiniau'r greadigaeth:
sisial ffrwd ar gerrig,
trymru'r môr ar draeth, trydar yr adar, clec y daran
ac amrywiol gynganeddion y gwynt.

A thi a greodd ryfeddod corff ac ymennydd dyn.
A chydnabyddwn ein bod wedi ein gosod gennyt ar y blaned hon,
nid i'w harteithio a'i difetha,
ond i ddwyn cyfrifoldeb drosti o dan dy lywodraeth di,
Arglwydd y cread.

Dysg ein cenhedlaeth ni i fawrygu'r fraint honno
gan ddiogelu ffrwythlonder y ddaear,
a chydnabod mai dy drefn di yn unig
a sicrha degwch i blanhigion ac anifeiliaid ac i blant dynion.
Greawdwr daionus, cynysgaedda ni â doethineb.
Gofynnwn hyn yn enw Iesu Grist.

R. Tudur Jones, ***Amser i Dduw***

DIOLCHGARWCH AM Y CYNHAEAF

Am gynhaeaf y llafur – a daliad
Y medelwr prysur,
Am ramant y porthiant pur
I reidiau pob creadur:

Rhoddwn ni i ti ein Tad,
Heddiw ŵyl o addoliad.

Am fwthyn ac am Fethel – am eiriau,
Am orig fach dawel,
Am wenau câr, am win cêl
Y nos i galon isel:

Rhoddwn ni i ti, ein Tad,
Heddiw helaeth addoliad.

Am gytgan brwd i'w ganu – am luniau,
Am lannerch i'w charu,
Orig cellwair, a gallu
Anghofio'n helynt lu:

Rhoddwn ni i ti, ein Tad,
Heddiw hwyliog addoliad.

Am degwch byw cymdogol – a thawel
Gynorthwy brawdol,
Mwynder rhai sy'n mynd ar ôl
Hunllef dioddef dyddiol:

Rhoddwn ni i ti, ein Tad,
Heddiw wylaidd addoliad.

Am gyfaill, am a gofia – y di-log
A'r di-lwydd eu gyrfa,
Pryderon cymdogion da,
Newyn y di-gynhaea:

Rhoddwn ni i ti, ein Tad,
Heddiw elw'n haddoliad.

Uwch diddanwch dy ddoniau – dyro in
Dy ras, Iôr ein tadau,
Rho help i edifarhau
A rhyddirio'r Rhodd orau:

A faddeui di, O Dad,
Eiddilwch ein haddoliad?

R. Ithel Williams, *Amser i Dduw*

DIOLCHGARWCH AM Y CYNHAEAF

Sanctaidd a Thrugarog Dad, yr hwn a'n ceraist ni ac a'n cynheliaist hyd yr awr hon, cydnabyddwn yn ostyngedig ein dibyniaeth arnat am fwyd a dillad a phob peth oll. Gwerthfawr yw dy roddion rhad, a phob bore y deuant o'r newydd: mawr yw dy ffyddlondeb. Nid yn ôl ein haeddiant y gwnaethost â ni, ac nid yn ôl ein pechodau y telaist i ni.

Yr wyt yn peri i'r haul godi ar y drwg a'r da, ac yn glawio ar y cyfiawn a'r anghyfiawn. Ar dy drugareddau yr ydym oll yn byw, a thydi yw testun ein cân. Tydi a ordeiniaist bryd hau a medi, haf a gaeaf, gwynt a glaw, ac y mae dy enw ar dy holl weithredoedd. Yr wyt yn cynnal ein calon â bara, ac yn llawenychu ein henaid â digonedd. Teilwng wyt, O Dduw, canys ti a geraist bob peth, ac a roddaist i ni Fara'r Bywyd fel y cawn ymborthi arno dros ein holl ddyddiau, ac y caffom fywyd tragwyddol ynddo ef.

R. J. Jones, *Amser i Dduw*

CYNHAEAF

Diolchwn am amser y cynhaeaf pan welir ffrwythau aeddfed ar y coed. Diolchwn hefyd am lysiau a gesglir ac a gânt eu storio erbyn y gaeaf. Cofiwn mai gydag ŷd y gwneir ein bara beunyddiol. Helpa ni, O Dduw, i gofio diolch amdano ac am y pethau eraill da a gawn i'w bwyta. Amen.

Harri Parri a William Williams, *Ffenestri Agored*

DIOLCHGARWCH

Mewn oedfa ddiolchgarwch daw inni awyrgylch y meysydd a'r awyr agored a chofiwn am grefft gyntaf dynol-ryw. Diolchwn am y bobl sydd yn trin ac yn aru'r ddaear iraidd:

Gwyn fyd y neb o'i febyd – fu'n gymar
I'r ddaear werdd ddiwyd;
Y gŵr a arddo'r gweryd,
A heuo faes, gwyn ei fyd.

Fel y mae'r bara naturiol yn cynnal y corff, rhoddaist i ni hefyd y manna o'r nef i'n cynnal ar ein pererindod ysbrydol. O'r herwydd deuwn i'th gynteddoedd, O! Dduw, gan offrymu i Ti aberth addoliad yn llawn ysbryd a diolch. Wrth ddiolch am ffrwythau'r ddaear, diolchwn hefyd am ffrwythau'r Ysbryd. Cyfod Di ein golygon fel y gwelom y Rhoddwr yn y rhoddion, ac unwaith y cawn ni olwg iawn arnat Ti, deuwn i weld gwerth y pethau sydd uwchlaw'r byd a'r bywyd hwn, ac ymborthi fyth ar sylwedd pur y nef.

Derbyn ein diolch am y datguddiad a roddaist ohonot dy Hun i'r byd yn dy Fab, Iesu Grist, y bara a ddaeth i waered o'r nef i roddi bwyd i'r byd. Boed i bob rhodd, felly, ein harwain at y Rhoddwr ei Hun a'n gwneud ni'n deilwng o'r etifeddiaeth a arfaethwyd ar ein cyfer .

Wrth gofio am lawnder dy fendithion, gweddïwn am dy ras, O! Dduw, i gofio am y tlawd a'r anghenus, a chymhwysa ni i iawn-ddefnyddio pob rhodd a ddaw oddi uchod er lles pawb o bobl y byd. Erfyniwn hyn yn enw Iesu Grist, y bywyd tragwyddol. Amen.

Maurice Loader, *Gweddïau yn y Gynulleidfa*

GWEDDI O DDIOLCHGARWCH

Cyflwynwn ein diolchgarwch i Dduw.

O Dduw, ein Tad, diolchwn i ti am y rhoddion yr wyt yn ein hamgylchynu beunydd â hwy. Diolchwn am y byd yr ydym yn byw ynddo. Tydi a wnaeth bob peth, a'i wneud yn dda.

Am ardderchowgrwydd y wawr a gogoniant y machlud,
am hyfrydwch goleuni'r dydd a bendithion y nos,
am y lloer, a'r sêr di-rifedi,
am y dydd i weithio ac am yr hwyr i orffwyso:
Diolchwn i ti, ein Tad.

Am hedd y mynyddoedd a miwsig mawreddog y moroedd,
am ffyrdd agored a'r awel ar ein hwynebau,
am harddwch y gerddi, a phob blodyn min-ffordd,
am gyfoeth y winllan, a chnwd y maes,
am roddion daear, awyr a môr:
Diolchwn i ti, ein Tad.

Brynley F. Roberts, *Cynnal Oedfa*

DIOLCH AM Y CYNHAEAF

Ein Tad yr Hwn wyt yn y nefoedd, dyro dy fendith arnom ar ddechrau'r oedfa hon, a derbyn yn awr y gogoniant i'th enw dy Hun. Daethom yma i roddi diolch i Ti am dy holl ddaioni ac i'th gydnabod am fendithion y bywyd hwn.

Ti, O! Dduw, foliannwn
Am dy ddoniau rhad,
Mawr yw d'ofal tyner
Drosom, nefol Dad.
Llawn yw'r ddaear eto
O'th drugaredd lân,
Llawn yw'n calon ninnau
O ddiolchgar gân.

Pa le bynnag yr edrychwn fe welwn ôl dy law ddaionus, ac y mae ein profiad heddiw fel profiad y Salmydd gynt: 'Arglwydd ein Iôr ni, mor ardderchog yw dy enw ar yr holl ddaear.' Ti yw Creawdwr nef a daear a Chynhaliwr dyn a phob peth byw. Gwnaethost i oleuni lewyrchu yn y tywyllwch, ac wele, da ydoedd. Gwnaethost i'r ddaear ddwyn llysiau a ffrwythau o bob math, ac wele, da oedd y cyfan. Ti sy'n rhoi bywyd i flagur y gwanwyn ac aeddfedrwydd i ffrwyth yr hydref. Ti sy'n galw'r tymhorau i'w hynt yn eu pryd, ac yn bendithio'r ddaear fel y rhoddo had i'r heuwr a bara i'r bwytäwr. Agori dy law gan ddiwallu pob peth byw o'th ewyllys dda.

Yr wyt Ti yn dy gariad yn glawio ar y cyfiawn a'r anghyfiawn. Diolch i Ti am gariad mor fawr, cariad sydd yn troi yn drugaredd, yn dosturi ac yn faddeuant i bawb ohonom. Gwna ni oll yn fwy teilwng ohono er llwyddiant dy Deyrnas yn y byd.

Diolch i Ti am bob cyfle a gawsom i fyw'n agos at fyd natur ac i glywed curiad y galon ddwyfol yn y greadigaeth. Diolch i Ti am harddwch bro, am fwynhad ein gwaith ac am gymdeithas dda. Maddau inni os buom yn euog o ddiystyru'r dreftadaeth hardd a roddaist i ni, ac os buom yn euog o lygru'r amgylchfyd. Maddau inni am fynnu cael heb geisio cadw, am edrych ar yr elw heb weld y golled.

Wrth ddiolch gyda'n gilydd am ffrwythau'r maes diolchwn hefyd am bob bendith dda arall a gawsom, am nerth ac iechyd i gyflawni ein gwaith, am gysgod cartref ac aelwyd, am gwmni a chyfeillgarwch ffrindiau, ac am bob peth hardd a da sy'n rhoi lliw a hyfrydwch i'n dyddiau ar y ddaear. Cofia, O! Dduw, am rywrai heno sydd heb y bendithion hyn, yn arbennig y rhai hynny sydd yn dioddef eisiau. Deffro awydd yng nghalonnau dynion i'w cynorthwyo ym mhob ffordd, ac i roi ysgwydd o dan eu baich. Gofynnwn hyn oll yn enw Iesu Grist. Amen.

W. Rhys Nicholas, *Gweddïau a Salmau*

DIOLCH AM Y CYNHAEAF

Dyro inni dy arweiniad,
  Arglwydd, drwy yr oedfa hon,
Nerthol ddylanwadau d'Ysbryd
  Gaffo'u teimlo ger dy fron.

Wele ni, O! Dduw ein Tad, yn gofyn am dy fendith ar y gwasanaeth hwn. Daethom yma i ddiolch i Ti am yr holl roddion yr ydym wedi eu derbyn o'th law. Anfonaist haul a glaw a gwlith, i beri tyfiant ac i aeddfedu'r ffrwyth. Unwaith eto y flwyddyn hon cawsom weld y caeau gwair ac ŷd yn tonni yn yr awel pan oedd y cnwd yn dod i'w lawn dwf. Gwelsom y blodau ar y coed ffrwythau, ac yna'r ffrwyth yn dod i harddu pob cangen, i lawenhau ein calon ac i ganmol dy enw Di. Gwelsom y cynhaeaf yn cael ei gasglu o dan wenau'r haul, a'r gweithwyr yn ei ddwyn o dan do. Diolch i Ti am gael ôl dy law ym mhob man, ar y bryniau ac yn y dyffrynnoedd, yn y meysydd ac yn y gerddi, ar y rhos ac yn y goedwig, ar y perthi a'r llethrau oll. Fe fu'r ddaear i gyd yn canu dy fawl. A'r cyfan yn dweud dy fod yn dal i ofalu amdanom yn dy gariad mawr. Diolch i Ti am inni gael ein bwyd ar y bwrdd, heb weld eisiau dim. Cofiwn gyda thristwch am y rhai hynny yng ngwledydd tlawd y byd sy'n dioddef eisiau, ac yn arbennig am y plant sy'n crwydro'r ffyrdd mewn gwendid trist oherwydd prinder bwyd. Helpa ni i gofio amdanynt bob amser, ac i wneud popeth a fedrwn i'w cynorthwyo. Dwysbiga Di ein calonnau wrth inni weld angen pobl eraill.

Bendithia'r Sul hwn i ni fel eglwys. Diolch i Ti am fod y Capel mor hardd, a ninnau wrth ei weld yn ei chael yn hawdd i'th addoli Di mewn prydferthwch sancteiddrwydd. Cofia bawb o'r aelodau sydd yn methu bod gyda ni. Saf yn eu hymyl heddiw i'w nerthu a'u cysuro yn ôl y gofyn. Bydd gyda ni oll yn dy gariad mawr, wedi rhoi inni faddeuant am bob bai.
Yn enw Iesu Grist. Amen.

W. Rhys Nicholas, *Gweddïau a Salmau*

DIOLCHGARWCH

Gŵyl Ddiolchgarwch

I'r Duw Mawr – a'i dymhorau – y canaf
yn f'acenion gorau.
Er i ni ymdrin a hau
Hwn yw Awdur y cnydau.

Dydd Diolchgarwch

Wedi'r rhodd a'r daer weddi, – wedi'r dweud,
Wedi'r dydd o foli,
Rhoi mwy 'nawr yw'n rhwymau ni,
Byw a diolch heb dewi.

Gareth Maelor, *Helo, pwy sy' 'na*

GWEDDI DYDD DIOLCHGARWCH

Er a wnawn gyda'n dwrn ni – a'n treisio
trahaus i ymborthi,
gwn, ein Tad, cawn gennyt ti
law annwyl dy haelioni.

Ein Tad, diolch i Ti ei bod hi'n Sul Diolchgarwch eto. Diolch ein bod ninnau, blant y mileniwm newydd, yn adnabod yr angen i ddod at ein gilydd i ddiolch. I ddiolch i'n gilydd, a chyda'n gilydd, am dy roddion hael Di:

O! Dad, yn deulu dedwydd – y deuwn
Â diolch o *newydd*

y Diolchgarwch hwn.
Mae hi'n anodd, Dduw, i ni ddiolch i'n gilydd mewn byd lle mae'r sgrin cyfrifiadur yn ddolen gyswllt rhyngom. I'r ifanc mae cwmnïaeth yn aml yn golygu cyswllt clic ar ôl clic ar *MSN* a *Bebo* heb yngan gair, heb agor ceg na symud tafod.

Bellach, wrth i achlysuron o gydweithio cymdogol ddiflannu, 'dydi afiaith a chwmnïaeth y cynaeafu gynt ddim ond torri prin-ddau-air gyda'n gilydd. Heddiw, sgwrs gyfarch y mynd-a-dod sydd gennym ni, yr 'helo', 'bore da', 'noson oer', 'hwyl rŵan', wrth fynd i'r car i weithio ac wrth gyrraedd yn ôl. Oes y dweud diddim a'r gadael ffwr-bwt.

Wrth fyw mewn byd sy'n annog annibyniaeth, 'rydym ni'n troi'n gymdogaeth hunangynhaliol wrth siopa tros y we, wrth deithio mewn ceir, ac yn colli cyfle i gyd-gwrdd, cydweithio a helpu'n gilydd – y math o gydgyfarfod a chydweithio sy'n gwneud i ni deimlo'n ddiolchgar.

Arglwydd, rho i ni ysbryd ac afiaeth y cynaeafu gynt dros gyfnod y Diolchgarwch yma trwy chwilio am gyfleoedd i ni gyd-ddiolch gyda'n gilydd yn ein byw a'n bod bob dydd fel cymdogion ac fel Cristnogion:

O! Dad, yn deulu dedwydd – y deuwn
Â diolch o *newydd*
i Ti'r bore hwn wrth i ni ddathlu Diolchgarwch.

Ein Tad, bendithia ein hymdrech i ddod at ein gilydd i ddiolch o'r newydd i ti heddiw a thro ein hymdrech flynyddol yn ymdrech syml i ddiolch i Ti bob dydd o'r flwyddyn. Amen.

Gareth Maelor, *Fi sy' 'ma . . .*

GWEDDI HYDREF

Annwyl Arglwydd pob tiriondeb,
bydd yn agos atom yn hydref y flwyddyn.
Wrth i ddail ddisgyn,
boed i mi gofio gogoniannau'r cynhaeaf,
cnydau'r meysydd,
y ffrwythau'n pwyso ar y coed.
Dysg i minnau rannu cynhaeaf dy Gariad Di
efo'r rhai rwy'n eu cwrdd bob dydd.
Boed i harddwch euraidd y tymor hwn
aros yn fy mywyd a'm calon yn wastadol.
Amen.

Addasiad o eiriau traddodiadol o'r Iwerddon

DIOLCHGARWCH

Crist yr had,
Crist y cynhaeaf,
Boed i ni gael ein cywain
yn ysgubor Duw.

Crist y moroedd,
Crist y pysgod,
Boed i ni gael ein dal
yn rhwyd Duw.

Ac o ieuenctid i henaint,
o henaint hyd farwolaeth
boed i dy ddwy fraich, Grist,
ein cofleidio.

Ac ar derfyn ein hoes
ni cheir diwedd, ond bywyd newydd,
ym mharadwys hapusrwydd a heddwch
ymgasglwn atat Ti.

Addasiad o eiriau traddodiadol o'r Iwerddon

GWEDDI DIOLCHGARWCH AM Y CYNHAEAF

Nefol Dad, deuwn atat heddiw yn ein bodlondeb a'n llawnder i ddathlu Gŵyl arall o Ddiolchgarwch. Daeth y cynhaeaf cyforiog â'i fendithion i bawb ohonom yng Nghymru, a maddau i ni os ydym yn cymryd y cwbl yn ganiataol.

Closiwn atat er mwyn rhoddi diolch tawel i Ti am y wlad, am rym y pridd, a'r esgor newydd ar fywyd o hyd. Cedwaist lygaid ar yr had drwy oerni'r Gaeaf tan y daeth y Gwanwyn i ysgwyd y byd o'i drwmgwsg. Diolch am dy nawdd i'r cnydau, y ffrwythau a'r llysiau llesol, ac am yr holl amrywiaeth rydym yn ei fwynhau. Diolch yn ein hoes o fwydydd parod am gynhaliaeth faethlon y ddaear naturiol heb gemegau a lliwiau ychwanegol. Maeth cynnyrch dy greadigaeth.

Dduw, bydd yn asgwrn cefn i'r rhai hynny yn ein byd ni sy'n ceisio rhannu dy gynhaeaf Di. Boed i ninnau yn ein digonedd lluosog ddysgu sut i roi a rhannu yn fwy effeithiol â'n brodyr a chwiorydd yng ngwledydd y byd sydd mewn tlodi a newyn. Cryfha'r mudiadau fel Cymorth Cristnogol, Oxfam ac eraill, sy'n sicrhau fod y cynhaeaf eleni yn cyrraedd y byd yn grwn, a bod Diolchgarwch yn air i bedwar ban byd. Amen.

Aled Lewis Evans, *Adlais*

GWEDDI O DDIOLCHGARWCH

Diolch i Ti O Dduw ein Tad nefol
fod gennym Un fel Tydi
i droi ato
i weddïo arno
i ymddiried ynddo
ac i ddiolch Iddo.

Yn a thrwy Iesu Grist
y Ceidwad a'r Cyfryngwr Mawr.
Ti yw ffynhonnell ein holl ddaioni,
Crëwr popeth byw,
A rhoddwr ein holl fendithion.
Cydnabyddwn yn ddiolchgar,
mai wedi derbyn oddi wrthyt Ti
trwy Dy law agored raslon
y cawsom y cyfan
sy'n ein cynnal a'n cadw'n
fyw ac iach.
Ein bywyd, ein bwrdd,
ein bwyd, ein bodlonrwydd,
a'n brawdoliaeth.
Nid ydym mewn modd i brynu dim,
i ennill dim,
nac i berchen dim.
A chyffeswn yn edifeiriol fod
ein hymdrechion,
ein henillion
a'n haeddiant
yn rhy fach a di-nod i hawlio dim.
Felly o feddwl ac ystyried,
maddau i ni am ddiystyru y bendithion
sydd mor anghyffredin i ni
yn ein dallineb difraw:
cartref clyd a rhieni da,
ysgol lawen ac athrawon ymroddgar,
eglwys deuluol ac aelodau dylanwadol.
A beth am y fendith fwyaf oll
y mae mor hawdd ei hanwybyddu, –
Yr Efengyl Gristnogol.
Y Rhodd anhraethadwy yn Iesu Grist.
Oddi wrthyt Ti O Dduw a thrwy Iesu Grist
dy unig Fab,
y daeth bendithion pennaf ein bywyd.
Y daioni sydd ynom,
y cartref a gawsom,

y dylanwadau daionus fu arnom,
y gymdeithas gonsyrnol a fu'n ein
cwmpasu a'n cyflyru a'n mowldio,
y cyfeillgarwch puraf a brofasom,
yr awydd i wasanaethu a deimlasom
y maddeuant a'n golchodd,
y cymod a ddilynodd,
a'r gobaith bywiol sydd gennym
mai gras yw'r cyfan.
Y mae'n rhaid diolch i Ti.
A diolch ein bod yn gallu meddwl ac
ystyried maint ein dyled.
O Dduw a Thad ein Harglwydd Iesu Grist,
maddau i ni O Dad trugarog am fod mor anystyriol
o'n dibyniaeth arnat,
ac am fod mor anniolchgar o'th
haelioni syfrdanol tuag atom.
Diystyru y bendithion sydd mor
fawr ac a gyfrifwn mor fach.
Cynnyrch y ddaear,
twf yr had,
trefn y tymhorau,
y deddfau di-ysgog a di-gyfnewid
a berthyn i'r cread.
Ein synhwyrau a'n doniau
a'r galluoedd a'r nerth a roddaist i ni:
i gydweithio â Thi,
i gydweithio â'r Cread,
ac i gydweithio â'n gilydd.
Yn wyneb y fath ddaioni gwna ni'n fwy-fwy
diolchgar i Ti O Dduw a Thad
ein Harglwydd Iesu Grist.
Ym mhob profiad bob pryd
ac yn yr Ysbryd prydferthaf
a chyda'r cymhelliad puraf. Amen.

Gerald Jones ac eraill, ***Ar Lwybr Mawl a Myfyrdod***

CALONNAU YN LLAWN DIOLCH

Ein Duw a'n Tad, deuwn atat ar ŵyl y cynhaeaf,
gyda'n calonnau'n llawn diolch,
am i Ti gofio amdanom.
Unwaith eto eleni, cawsom brofi:
Cysondeb dy drefn ragluniaethol,
Gweithgarwch parhaus dy drugaredd,
Dy gariad a'th ddaioni yn paratoi ac yn trefnu ar ein cyfer.

Gallwn dystio na fuom un diwrnod heb dy ofal,
yn cael ein bendithio o ddydd i ddydd â'th ras.
Cydnabyddwn heddiw ein dibyniaeth arnat Ti.
Dy eiddo Di yn wir yw'r 'ddaear a'i chyflawnder,
y byd ac a breswylia ynddo.'

Ti sydd wedi creu'r tir a'r blodau,
Ti sydd wedi trefnu'r tymhorau,
Ti sydd wedi llunio cyfnodau hau a medi,
Ti sy'n rhoi glaw a heulwen,
Ti sy'n gyfrifol am wyrth yr egino a'r tyfu,
Ti a greodd ddyn yn goron dy greadigaeth.

Rhoddaist iddo'r ddaear i'w darostwng hi ac arglwyddiaethu arni.
Bendithiaist ef â'r gallu:
i ddeall a defnyddio'r greadigaeth,
i 'nabod ei thymhorau,
i drin y tir,
i hau'r had,
i gasglu'r ffrwythau.
Diolchwn heddiw i Ti am y cyfan.

Ond wrth ddiolch, deisyfwn arnat i'n gwneud yn fwy parod i werthfawrogi dy roddion, ac yn fwy ffyddlon i Ti a'th greadigaeth.
Maddau i ni, Arglwydd:
am gamddefnyddio ein safle breintiedig,
am ein hamharodrwydd i gydnabod ein dibyniaeth,
am i ni wrthod gadael i'th haelioni Di ddeffro ysbryd rhoi a rhannu ynom ninnau.

Gweddïwn y bydd yr ŵyl hon yn rhoi i ni olwg newydd arnat, fel ein Harglwydd a'n Cynhaliwr, ac yn ein galluogi i ddweud mai ynot Ti yr ydym 'yn byw ac yn symud ac yn bod'.

Na foed i'n digonedd ein dallu i anghenion mwyafrif poblogaeth ein byd. Dyro ras i ni gofio amdanynt, ac i garu, nid ar air nac ar dafod, ond mewn gweithred a gwirionedd. Cofiwn eiriau ein Harglwydd, 'Yn gymaint ac i chwi beidio â'i wneud i un o'r rhai lleiaf hyn, nis gwnaethoch i minnau 'chwaith.'

Ein Tad caredig, deuwn atat yn wylaidd ac yn ostyngedig, wrth i ni sylweddoli mor fawr yw ein dyled i Ti. Yr adeg hon o'r flwyddyn cawn ein hatgoffa o'th roddion Di ym myd natur, sydd yn ein cynnal. Ond sylweddolwn mai ychydig ydynt o'u cymharu â'r holl fendithion a ddaeth i ni hyd yma. Dy ddoniau Di yn dymhorol ac yn ysbrydol sydd wedi rhoi bywyd i ni ac wedi'n cadw mewn bywyd.

O ystyried ein dyled, gofynnwn gyda'r Salmydd, 'Beth a dalaf i'r Arglwydd am ei holl ddoniau i mi?' Cydnabyddwn nad oes gennym ddim i'w roi i Ti ond ein mawl a'n diolch. Yn unig, 'aberthaf i Ti aberth moliant a galwaf ar enw yr Arglwydd'. Tro ein geiriau rhwydd yn wir addoliad, gad i ni sylweddoli na allwn ddiolch yn iawn heb fod yn barod i blygu ger dy fron a chydnabod mai Ti yw ein Duw a'n Harglwydd. Uwchlaw popeth gad i ni weld mai'r diolch gorau yw derbyn dy iachawdwriaeth a ddaw i ni yn Iesu Grist dy Fab. Amen.

Robin Samuel, *Diolchgarwch*

CYNHAEAF

Hollalluog Dduw, a'n dysgodd trwy dy Air ein bod yn dibynnu nid yn unig ar waith dwylo gwŷr a gwragedd ond hefyd ar dy ofal grasol di, moliannwn di am dy roddion ym myd natur. Dyro i ni yn ychwaneg, galonnau diolchgar a dysg ni i sylweddoli ein bod ym mhob peth yn gyd-weithwyr â thi sy'n awdur a rhoddwr pob peth daionus; trwy Iesu Grist ein Harglwydd. *Amen.*

Enid Morgan yn Edwin C. Lewis, *Mil a Mwy o Weddïau*

Y CYNHAEAF

Trown atat ti, ein Tad trugarog, y bore newydd hwn i'th gydnabod di yn ddiolchgar am dy ddaioni parhaus tuag atom. Dyro i ni weld mai i ti yr ydym i ddiolch am roddi i ni gnwd y maes a ffrwythau'r coed, gan ddwyn llawnder i ddyn ac anifail. Derbyn ein diolch am i ti ein cynnal a'n cadw. Arwain ni i ddeall mai fel cydweithwyr â thydi y meddiannwn holl gyfoeth dy drugaredd, ac y gogoneddwn dy enw; er mwyn Iesu Grist ein Harglwydd. *Amen.*

Edwin C. Lewis, *Mil a Mwy o Weddïau*

DIOLCHGARWCH AM Y CYNHAEAF

Hollalluog a thragwyddol Dduw, sy'n coroni'r flwyddyn â'th ddaioni, ac yn rhoddi inni ffrwythau'r ddaear yn eu tymor, rho i ni galonnau diolchgar, fel y defnyddiwn dy roddion yn unol â'th ewyllys; trwy Iesu Grist ein Harglwydd. *Amen.*

Llyfr Gweddi Gyffredin

DIOLCHGARWCH AM Y CYNHAEAF

O Arglwydd ein Duw, Creawdwr cyrrau'r ddaear, a Chynhaliwr pob peth a geraist, cydnabyddwn yn ostyngedig ein dibyniaeth arnat. Tydi yn y dechreuad a sylfaenaist y ddaear, a gwaith dy ddwylo di yw y nefoedd. Eiddot ti yw'r ddaear a'i chyflawnder, y byd ac a breswylia ynddo. Tydi a ordeiniaist bryd hau a medi, haf a gaeaf, a pheraist i'r haul godi ar y drwg a'r da, ac i'r glaw ddisgyn ar y cyfiawn a'r anghyfiawn. Ni adewaist erioed y byd a wnaethost: o ddydd i ddydd ti a'i cynheli, ac y mae dy enw ar dy holl weithredoedd. Moliannwn di am drefn a chysondeb popeth a greaist, am harddwch y ddaear a'r nefoedd, ac am y Rhagluniaeth sy'n diwallu ein hanghenion. Diolchwn i ti am fendithio llafur dyn a threfnu iddo ddwyn ffrwythau'r ddaear i'r ysguboriau. Gwerthfawr yw dy roddion rhad, a phob bore y deuant o'r newydd. Yr wyt yn cynnal ein calon â bara, ac yn llawenychu ein henaid â digonedd. Gwna ni yn oruchwylwyr ffyddlon dy roddion rhad, a phâr i ni gofio nad ar fara yn unig y bydd byw dyn, fel y ceisiom y bara a bery byth ac y derbyniom ras, ac fel y dygom ffrwythau'r Ysbryd er gogoniant i'th enw; trwy Iesu Grist ein Harglwydd. *Amen.*

Llyfr Gwasanaeth yr Annibynwyr

BENDITH AR GYFER Y CYNHAEAF

Bydded i Dduw sy'n dilladu'r lili a bwydo adar y nefoedd, sy'n arwain yr ŵyn i borfa a'r carw i lan yr afon, a gynyddodd y torthau a'r pysgod a throi'r dŵr yn win, ein harwain ni, a'n bwydo ni, a'n cynyddu, a'n newid ni i adlewyrchu gogoniant ein Creawdwr drwy holl dragwyddoldeb. *Amen.*

Edwin C. Lewis, *Mil a Mwy o Weddïau*

DYN A CHREADUR

ARGLWYDD DYN AC ANIFAIL

Drugarog Dad, a'n gosodaist ni mewn byd sy'n llawn o greaduriaid eraill heblaw dynion, diolchwn i ti am bob pont a godwyd rhyngom a hwy. Diolchwn am ffyddlondeb a chyfeillgarwch ci a cheffyl, am anwyldeb creaduriaid bach dof, am gynnyrch toreithiog y fuwch a'r ddafad, am y diddanwch a gawn wrth gadw anifeiliaid, adar a physgod.

Diolchwn i ti am hwsmonaeth dyn dros greaduriaid gwyllt ein byd, am y bugeilio gofalus sydd ar rai rhywogaethau ohonynt rhag i'w hil ddiflannu. Gwna ni'n sensitif, Arglwydd, yn ein hymwneud ag anifeiliaid; gwna ni'n barotach i faddau iddynt na'u beio; gwna ni'n gyflym i edmygu prydferthwch a dawn ynddynt ac i leddfu eu poenau. Cadw ni rhag dibrisio bywyd mewn unrhyw ffurf na'i ddifwyno. Cadw ni rhag edrych ar fywyd fel rhywbeth dibwys, i'w ddiffodd yn ddifeddwl.

Rho inni sylweddoli gwerth cynhenid anifail fel bod ar wahân, gwerth nad yw'n dibynnu ar ei ddefnyddioldeb i ni. Gwared ni rhag gweld llwyth o wlân a chig yn unig mewn dafad, neu beiriant cynhyrchu llaeth yn unig mewn buwch. Rho inni barch at y bywyd a'r ymateb sydd mewn anifail. Gad inni sylweddoli mai gweithred ddi-droi'n-ôl yw lladd llysieuyn, neu goeden, neu anifail, pa mor angenrheidiol bynnag; ni allwn ni adfer y bywyd a gollwyd.

Pâr inni gydymdeimlo ag ofn creaduriaid direswm oherwydd sŵn a dieithrwch y bywyd modern, rhuthr y cerbyd modur a rhoch yr awyren a rhu pob peiriant symudol. Cadw ni rhag eu cyffroi'n ddiachos, na bod yn afresymol yn ein triniaeth ohonynt. Cadw ni hefyd rhag difwyno'u hamgylchedd nes gwneud bywyd yn boen a blinder iddynt. Gwna inni fedru meddwl amdanynt fel rhai bach a roddwyd yn ein gofal ni.

Gofynnwn hyn oll yn enw Iesu, Arglwydd dyn ac anifail. *Amen.*

D. G. Merfyn Jones, ***Mil a Mwy o Weddïau***

MOLIANT NATUR

Cri adar yn galw'n uchel ar fynydd;
sŵn creaduriaid y môr yn nyfnder yr eigion;
brefu'r gwartheg allan yn y caeau:
sŵn llais Duw yn galw ar galon a meddwl.

Ehedydd uchel, aderyn y gân lawen, cana i mi;
ewig fuan, yn rhedeg yn gyflym ar y gwastadedd eang, rhed i mi;
eog disglair, lle tardd yr afon, neidia i mi.

Mae adar yr awyr,
bwystfilod y maes,
pysgod yr afonydd,
yn cyflwyno cân o fawl
i Arglwydd mawr yr awyr a'r môr,
y bu i'w Fab farw a chyfodi er fy mwyn.

Glyn Tudwal Jones, *Gweddïau'r Pererin*

Y RHAI SY'N GWEITHIO AR Y TIR

Arglwydd ein Iôr,
mor ardderchog yw dy enw ar yr holl ddaear:
ti a greodd yr hollfyd
ac a'n galwodd ni i gydweithio gyda thi i'w drin;
cyffeswn ein bod yn aml wedi'i gam-drin a'i reibio;
nid ydym bob tro wedi defnyddio'r awdurdod
a roddaist i ni yn gyfrifol;
gofynnwn am dy faddeuant
ac am wyleidd-dra i geisio dy arweiniad di yn y gwaith.

O gofio am yr addewid y caiff y greadigaeth
ei rhyddhau o gaethiwed a llygredigaeth,
cynorthwya ni i gymryd ein cyfrifoldeb o ddifri,
i barchu dy waith ac i amaethu'n gyfrifol.

Cyflwynwn i ti y rhai sy'n gweithio ar y tir;

ym mhob straen, wrth addasu i ddulliau a gofynion newydd,
ac ym mhob pryder am y dyfodol,
rho iddynt dy dangnefedd.

Ynghanol prysurdeb dyletswyddau na ellir eu hepgor,
caniatâ iddynt ymwybyddiaeth o'th bresenoldeb
a chyfle i'th addoli.

Yng nghefn gwlad, lle gwelir gogoniant dy greadigaeth,
caniatâ i ni weithio i ddangos gogoniant y Creawdwr.

M. Angharad Roberts, *Amser i Dduw*

HER Y CYNHAEAF

SALM I'R CYMWYNASWR

Molwn di, O Dduw, am y cymwynaswr:
y rhai sy'n taenu eu gofal fel gwlith,
yn gwasgaru caredigrwydd fel cawodydd bywiol.

O ffynhonnau eu tosturi fe dardd olew a gwin
yn falm i ysbryd briwedig.

O ganrif i ganrif bu ôl eu dwylo ar fywydau brau,
yn rhannu ymgeledd, yn estyn cymorth.

Eu cydymdeimlad a draidd i gilfachau gofid,
gan hulio byrddau cysur yng ngŵydd galar.

Dyma'r rhai a ddangosodd ddiogelwch y sarn
lle na welid ond corstir;
hwy a fu'n tywys i greigle gadarn
lle roedd berw dyfroedd yn ddychryn.

Dirgel yn aml yw eu gweithredoedd,
wedi eu cyflawni o ymroddiad calon hael,
heb un cymhelliad ond ymateb i drueni,
heb un sbardun ond cariad cywir.

Mawrygwn dy enw, O Dduw,
am yr holl ddaioni sy'n deillio o barodrwydd y dwylo tyner.

I ti y rhoddwn fawl am yr angylion
sydd heddiw, fel erioed, yn tramwyo llwybrau daear.

Dyro, O Arglwydd, yn ein calonnau ninnau –
os mynnwn ddilyn ôl troed y Gwas –
y goleuni i ganfod angen,
a'r cariad a'n gwna yn gymwynaswyr i'n cyd-fforddolion.

Myfanwy Bennett Jones, ***Amser i Dduw***

TYMHERA'N DIOLCHGARWCH

Dyrchafwn glod i ti am gynhaeaf y flwyddyn hon, ac am i ti ymweld â'r ddaear, a'i mwydo â chawodydd a bendithio'i chnwd, gan goroni blwyddyn arall â'th ddaioni. Rhown ddiolch i ti am ysguboriau llawn, ac am dy haelioni eleni eto mewn cnwd a ffrwyth a chynnyrch daear. Ond cofiwn, mewn eiriolaeth ar eu rhan, y rhai hynny y methodd eu cynhaeaf, a hynny mewn sawl gwlad trwy'n byd.

O! Dduw, agor ein calonnau mewn tosturi a thrugaredd i gyfeiriad yr anghenus a'r newynog. Dilea o'n calon yr hunanoldeb a'r trachwant sy'n pentyrru bendithion y cread i'n hysguboriau ni, ar draul ysguboriau gweigion ein brodyr a'n chwiorydd yng ngwledydd tlawd ein byd. Gwna ni, yn hytrach, Arglwydd, yn gyfryngau cyfiawnder, a thegwch a thosturi.

Edrych arnom mewn trugaredd, wrth inni adolygu ein ffyrdd yn y tymor hwn o'r flwyddyn a cheisio mesur twf ein heneidiau, a'n cynhaeaf ysbrydol. Maddau inni, Arglwydd, os yw'n hysguboriau'n llawn, ond gan adael gwacter yn ein henaid. Gwyddom mai edifeirwch sy'n gweddu inni, Arglwydd, wrth gydnabod ein diffyg, a syrthio ar ein bai:

Na ddigia wrthym, Nefol Dad,
Na ddos i farn â ni;
Tosturia eto wrth ein gwlad,
A chofia Galfarî.

Tymhera'n diolchgarwch, O! Dad nefol, â phryder am y tlawd a'r difreintiedig; lliniara ddioddefaint byd trwy agor ein calonnau ni mewn tosturi, trwy estyn ein llaw mewn haelioni, a thrwy nerthu'n traed i gerdded llwybr cymwynas.

Maddau, Arglwydd, inni dderbyn dy roddion yn anystyriol, a rhoi cyn lleied yn ôl mewn diolchgarwch. Trugarha wrthym, er mwyn dy Fab, Iesu Grist. Amen.

Maurice Loader, *Taro'r Sul*

DIOLCHGARWCH

Ein Tad trugarog, y mae dy Air a glywsom yn ein hanesmwytho am ein diffyg awydd i rannu rhoddion dy greadigaeth i'n brodyr a'n chwiorydd sy'n brin o fwyd a diod. Rydym yn euog o gadw mwy na'r hyn sydd ei angen arnom, ac o gau ein clustiau a'n calonnau yn rhy aml i gymhelliad dy gariad.

O Dad, trugarha wrthym trwy ein dwysáu ag ysbryd edifeirwch, a'n nerthu i wneud i eraill fel y dymunem i eraill wneud i ni;
i fwydo'r newynog drwy roi ein harian i Gymorth Cristnogol,
i wisgo'r carpiog drwy roi dillad i Oxfam,
i gartrefu'r amddifad drwy gefnogi Shelter,
i gysuro'r cleifion drwy ymweld â hwy, ac
i gynnig gobaith i'r diobaith drwy dy gariad anfeidrol yn Iesu Grist.
Amen.

John Lewis Jones, *Coronwch Ef yn Ben*

DIOLCH A CHEISIO

Arglwydd, addewaist ...
Gwyn eu byd y rhai sy'n newynu ac yn sychedu am gyfiawnder,
oherwydd cânt eu digon.

Arglwydd mae arnom angen .... gwroldeb ... hapusrwydd ... teyrngarwch ... gostyngeiddrwydd ... tangnefedd ... cariad...

'Ceisiwch yn gyntaf deyrnas ein Duw
A'i gyfiawnder ef,
A'r pethau hyn yn ychwaneg a roir i chwi,
Haleliwia.'

Arglwydd, addewaist ...
Dangnefedd sydd uwchlaw pob deall,
i gadw'n meddyliau yng Nghrist Iesu.

Arglwydd, mae arnom angen ... doethineb ... gonestrwydd... effeithiolrwydd ... purdeb amcan ... calon ddoeth ... meddwl eang...

'Nid ar fara'n unig y bydd byw dyn,
Ond ar bob rhyw air
Ddaw o enau Duw ei hun,
Haleliwia.'

Arglwydd, addewaist ...
y byddi'n rhoi yn well i'th blant nag a wna tad daearol i'w blant yntau.

Mae arnom angen ... iechyd ... nerth ... glendid ... syberwyd ...
bwyd i'n cyrff ... maeth i'n meddwl ... dillad ... gorffwys ... gofal...

'Gofynnwch ac fe roddir i chwi,
Ceisiwch a chwi a gewch:
Curwch ac fe agorir i chwi;
Haleliwia.'

Arglwydd, addewaist ...
pa beth bynnag y gweddïwn amdano,
os oes gennym ffydd, fe ddaw i ni.

Mae arnom angen.... cyfeillgarwch .... cariad .... amynedd ....
deall .... maddeuant .... ymddiriedaeth ... ffydd...

'O dysg im, dirion Dad,
Fy ngweddi fach a'm cân;
Gwna fi yn well o ddydd i ddydd
Drwy rin dy fendith lân.

O rho yn awr i mi
Dy fendith lawn o swyn;
A boed i'm calon lawenhau
Mewn cariad er dy fwyn.' Amen.

Byron Evans, *Goleuni yn Llewyrchu*

GWELD GYDA LLYGAID TOSTURI

Dduw cariadus,
cymorth ni i fod yn Grist i bawb
mae eu bywydau yn ein cyffwrdd.

Gweld eraill,
fel y gwelodd Iesu hwy,
gyda llygaid tosturiol.

Gwrando,
fel y gwrandawodd Iesu
ar gri calonnau ysig
ac ar fyd rhanedig.

Cyffwrdd eraill, fel Iesu,
gyda gobaith ac iachâd.

Gwasanaethu eraill,
fel Iesu,
heb unrhyw amodau.

Torri bara gydag eraill,
fel Iesu,
er mwyn porthi'r newynog.

Dathlu gydag eraill,
fel Iesu,
lawnder dy ddarpariaeth Di.

Dduw cariadus,
cymorth ni i fod yn Grist i bawb
mae eu bywydau yn ein cyffwrdd ni.

***Gweddïo* 2001 – 02**

CRIST YN GALW

Arglwydd Iesu, yr wyt ti yn galw arnaf;
yn y tlawd,
yn y newynog,
yn y llesg a'r gwan,
yr wyt ti yn gofyn am fy ngweddi a'm gwasanaeth.

Arglwydd Iesu, yr wyt ti'n galw arnaf;
yn y digartref,
yn y dieithryn,
yn y dioddefwr a'r sawl a ormesir,
yr wyt ti yn gofyn am fy ngweddi a'm gwasanaeth.

Arglwydd Iesu, yr wyf am dy ddilyn di;
pan fyddi di'n galw, helpa fi i glywed dy lais;
pan fyddi di'n cymell, cadw fi rhag edrych yn ôl;
pan fyddi di am fy nefnyddio mewn gweddi ac mewn gwaith,
helpa fi i roi fy hun yn llwyr ac ufudd i ti.

Elfed ap Nefydd Roberts, *Hwn Yw'r Dydd*

DROS BLANT MEWN ANGEN

O Dduw ein Tad ni oll, cyflwynwn i'th ofal tyner
blant amddifad, digartref a gwrthodedig y byd;
plant cartrefi digariad sy'n dioddef camdriniaeth;
plant mewn afiechyd ac anabledd;
plant mewn newyn a thlodi ac yn nychu o eisiau bwyd.

Gwna i'n calonnau losgi o'n mewn dros rai bach mewn ofn,
tywyllwch ac anobaith, a deffra ein cydwybod i'w hamddiffyn
a'u hymgeleddu, yn enw Iesu Grist a gymerodd blant bychain
i'w freichiau ac a ddywedodd, 'Eiddynt hwy yw teyrnas nefoedd'. Amen.

Elfed ap Nefydd Roberts, *Yn Ôl y Dydd*

MEWN GWIRIONEDD

Arglwydd, daethom yn gyfarwydd â'r olygfa:
Y cyrff esgyrnog,
Y boliau chwyddedig,
Y fam ddiymadferth,
Y plentyn yn sugno'r fron hesb.

Nid yw'r trychineb yn ein hanesmwytho, bellach,
i gymaint graddau.
Nid yw'n aflonyddu ar ein cydwybod.
Bu'n rhaid inni ymgaledu i'r dioddefaint
er mwyn inni fwynhau ein prydau bwyd blasus a'n byd cyffyrddus,
yn ddieuog ac yn anedifar.

Rhag inni dristáu'n ormodol bu'n rhaid inni gau llygaid
i'r lluniau erchyll ar deledu ac mewn papur newydd;
a bod yn fyddar i gri ddolefus y baban di-faeth.

Gwelsom lun dau grwt amddifad yng nghanol tyrfa'r ffoaduriaid
ar orsaf unig yn Bangladesh,
a chlywsom yr hanes:
Oni ddeuai cymwynaswr (ac o ble y deuai?) i'w hymgeleddu,
byddent farw – yn dair oed, yn bump oed. Marw o newyn!
Plant bach, o'r un natur a'r un angen â'r plant
a anwylwn, a garwn, a fagwn ni ar ein haelwydydd.

Ond ni fedrem ddioddef y darlun yn rhy hir.
Darfu o'n cof – yn gyfleus.
Wedi'r cwbl, Arglwydd, beth allwn ni ei wneud?
Ni all ein darnau arian a'n sieciau blynyddol ddiwallu'r angen.
Yr ydym yn ddiymadferth!
Ai ni yw ceidwad ein brodyr?
O! Dduw, maddau! Trugarha!
Crea ynom wir edifeirwch
am fod ein trachwant yn peri eisiau i eraill.

Ennyn ynom y brawdgarwch a dry'n gymwynas.
Arwain ni at y Crist, yr Hwn yn ei ympryd a'i ddioddefaint
a fynnodd ymddisgyblu.

Dysg inni gyflawni gweinidogaeth y cawg a'r tywel,
y cwpanaid o ddŵr oer, yr ail filltir,
gan garu'r brawd fel y ceraist Ti nyni.

Ac O! Arglwydd, yn dy ras, helpa ni i fyw yn fwy syml
fel y gall eraill, yn syml fyw.

Harri Parri a William Williams, ***Ffenestri Agored***

DROS EIN GWAITH

Arglwydd,
rhannol ac amherffaith yw ein gwaith drosot ti.

Hoffem gyffwrdd â'r byd er daioni,
ond y mae'n cyffyrddiad yn aml yn drwsgl a niweidiol.

Hoffem ofalu am dy greadigaeth,
ond yr ydym mor aml yn ei llygru ac yn gwastraffu ei hadnoddau.

Hoffem wasanaethu rhai llai ffodus na ni,
ond yr ydym yn amharod i rannu'n aberthol ag eraill.

Hoffem sefyll dros y gwir,
ond mor aml yr ydym yn dawedog yn wyneb gormes a drygioni.

Hoffem rannu'n ffydd yn llawen a ffyddiog,
ond y mae swildod a diffyg ymddiriedaeth ynot ti yn ein hatal.

Y mae dy angen di arnom, Arglwydd,
i'n cynorthwyo, i'n calonogi
ac i'n gwneud yr hyn yr wyt ti am i ni fod –
cydweithwyr â thi
a chyfryngau mwy effeithiol i'th deyrnas yn y byd.

Elfed ap Nefydd Roberts, ***Amser i Dduw***

POBLOEDD Y BYD

Derbyn, O Arglwydd, ein heiriolaeth ar ran dy fyd, a thrugarha wrth bawb sydd mewn angen am ddiddanwch a chymorth dy gariad.

Pobl anghenus y byd: y newynog, y tlodion, y caethion a'r gorthrymedig sydd heb wybod am gariad Duw a heb brofi cariad cyd-ddyn.

Pobl anhapus y byd: y galarus, yr unig, yr amddifad a'r diymgeledd a'r rhai sydd heb neb i'w caru.

Pobl anghyfrifol y byd: y rhai sy'n gorthrymu eraill, sy'n malio dim am adfyd eu cyd-ddynion ac sydd heb barch at Dduw na dyn.

Pobl addfwyn y byd: y rhai sy'n tystio mewn gair a gweithred i ffordd dra rhagorol cariad Crist.

Arglwydd, dysg ni oll i edrych ar y byd a'i breswylwyr yng ngoleuni dy gariad di ac i fynegi dy gariad yn ein holl ymwneud â'n gilydd.
Gwna ni'n eofn ac yn ddewr wrth weithredu dy gariad, heb ofni pwerau'r byd na dirmyg a gwawd dynion.

Elfed ap Nefydd Roberts, *Amser i Dduw*

BRWYDRO O BLAID Y TLAWD

Dad yr holl bobl, gweddïwn dros y tlawd:
pobl ddigartref sy'n chwilio am gysgod;
pobl ddi-waith sy'n chwilio am swydd;
pobl newynog sy'n chwilio am fwyd;
y mamau sy'n wylo dros eu plant,
a'r ffoaduriaid sy'n ffoi mewn dychryn.

Cyffeswn fod eu tlodi yn sarhad arnom oll
oherwydd y maent hwy ar waelod
rhestr blaenoriaethau ein byd;
ni fedrant wneud penderfyniadau ynglŷn â'i dyfodol;
dioddefant am iddynt gael eu hanwybyddu;

dioddefant oherwydd trachwant eraill.

Deffro ynom ddicter ac ysbryd tosturi;
dangos i ni sut i frwydro o blaid y tlawd,
i weld diwedd ar anghyfiawnder,
i weld gwawrio byd newydd, un byd,
lle bydd dy bobl di i gyd
yn meddiannu'r anghenion syml, sylfaenol,
ar gyfer bywyd llawn a chyflawn.

John Reardon, *Amser i Dduw*

EIN GWASANAETH I ERAILL

Arglwydd, yr wyt ti wedi rhoi cymaint i ni:
Bywyd, mewn byd lle mae llawer yn marw'n ieuanc;
Iechyd, mewn byd lle mae llawer nad ydynt byth yn holliach;
Bwyd, mewn byd lle mae llawer yn newynu;
Addysg, mewn byd lle mae cynifer heb gyfle i ddysgu;
Diogelwch, mewn byd lle mae llawer mewn ofn.

Ni allwn dalu'n ôl i ti, ond dangos i ni yr hyn y gallwn ei wneud dros eraill. Helpa ni i gofio dy blant mewn gwledydd eraill, yn arbennig y rhai sydd mewn newyn ac afiechyd, sy'n ddigartref ac yn ofnus, sy'n wrthodedig heb fod ar neb eu heisiau. Boed i ni fod iddynt yn sianelau dy gariad fel cyd-aelodau o'th deulu.

Elfed ap Nefydd Roberts, *Yn Ôl y Dydd*

RHOWCH CHWI RYWBETH I'W FWYTA IDDYNT

Meddai Iesu wrthynt, 'Nid oes raid iddynt fynd ymaith. Rhowch chwi rywbeth i'w fwyta iddynt' (Mathew 14: 16).

Rydw i newydd gael fy mrecwast – moethus a maethlon fel arfer –
ac wedi cael fy ngwala, ac y mae gweddill ar ôl:
briwsion dan y bwrdd, sborion ar fy mhlât a gwaddod yn fy nghwpan.

Ach y fi! Yr olygfa ar y teledu neithiwr, Arglwydd!
Y trydydd byd,
y 'byd fan draw' na wn i ddim amdano ond
trwy ddarluniau hyll cyfoglyd.

Y 'byd fan draw' a'i gwpwrdd, stumog a'i fywyd gwag:
heb fara,
dŵr glân,
dillad,
tai, nac ymgeledd o fath yn y byd.

Ei drigolion! Yr ing ar eu hwynebau!
A'u cyrff? 'O groen pwy a'th greodd?'

Rhuthro am damaid, fel anifeiliaid, pan ddaw tamaid!
Fe fyddent yn falch, Arglwydd, o'r
briwsion sy dan fy mwrdd,
y sborion sydd ar fy mhlât,
a'r gwaddod sy'n fy nghwpan.

O! Arglwydd, maddau imi am switsio i sianel arall,
am imi gau llygaid,
fy nghlustiau,
a'm calon i'r sefyllfa druenus,
a mynd i'm gwely, a chysgu yn esmwyth.

'Nid wy'n gofyn bywyd moethus,
Aur y byd na'i berlau mân.'

A minnau yn eu canol! Maddau fy rhagrith, Arglwydd.

Maddau, O! Arglwydd, bod 'rhannu'r dorth' yn gymaint problem:
rhai am y dorth yn grwn!
eraill eisiau mwy o dafell na'u cymrodyr!

Dyma'n cymdeithas gybyddlyd,
grebachlyd,
gyfoethog

a cheidwadol ni, Arglwydd,
heb falio llawer am y 'byd fan draw',
am y miloedd sy'n marw o newyn.

Diolch fod rhai yn malio hefyd:
diolch am Oxfam a Chymorth Cristnogol.

Pan ddônt i guro wrth ein drysau,
cymorth ni i gofio mai'r 'byd fan draw', yn wir,
mai Ti dy hun sy'n curo ac yn crio am help,
a chymorth ni i agor ein calonnau mewn
cydymdeimlad
a chymorth ymarferol.

'Pwy bynnag sydd â meddiannau'r byd ganddo, ac yn gweld ei frawd mewn angen, ac eto'n cau ei galon yn ei erbyn, sut y mae cariad Duw yn aros ynddo ef?' (1 Ioan 3: 17).

O! Arglwydd,
'Rho imi nerth i wneud fy rhan
I gario baich fy mrawd;
I weini'n dirion ar y gwan,
A chynorthwyo'r tlawd.

Gad i mi weld dy wyneb Di
Ymhob cardotyn gwael,
A dysgu'r wers i wneuthur hyn
Er mwyn dy gariad hael.'

D. J. Evans, *Gweddïau Cyfoes*

MYFYRDODAU

CEFNDIR YR ŴYL

HEN GWRDD DIOLCHGARWCH

Gŵyl diwrnod fydd ein Gŵyl Ddiolchgarwch ni fel rheol. I lawer ohonom gŵyl un awr o un diwrnod fydd. Byddai Gŵyl Ddiolchgarwch y Genedl gynt yn parhau am saith niwrnod. Gŵyl y Pebyll y gelwid hi, yr olaf o wyliau mawr y flwyddyn, a gynhelid yn y seithfed mis, mis y cynhaeaf. Fe baratoid ar ei chyfer am bum niwrnod cyn hynny mewn gŵyl arall, pan fyddai'r bobl yn cyffesu eu pechodau ac yn derbyn maddeuant amdanynt. Onid pethau didaro a dibaratoad iawn yw'n gwyliau crefyddol ni o'u cymharu â'r rhain? A ellir diolch mewn gwirionedd heb deimlo blas maddeuant?

Pwrpas gwreiddiol y canghennau y sonnir amdanynt yn Lefiticus 23: 40 meddir, oedd gwneud pebyll i'r bobl drigo ynddynt dros wythnos yr ŵyl. Byddent drwy hynny'n eu hatgoffa eu hunain mai pererinion oedd eu tadau, fod Duw wedi eu cynnal hwy drwy'r anialwch, a bod yr un Duw'n parhau i drigo gyda hwythau. Yr oedd Gŵyl y Diolch yn Ŵyl y Cofio. Yr oeddynt mewn ystyr yn codi 'tŷ diolch,' ac yn preswylio am wythnos mewn diolchgarwch.

Saif y 'pren prydferth' am fendithion bywyd, y 'canghennau palmwydd' am fuddugoliaeth bywyd, y 'pren caeadfrig' am gysgodion bywyd, a'r 'helyg afon' am brofedigaethau bywyd. Gwelir felly fod eu diolchgarwch yn un cyflawn a chwmpasog. Byddent yn diolch am bopeth a oedd yn hardd ac yn hawddgar yn y byd fel yr oedd, ac am fod hyn oll yn ernes o fyd gwell a bendithion mwy. Byddent yn diolch am nerth i orchfygu rhwystrau. Ysgrifennwyd yr hunangofiant cyntaf yn Gymraeg gan un Ioan Dafis, Myddfai, ac y mae ei deitl yn awgrymiadol: 'Rhad Ras: Llyfr Profiad'. Y mae pob gŵyl ddiolchgarwch yn bennod yn ein hunangofiant. Diolchent hefyd am brofedigaethau'r daith. 'Diolchaf,' meddai rhywun, 'am fy mod yn gallu diolch am y gwaethaf a ddigwyddodd imi.' Nid yw'n diolch yn gyflawn oni allwn wneud hyn. 'Cofiwch,' dywedai'r Arglwydd Kelvin wrth ei ddisgyblion, 'pan gyfarfyddwch ag anhawster eich bod ar y ffordd i ddarganfyddiad.'

T. Glyn Thomas, ***Ar ddechrau'r dydd***

YSBRYD DIOLCHGAR

Byddai'r Iddew yn gosod ei ŵyl ddiolchgarwch yn ffrâm holl berthynas Duw â'i genedl, o alwad Abraham hyd at y dydd pan aethant i mewn i Ganaan. Yn wir, yr oedd yn rhwymedigaeth ar dad i esbonio ystyr yr ŵyl i'w fab: 'A mynega i'th fab y dydd hwnnw, gan ddywedyd, Oherwydd yr hyn a wnaeth yr Arglwydd i mi pan ddeuthum allan o'r Aifft, y gwneir hyn'. Y mae'n ffrâm ni'n anhraethol fwy na'r eiddo'r Iddew, mewn gofod ac amser, heb sôn am y ffaith fod gennym ni hanes yr Ymgnawdoliad a stori'r Eglwys, i osod ein gwyliau diolchgarwch ynddi.

Trannoeth yr ŵyl yw'r prawf ar ei gwerth. Gorffennai'r Iddew ei ŵyl â chyfamod: 'Ac oherwydd hyn oll yr ydym yn gwneuthur cyfamod sicr, ac yn ei ysgrifennu; ac y mae ein tywysogion, ein Lefiaid, a'n hoffeiriaid, yn ei selio' (Nehemeia 9: 38). Fe ddylem ninnau, fel rhan o'n gwyliau diolch, gyfamodi. **1.** i ddiolch yn feunyddiol, oherwydd fe ddaw ei fendithion Ef 'bob bore o'r newydd.' Ni ellir diolch yn gyflawn mewn un diwrnod am fendithion tri chant chwe deg a phump o ddyddiau. Fe ddylai'r diolch arbennig ar Ddydd Diolchgarwch esgor ar ddiolch arferol ar bob diwrnod arall. **2.** i ymddiried yn llwyrach yn y Cynhaliwr Mawr. Un prawf o ddilysrwydd ein diolch ar yr ŵyl yw llwyredd ein hymddiriedaeth wedi'r ŵyl. **3.** i roi mwy ohonom ein hunain i'r Hwn a roddodd gymaint ohono'i Hun i ni. Nid y 'bara o'r nef' na'r dwfr o'r graig yn unig a roddodd Ef i ni, eithr Bara'r Bywyd a'r Dwfr Bywiol yn ei Unig anedig Fab; 'a pha wedd gydag Ef na ddyry Efe inni bob peth?' **4.** i gyflwyno popeth i Dduw cyn ei ddefnyddio yng ngwasanaeth dynion, fel yr arferai'r Iesu gyflwyno i'w Dad mewn gweddi yr hyn y porthasai'r tyrfaoedd ag ef. Oherwydd dim ond o dan fendith Duw y bydd ein bywydau ni'n fendithiol.

T. Glyn Thomas, ***Ar ddechrau'r dydd***

UN ŴYL

Yn nyddiau'r addoli yn nheml Jerwsalem cynhaliwyd y Diolchgarwch am y Cynhaeaf a dathlu'r Flwyddyn Newydd mewn un gyfres o ddathliadau a fyddai'n digwydd mewn un Gŵyl oedd yn wyth diwrnod o hyd. Roedd y dathlu hwn yn cofio'n ofalus hefyd am sut y bu i Dduw ail-greu Israel wrth ei harwain allan o gaethiwed yr Aifft. Digwyddai'r seremonïau hirfaith hyn tua diwedd ein mis Medi a dechrau ein mis Hydref ni. Oherwydd dyma'r adeg y byddai'r cynhaeaf grawnwin (y ffrwythau olaf i'w casglu) wedi dod i'w ddiwedd. Roedd yn orfodol i'r amaethwyr felly baratoi ar gyfer dechrau blwyddyn amaethyddol newydd. Yn Salm 65 gellir gweld y Salmydd yn mynegi dwy agwedd o'r gred am ras Duw.

1) Bod Duw yn llawn gras wrth achub ei bobl oddi wrth greulondeb yr Aifft, ar yr adeg honno, ac wrth faddau eu pechodau. Mae maddeuant yn ail-greu person a'i wneud yn 'ddyn newydd', a golyga hefyd bod arweinwyr y gwasanaethau'n cyhoeddi beth yw gwir berthynas dynoliaeth a'r Creawdwr, a beth oedd cyfrifoldeb Cyfamodol pobl Dduw wrth geisio byw yn y byd.

2) Bod Duw yn llawn gras wrth iddo ddal grymoedd natur yn ei feddiant, ac felly'n cyfrannu cynhaeaf toreithiog i'w bobl. Dylid cofio bod y byd a'i bobl drwyddo draw yn dod o dan awdurdod Duw yn hytrach na than awdurdod unrhyw deyrn dynol. Mewn geiriau eraill mae Salm 65 yn datgan diolchgarwch am fod Duw wedi arwain ei bobl trwy eu bwydo'n ysbrydol a'u bwydo'n faterol.

Dyna pam y cyfeirir y diolchgarwch hwn at Dduw y Crëwr yn y Salm hon. Cymer y Salmydd o ddifrif hefyd y ffaith bod y greadigaeth gyfan yn eiddo'r Arglwydd fel cyfanrwydd, a bod Duw'n gyson ail-greu gan osod cyfrifoldeb am bartneriaeth rhwng Duw a dyn er mwyn cael y gorau o'r greadigaeth drwyddi. Noder mai'r un gair sydd yng nghalon Salm 65 yw DUW, nid dyn. Dyled sydd ar ddyn i gyflwyno mawl i Dduw. Y mae 'pob dyn' yn adnod 3 yn golygu dynoliaeth gyfan ac nid pobl Israel yn unig. Y mae adnodau 5-9 yn pwysleisio awdurdod byd-eang Duw gan nodi'r ffordd y bu Duw'n ffyddlon i'w Gyfamod drwy'r canrifoedd. Ymwelodd â'i greadigaeth yn gyson, a phob ymweliad yn ail-greadigaeth: yr hedyn yn tyfu'n blanhigyn, yr wy'n aderyn, y lindys yn iâr fach yr haf, yr oen yn ddafad. Felly mae natur gyfan yn datgan mawl yn flynyddol i'w Harglwydd am ei drugaredd a'i ras. Edrydd adnodau olaf y Salm am 'Afon Duw'n llawn o ddŵr' gyda'i ffrwythlondeb yn cynnal natur. Trwy'r Hen Destament, o hanes Gardd Eden ymlaen, gwelir yr afon fel arwydd o ras creadigol Duw.

***Gweddïo* 2000**

AGWEDDAU HANESYDDOL AR YR ŴYL DDIOLCHGARWCH

Ni ŵyr neb yn iawn pwy oedd y cyntaf i gynnal Gŵyl Ddiolchgarwch yn yr ynysoedd hyn, ond cynigir tri enw, tri offeiriad Anglicanaidd – a phob un yn hawlio mai ef oedd y cyntaf: R. S. Hawker, Ficer Morwenstow yng Nghernyw, G. A. Denison, Ficer East Brent yng Ngwlad yr Haf, a'r Parchedig Piers Claughton, Rheithor Elton sydd yn swydd Huntingdon. Fel rheol, Hawker a gaiff y flaenoriaeth; cynhaliodd Ŵyl Ddiolchgarwch yn ei eglwys ym 1843. Mae'n wir fod yr awdurdodau eglwysig wedi cyhoeddi gweddi ddiolchgarwch arbennig cyn hyn, ond ar gyfer cynhaeaf toreithiog yn unig. Cofnodir hyn am y tro cyntaf ym 1796, a chyhoeddwyd gweddïau tebyg ym 1801, 1813, 1846 a 1854. Mae'n debyg mai 1842 oedd y flwyddyn bwysig yn natblygiad y gwasanaeth diolchgarwch, oherwydd bu newyn mawr ynddi, ond achubwyd llawer o fywydau yn y cynhaeaf toreithiog a ddilynodd y newyn. Digwyddodd yr un peth yn y flwyddyn 1847, blwyddyn o haint ac anawsterau, ond y tro hwn cyhoeddwyd ffurf gyflawn ar Ddiolchgarwch – trwy orchymyn arbennig y Frenhines (Victoria). Serch hynny, amharod oedd yr awdurdodau i fabwysiadu diolchgarwch blynyddol am y cynhaeaf. Gofynnodd Esgob Henffordd i'r Arglwydd Melbourne am Ŵyl Ddiolchgarwch flynyddol ym 1838. Gwrthodwyd ef; dywedwyd y byddai'n rhaid darparu diolchgarwch ar bob achlysur am bob peth os caniateid hyn.

Er amharodrwydd yr awdurdodau, tyfu a wnaeth y galw am wasanaeth blynyddol ym mhumdegau'r bedwaredd ganrif ar bymtheg. Erbyn 1858 yr oedd yr ŴYL Ddiolchgarwch yn boblogaidd, yn enwedig yn y wlad, ac felly ym 1862, cyhoeddwyd ffurf-wasanaeth swyddogol yn cynnwys Boreol a Phrynhawnol Weddi i ddathlu'r Diolchgarwch.

J. Wyn Evans, *Diolchgarwch*

CREADIGAETH DUW

CONSYRN DUW, METHIANT DYN

Ond er gwaetha consyrn a chariad Duw tuag atom, mynnu mynd yn groes mae dyn. Mae'r darlun a geir yn llyfr Eseia yn ddarlun byw iawn o'n planed y dyddiau hyn:
'Gwywodd y ddaear a chrino,
dihoenodd y byd ac edwino,
dihoenodd uchelfeydd y ddaear.
Halogwyd y ddaear gan ei phreswylwyr,
am iddynt dorri'r cyfreithiau, newid y deddfau
a diddymu'r cyfamod tragwyddol.'

Dydi dyn ddim yn barod i chwarae ei ran fel stiward cyfrifol. Dydio ddim yn barod i gyd-weithio â Duw i gadw trefn ar y ddaear. Erbyn hyn mae yna dermau newydd am y galanastra mae dyn wedi'i greu. Dyma rai o'r termau newydd:

Glaw asid – cydadwaith o'r lleithder a'r swlphwr diocsid sy'n dod o losgi glo, olew a nwy a hwn yn ei dro yn disgyn gyda'r glaw o'r awyr.

Chlorofflorogarbonau – cemegau o waith dyn sy'n cael eu defnyddio mewn sawl cynnyrch modern, er enghraifft cemegau i oeri rhewgelloedd.

Effaith Tŷ Gwydr – y broses o gynhesu'r ddaear oherwydd bod mwy o rai nwyon na'i gilydd. Mae'r nwyon hyn yn union fel gwydr y tŷ gwydr, yn cadw'r gwres rhag mynd allan. Rhai o'r nwyon hyn ydi carbon diocsid a'r nwy methane.

Mae gwyddonwyr yn darogan y bydd y cynhesu byd eang wedi gwneud niwed mawr i'r byd ymhen llai na chan mlynedd. Beth fydd y dyfodol tybed? Lefel y môr yn codi a thirwedd isel yn cael ei foddi. Rhannau o'r byd yn troi'n grastiroedd. Y tymheredd yn codi fel y bydd byw mewn rhannau o'r blaned yn annioddefol. Glaw a gwyntoedd yn dod yn fwy grymus. Mae'r darlun ar gyfer y dyfodol yn un brawychus.

Huw John Hughes, *Dyrchafu'r Duw Byw*

DUW'R CREAWDWR

Y mae credu yn Nuw fel Creawdwr a gweld y byd hwn fel ei greadigaeth yn esgor ar ddwy elfen hanfodol yn y bywyd Cristnogol – addoliad a gwaith. Bu harddwch a gogoniant y byd yn destun rhyfeddod erioed ac yn symbyliad i ddyn blygu'n addolgar gerbron y Creawdwr mawr. Ond golyga hefyd ystyried y byd hwn fel eiddo Duw, ei warchod yn ofalus a'i drin yn gyfrifol. Gau-dduwioldeb yw'r grefydd honno sy'n gwgu ar y byd ac yn dilorni'r materol. Gwêl y credadun ei waith beunyddiol, ei ddyletswyddau yn y byd hwn a'i gyfrifoldeb at gyd-ddyn a chymdeithas, fel elfennau hanfodol yn ei fywyd a'i ufudd-dod Cristnogol.

Elfed ap Nefydd Roberts, *Yn Ôl y Dydd*

BYD DA YW'R BYD HWN

Byd da yw'r byd hwn, yn ôl datguddiad a gafodd yr Iddew, am mai Duw a'i creodd. Byd y mae Duw ar waith ynddo yn cyflawni ei fwriadau. Dyma gylch ei weithgarwch. Dyma'r llwyfan y mae wedi gosod arno ddrama fawr iachawdwriaeth dyn. Byd ydyw felly y gall dyn gydweithio â Duw ynddo a thrwyddo. Does dim rhaid i ddyn chwilio neu ddisgwyl am fyd arall er mwyn gallu ymgysegru i Dduw a'i wasanaethu. Gall ddefnyddio pethau'r byd hwn i wasanaethu cyd-ddyn, a gogoneddu Duw trwy wneud hynny. Hollol anysgrythurol felly oedd y weddi a glywid gynt mewn ambell gyfarfod gweddi ar noson waith: 'Maddau inni, O Arglwydd! Rydan ni ar hyd y dydd wedi bod yn ymhél â phethau'r byd. Ond dyma ni'n awr wedi troi at dy bethau di'. Dyma dybio mai dim ond yn y capel yr ydym yn ymwneud â phethau Duw, ac anghofio'r ddysgeidiaeth a geir yng nghrefydd y Beibl mai pethau Duw yw pethau'r byd.

Harri Williams, *Duw a Phob Daioni*

DUW Y CREAWDWR

'Yn y dechreuad y creodd Duw y nefoedd a'r ddaear' (Genesis 1: 1). Hwn yw'r gwirionedd cyntaf a ganfyddwn pan agorwn ein Beiblau. Y weithred o greu yw'r gyntaf o weithredoedd nerthol ac achubol Duw, ond dehongliad crefyddol o'r creu, nid disgrifiad gwyddonol ohono, a geir yn nechrau Genesis.

Y mae'r byd yn bod yn ei holl gyfoeth a'i gymhlethdod, nid oherwydd unrhyw ddamwain neu siawns gosmig, ond oherwydd meddwl a phwrpas Duw. Gweithred Duw doeth a sanctaidd oedd galw i fod y nefoedd a'r ddaear. Ond datgan gwirionedd ynglŷn â *natur* y greadigaeth yn hytrach na'i *dechreuad* y mae'r gred yn Nuw fel Creawdwr, sef mai ffrwyth gweithgarwch Duw ydyw ac felly mai da ydyw. Nid yw crefydd Feiblaidd yn derbyn y syniad fod y materol yn ddrwg. Sylwch pa mor aml y digwydd y geiriau 'A Duw a welodd mai da oedd' (Gen. 1: 4, 10, 12, 18, 21, etc.). Y mae Cristnogaeth yn ymwrthod â *Deuoliaeth* – y gred mai gwaith pwerau ysbrydol is na Duw yw'r byd oherwydd na allai Duw Sanctaidd greu byd materol.

Y mae hyn yn ein harwain i'r gwirioneddau hynny a ddysgir am Dduw ei hun gan y teitl 'Creawdwr':

1. Y mae Duw wrth ei waith yn ei fyd. Er bod Gen. 2: 1-2 yn datgan i Dduw orffen ei waith, credai'r Hebrëwr ei fod yn parhau i weithio ym mywyd y genedl, ac yn y Testament Newydd datblygir y syniad ei fod yn gweithio allan ei bwrpas mawr ym mywyd Iesu Grist ac yn hanes yr Eglwys Fore: 'Y mae fy Nhad yn gweithio hyd yn hyn ac yr wyf finnau yn gweithio' (Ioan 5: 17). Nid Duw statig, disymud yw Duw y Creawdwr, ond Duw sy'n gweithredu ei fwriadau o oes i oes.

2. Y mae Duw mewn perthynas â'i fyd. Y mae'r cread a'r holl ddynolryw yn ddibynnol arno. Petai Duw yn peidio â bod darfyddai y cread gan mai Ef sy'n cynnal popeth sydd mewn bod. Y mae'r gred hon yn gwbl wahanol i *Ddeistiaeth* sy'n pellhau Duw oddi wrth ei fyd ac yn ei ystyried fel dim mwy na'r Achos Cyntaf yn y broses o greu. Yn ôl Deistiaeth nid oedd a wnelo Duw ddim â'i fyd wedi iddo'i greu. Y mae'r gred Feiblaidd hefyd yn wahanol i *Bantheistiaeth* sy'n gwneud Duw a'i gread yn gyfystyr ac yn ei ystyried fel Duw Natur.

Gan fod Duw y Creawdwr hefyd yn Dduw Cariad y mae rhaid cadw ynghyd ddau syniad am berthynas Duw a dyn, sef dibyniaeth dyn ar Dduw a rhyddid dyn oddi wrth Dduw. Y mae'r Duw sy'n gariad yn donio'i blant â rhyddid; a'u camddefnydd o'r rhyddid hwnnw yw achos eu pechod yn erbyn Duw a'u pellter oddi wrtho.

Elfed ap Nefydd Roberts, *Pwy yw Duw*

Y BYDYSAWD DIDERFYN

Y bydysawd diderfyn mewn tywyllwch cynoesol,
creadigaeth Duw, daear a nef.
O'r anhrefn daeth trefn, o'r tywyllwch oleuni.
Gwasgarodd y goleuni'n dyner driwyr bydysawd,
ffodd y tywyllwch.
Daeth y goleuni'n fwy disglair
a gwelodd Duw ei fod yn dda, mor dda.

Rydym yn cymryd y greadigaeth hardd yma
yn ganiataol mor aml.
Yr hyn a welwn â'n llygaid, yr hyn a glywn,
pob arogl, pob cyffyrddiad.
Mae'r cyfan yn rhan o rodd hyfryd.
Eto rydym wedi difrodi'r ddaear
trwy ein disgwyliadau hunanol.

Rhaid inni adfer ein synnwyr o werth y ddaear;
y ddaear ein mam;
fel y mae hi wedi rhoi maeth inni
felly dylem ofalu amdani'n dyner.

Rhoddodd Duw i ofal y ddynoliaeth
yr holl rywogaethau eraill a greodd mor hardd;
pysgod dirifedi'r afonydd, llynnoedd a moroedd;
adar amrywiol y coedwigoedd, fforestydd a gwastadeddau;
creaduriaid gwyllt a dof y maes, y rhos a'r anialwch.
yr holl greadigaeth fyw, fraith hon roddodd inni
a'i hymddiried i'n gofal.
Ac edrychodd Duw allan dros yr holl olygfa
ac fe'i llanwyd â gorfoledd oherwydd roedd yn dda iawn i gyd.

Ond gwaetha'r modd nid felly yr arhosodd:
caiff eliffantod eu cam-drin yn erchyll a'u lladd er mwyn eu hifori;
caiff morfilod eu hela a'u difa er mwyn elw;
try teigrod yn dlysau ym mân siarad y coctels
a mwncïod yn destun difyrrwch mewn caets.

Cwymp yr eryr a'r hebog yn ysglyfaeth
i drachwant a balchder dynol;
cafodd rhywogaethau cyfan eu difodi
er mwyn bodloni awch hunanol pobl.
Ar draws creadigaeth Duw fe glywir cri y carw a helir;
dyrchefir galarnad uchel i'r Creawdwr
am ein bod ni yn fodau dynol wedi cefnu ar ein stiwardiaeth
a bradychu'n Creawdwr.

Glyn Tudwal Jones, ***Gweddïau'r Pererin***

CYFAMOD DUW

Yr enfys yn arwyddo cyfamod Duw â'i fyd, a'i addewid i ofalu amdano. Ydi'r stori'n wir? Leonard Woolley, yr awdurdod hwnnw ar archaeoleg, yn nodi iddynt gael, wrth durio, dystiolaeth ddigonol o ddilyw a ddigwyddodd, filoedd lawer o flynyddoedd cyn bywyd Iesu Grist yn Nasareth, yn nyffryn yr Wffrates, maint byd y rhai oedd yno'n byw.

'My heart leaps up' meddai Wordsworth, 'when I behold a rainbow in the sky.' Rhamant a hud yn perthyn iddi erioed. Mae hen draddodiad fod trysor wedi'i guddio wrth droed yr enfys. Mynd gyda'n gilydd yn awr i chwilio amdano. 'Treasure hunt'!

1. Yr enfys yn arwydd o gyfamod *cariadus a heddychlon* rhwng Duw a'i blant. Bwa di-linyn, di-saeth. Duw ddim yn gorfod amddiffyn ei eiddo, am mai Ef biau bawb a phopeth, Efengyl Crist yn gofyn ein hymdrech orau, am ei bod yn efengyl tangnefedd, a greddf dal a hunan-amddiffyniad mor gryf ynom ninnau. Cyfamod Duw cariad yn cael ei amlygu yn y lle cyntaf wrth fwrdd rhagluniaeth. Dyna un ystyr pendant iawn i ŵyl ddiolchgarwch. Ond nid dyna drysor yr enfys, gan y gall dyn anwybyddu Duw er gwaethaf haelioni rhagluniaeth. Ond mae sylweddoli fod cyfamod Duw yn gyfamod rhagluniaeth yn mynd â ni'n *nes* at y trysor.

2. Yr enfys yn arwydd o gyfamod *tragwyddol* rhwng Duw a'i blant. 'A'r bwa a fydd yn y cwmwl' meddai Duw, yn ôl croniclydd Genesis, 'a mi a edrychaf arno ef i gofio y cyfamod *tragwyddol* rhwng Duw a phopeth byw.' Pam, os yw'r cyfamod yn dragwyddol, na fyddai'r enfys yn weladwy bob

amser? Duw'n ei dangos ar yr awr dywyll, pan fo fwyaf ei hangen. (Rhag ein temtio i or-gynefino â hi?) Ai dyna drysor yr enfys, – gofal Duw amdanom dros byth? Nage, gan fod rhydd ewyllys yn galluogi dyn i bechu hyd yn oed er sylweddoli gofal tragwyddol ei Dad amdano. Ond mae sylweddoli fod Duw tragwyddol yn ein caru yn mynd â ni'n *nes* at y trysor.

3. Yr enfys yn arwydd o gyfamod *grasol* rhwng Duw a'i blant. Ioan, ar Patmos, yn gweld enfys o gylch gorseddfainc Duw. Y fodrwy y cyfeiriwyd ati – modrwy cyfamod Duw a dyn – yn gyflawn. Daear a nefoedd berffaith (Pa fodd na wireddwyd y weledigaeth hon? Hanner y fodrwy a'r cylch ar goll – dyn heb gadw'i ran ef o'r cyfamod – ffyddlondeb i Dduw. Er i gyfamod rhagluniaeth yn Iesu Grist droi'n gyfamod gras, ac addewid bara beunyddiol droi'n addewid Bywyd Tragwyddol, ni chyfannwyd y cyfamod gan ddyn.) Ond dyna ni wedi cyrraedd bellach at drysor yr enfys – y 'nefoedd yn y byd', yn awr, yn bosibl inni i gyd. Gan hynny, gweddïwn, gyda Huw Derfel: –

Ffynhonnell y cariad tragwyddol,
    Hen gartref meddyliau o hedd;
Dwg finnau i'r unrhyw gyfamod
    Na thorrir gan angau na'r bedd.

Dafydd Owen, *Rhaglen i'r Eglwys*

STIWARDIAETH GRISTNOGOL

ARWEINYDD: Y mae'r Beibl yn sôn am ddyn fel goruchwyliwr neu stiward rhoddion Duw. Disgwylir i ni ddefnyddio ein hadnoddau a'n talentau yn ddoeth ac yn gyfrifol gan gofio mai rhoddion Duw ydynt. Y mae stiwardiaeth Gristnogol wedi ei seilio ar dri gwirionedd:

Yn gyntaf, **DUW BIAU BOB PETH:**
'Eiddo yr Arglwydd y ddaear, a'i chyflawnder; y byd ac a breswylia ynddo' (Salm 24: 1).

Yn ail, **DUW YN EI HAELIONI SYDD WEDI RHODDI I NI EIN HOLL GYFLEUSTERAU A'N DONIAU:**
'Gwnaethost iddo arglwyddiaethu ar weithredoedd dy ddwylo: gosodaist bob peth dan ei draed ef: defaid ac ychen oll, ac anifeiliaid y maes hefyd; ehediaid

y nefoedd a physgod y môr, ac sydd yn tramwyo llwybrau y moroedd' (Salm 8: 6 – 8).

Yn drydydd, **Y MAE YN OFYNNOL I NI DDEFNYDDIO'R RHODDION HYN YN UNOL AG EWYLLYS DUW FEL STIWARDIAID CYFRIFOL:** 'Felly cyfrifed dyn nyni, megis gweinidogion Crist, a goruchwylwyr ar ddirgeledigaethau Duw. Ar ben hyn yr ydys yn disgwyl mewn goruchwylwyr, gael un yn ffyddlon' (1 Cor. 4: 1 – 2).

Elfed ap Nefydd Roberts, *Epilogau'r Ifanc*

GARDD EDEN

Yn yr ail bennod o lyfr Genesis, mae'r awdur yn sôn am Dduw yn plannu Gardd Eden. Ystyr Eden yw 'hyfrydwch', a dengys yr hanes fod yr Ardd hon yn lle hyfryd i fyw ynddo. Mae'n rhaid ei bod hi felly, oblegid dywed yr awdur, 'Gwelodd Duw y cwbl a wnaeth, ac yr oedd yn dda iawn'.

Â ymlaen fel hyn: 'Yn y dydd y gwnaeth yr Arglwydd Dduw y ddaear a'r nefoedd, nid oedd un o blanhigion y maes wedi dod ar y tir, nac un o lysiau'r maes wedi blaguro, am nad oedd yr Arglwydd Dduw wedi peri iddi lawio ar y ddaear, ac nad oedd yno ddyn i drin y tir. Yr oedd tarth yn esgyn o'r ddaear, ac yn dyfrhau holl wyneb y tir. Yna lluniodd yr Arglwydd ddyn o lwch y tir, ac anadlodd yn ei ffroenau anadl einioes, a daeth y dyn yn greadur byw.'

Creodd Duw ddyn ar ei lun a'i ddelw ei hun, yn wryw ac yn fenyw y creodd hwy. A phlannodd yr Arglwydd Dduw ardd yn Eden, tua'r dwyrain, a gosododd yno yr Adda ac Efa a luniodd.

Ffordd bardd o ddisgrifio dechreuad y byd a gawn yn llyfr Genesis. Byddai gwyddonydd yn disgrifio creu'r byd yn wahanol, wrth gwrs, ond pa bynnag ffordd y credwn ni i'r byd gael ei greu, gwelwn fod yna greadigaeth, ac felly mae'n rhaid bod yna Greawdwr, un sy'n haeddu cael ei addoli a'i garu.

Cofiwn i Dduw, ar y dydd cyntaf, greu goleuni, ac mae byd Duw yn llawn o oleuni, goleuni i drigolion y byd, a dywed y Salmydd mai yng ngoleuni Duw y gwelwn ni oleuni. Dywed mai yr Arglwydd yw ei oleuni a'i waredigaeth ef, felly nid oes angen iddo ofni neb, ac mae'n gweddïo fel hyn, 'Anfon dy oleuni a'th wirionedd, bydded iddynt fy arwain, bydded iddynt fy nwyn i'th fynydd sanctaidd ac i'th drigfan'. Onid yw Duw'n dal i roi goleuni i ni, er mwyn ein harwain yn ôl i Ardd Eden, sef y byd hyfryd a greodd Duw ar gyfer dyn?

Alice Evans, *Wyth Oedfa*

CREU I'R CREAWDWR

Bedair blynedd ar ôl i Mary O'Hara gyrraedd Abaty Stanbrook y cyrhaeddodd Meinrad Craighead yno. Yr oedd hynny yn 1966 ac y mae yno o hyd. Arlunydd oedd hi a'i diddordeb mwyaf mewn ysgythru a phrintiadau, mewn lluniau du a gwyn a gwaith golosg. Mewn geiriau eraill, yr oedd yn grefftwr o arlunydd. Yn ifanc iawn (fe'i ganwyd yn Little Rock, Arkansas, yn 1936) yr oedd ei dawn a'i hathrylith yn amlwg: enillodd ysgoloriaeth i fwy nag un Brifysgol, arddangoswyd ei gwaith yn aml ac yr oedd wedi ennill deg o wobrau cyn 1965 pan dreuliodd flwyddyn yn crwydro Ewrop. Gwyrth y cread a'i harddwch a'i hudai ac yr oedd yn argyhoeddedig fod popeth a greai hi – a phob artist arall – yn ddatguddiad bychan o'r hyn sydd yn wir ac yn dda ac yn hardd. Treuliodd beth amser yn Sbaen ac ym mynachdy enwog Monserrat. . . *Byw yng nghanol y mynyddoedd,* meddai, *ac yr oedd pob rhan ohonof yn fyw ac yn effro.* Ac yno – yn ei geiriau ei hun – *God got me!* Gwelodd, am y tro cyntaf, ac ymgollodd yn yr Harddwch sydd tu ôl i bob harddwch a'r Creawdwr sydd tu ôl i bob creu. Sylweddolodd fod ei gwaith, ei dawn a'i bywyd wedi ei harwain at Dduw.

Cyflwynodd ei hun i Dduw drwy Urdd Sant Benedict yn Stanbrook, ond yn rhyfedd iawn yr oedd wedi penderfynu hynny cyn sylweddoli fod i'r Urdd draddodiad hir o grefft a chelfyddyd. Er nad ydoedd wedi meddwl am hynny, cafodd gyfle i barhau ymlaen gyda'i chrefft. Yn ogystal â bywyd disgybledig yr abaty (5 a.m. – 10 p.m.) fe roddwyd iddi hefyd gyfrifoldeb o edrych ar ôl yr ardd fawr sydd yno ac y mae hynny yn golygu ei bod yn byw yn agos i wyrth bywyd y cread. Dwy awr o amser rhydd sydd ganddi yn ddyddiol – dwy awr i beintio! Y mae haul a lleuad, blodau a phlanhigion yn rhan sylfaenol o'i gwaith. Y mae'n symleiddio pob siâp a ffurf er mwyn mynegi'r ffaith holl bwysig iddi hi bellach, sef fod y cread i gyd yn canu mawl i'r Creawdwr. Y mae ei phosteri yn fyd-enwog erbyn hyn (*M.C. Stanbrook* sydd tu ôl iddynt) ac arnynt yn ddi-feth mae geiriau Crist wedi eu plethu yn batrwm perffaith â'r bywyd sydd yn dod o'r ddaear – a golau yn llifo drwy'r cyfan. Trodd y creu yn gân i'r Crëwr, a dyna yw bywyd, meddai Meinrad Craighead. I lawer y mae hi wedi troi cefn ar fywyd ac wedi dewis caethiwed sy'n cyfyngu ei dawn. *Nid troi cefn,* meddai, *ond troi tuag at Fywyd: Bywyd Creawdwr.* Mae'n anodd i oes y *Sound of Music* ddeall ffolineb o'r fath!

Pryderi Llwyd Jones, *Ffynnon ac Allor*

COMED HALLEY

Bydd llawer yn gwylio'r awyr gyda'r nos dros y misoedd nesaf oherwydd y diddordeb arbennig yn y gomed hon. Wedi'r cwbl, mae 76 o flynyddoedd ers i bobl ei gweld ddiwethaf. Dangoswyd diddordeb tebyg gan seryddwyr 2,000 o flynyddoedd yn ôl pan edrychent ar gomed arall a'u harweiniodd at fan geni'r Meseia.

Mae ymddangosiad y 'seren' hon yn tynnu'n sylw at faintioli anhygoel y bydysawd. Mae Comed Halley'n teithio ar gyflymder o 85,000 milltir yr awr, ac eto mae'n cymryd 76 o flynyddoedd i fynd o amgylch yr haul un waith! Ni allwn ddychmygu'r fath bellteroedd. Rhyfeddod arall yw'r ffaith ei bod yn cadw amserlen gywir iawn, o'r amser y gwelwyd hi gyntaf cyn geni Crist. Daw i'r golwg yn gyson bob 76 o flynyddoedd. Mewn gwirionedd, mae'r sêr a'r planedau a'r lleuad hefyd yn cadw at drefn arbennig wrth ehedeg mewn cylchoedd o amgylch yr haul. Ai damwain yw peth felly? Na, mae'r crediniwr yn gweld y Creawdwr mawr y tu cefn i'r cyfan. Gall ddweud, 'Mor fawr wyt Ti'.

Mae rhai gwyddonwyr yn mynnu mai ffrwydrad anferth a gychwynnodd y cwbl: rhyw *Big Bang* flynyddoedd maith yn ôl. Welsoch chi ffrwydrad o unrhyw fath yn creu trefn? Na, anrhefn sy'n dilyn ffrwydrad bob amser. Ond y tu ôl i drefn mae yna feddwl. Er enghraifft, dychmygwch fy mod i'n sgwennu pregeth wrth ymyl ffenestr agored. Mae'r papurau'n drefnus ar y ddesg. Rwy'n mynd o'r ystafell heb gau'r drws, ac yn dychwelyd yn nes ymlaen a gweld fod y papurau blith draphlith ar y llawr. Mae'n amlwg mai'r gwynt trwy'r ffenestr agored a achosodd hynny. Ond dychmygwch fy mod wrth sgwennu'r bregeth yn taflu pob tudalen ar lawr heb fath o drefn. Rwy'n mynd o'r stafell am baned o de, ac yna'n dychwelyd a chael fod yr holl dudalennau wedi eu gosod yn daclus ac mewn trefn ar y ddesg. Nid y gwynt fyddai wedi gwneud peth felly. Ac ni fyddwn yn gofyn, 'Beth wnaeth hyn?' ond yn hytrach, 'Pwy wnaeth hyn?' Os oes trefn, rhaid bod yna feddwl: person sy'n gyfrifol am drefn bob amser.

Ac onid yw trefn ryfeddol y bydysawd mawr i'w phriodoli i Rywun anfeidrol sydd y tu ôl i'r cyfan? Na, nid damwain mo'r Greadigaeth. 'Y nefoedd sydd yn datgan gogoniant Duw; a'r ffurfafen sydd yn mynegi gwaith ei ddwylo ef' (Salm 19: 1).

John Harvard Vevar, *Rhaffau'r Addewidion*

MYFYRDOD DIOLCHGARWCH

Yn gyntaf, prinder dŵr glân. Er fod tri chwarter arwynebedd y ddaear dan ddŵr, mae nifer o wledydd yn Affrica a'r Dwyrain Canol mor sych fel nad oes digon o ddŵr ar gyfer dyn nac anifail. Yn ôl adroddiad Brandt, mae prinder dŵr glân yn un o brif achosion afiechydon, ac amcangyfrir fod 25 miliwn o bobl y flwyddyn yn marw o glefydau a gysylltir â phrinder dŵr, neu ddŵr wedi ei wenwyno gan ffatrïoedd diwydiannol, a llygredd o fathau eraill. Mae angen dŵr ar bopeth byw yn y byd, ac mae naw rhan o ddeg corff dyn yn ddŵr. Dŵr yw un o anghenion sylfaenol bywyd, ac hebddo ein tynged fyddai trengi yn fuan.

Yng Nghymru, fe'n bendithir gan amla' â digon o ddŵr ar gyfer anghenion diwydiannol a chymdeithas. Felly, y tro nesaf y bydd yn glawio, peidiwn â rhuthro i gwyno amdano.

Yn Israel, ychydig o law a geir, ac mae effaith hynny yn amlwg iawn ar y tir. Mae diffyg dŵr a gormod o haul poeth yn achosi diffeithwch a phrinder tyfiant. I'r Iddewon, mae cyflenwad da o ddŵr yn fendith fawr, ac fe fynegir hynny yn y Salm a ddarllenir yn awr. [Salm 65: adnodau 9-13].

Yn ail, prinder bwyd iach. Mae gallu dyn i dyfu bwyd heddiw yn fwy ac yn well nag erioed, ond gwaetha'r modd, mae gallu dyn i ddinistrio bywyd a'r byd yn fwy hefyd nag erioed.

Bomiau neu fara? Dyma'r dewis sy' gennym fel cenhedloedd. Ar hyn o bryd, mae llywodraethau cyfoethog ein byd yn gwario mwy ar arfau i ddinistrio nac ar fwyd i gynnal cenhedloedd y trydydd byd.

Yn y ganrif ddiwetha', llwyddwyd i fesur helaeth i ddileu caethwasiaeth, ond mae'n amheus iawn a lwyddwn ni cyn diwedd y ganrif hon i ddileu y fasnach arfau. Mae prinder bwyd yn broblem ddychrynllyd yn ein byd, a thra byddwn fel cenhedloedd yn gwrthod troi ein cleddyfau yn sychau, a'n gwaywffyn yn bladuriau, fe erys newyn a dioddefaint yn ein byd. Yn y Beibl, fe bwysleisir cyfrifoldeb dyn tuag at ei gyd-ddyn, ac yn arbennig tuag at y rhai sy'n dioddef newyn a thlodi yn ein byd. Ni ddylem, fel Cristnogion, ar dir cydwybod, ac yn sicr yn wyneb cymhelliad cariad Duw, osgoi ein cyfrifoldeb i wneud ein rhan.

Yn drydydd, prinder addysg yn y byd. Yn ôl adroddiad y Cenhedloedd Unedig, mae hanner plant y trydydd byd yn cael eu hamddifadu o addysg elfennol, ac mae pedwar o bob deg o boblogaeth ein byd yn methu darllen. Mae'n anodd i ni amgyffred cyflwr o'r fath, ond fe allwn fod yn sicr o un peth. Y mae prinder addysg dda yn cyfyngu ar allu pobl i fyw bywyd llawnach.

Rai blynyddoedd yn ôl, cynhaliwyd pwyllgor dan nawdd y Cenhedloedd Unedig i drefnu ymgyrch arbennig i ddysgu pobl anllythrennog ein byd i ddarllen, ond yn fuan yn y drafodaeth, fe ofynnwyd y cwestiwn pwysig, beth fyddai cynnwys eu darllen. Wel, onid gwaith yr Eglwys yw porthi meddwl y miloedd drwy ddarparu digon o lyfrau Cristnogol, ac uwchlaw pob dim, sicrhau fod Beibl i bawb o bobl y byd?

John Lewis Jones, *Dyrchafwn Lawen Lef*

DAEAR PWY?

Yn ôl pob golwg ar hyn o bryd, mae yna ddau allu mawr yn cadw'u llygaid ar bellafoedd y ddaear a'i chyflawnder, Rwsia ac America. Clywir sôn bod China hithau yn casglu'i nerthoedd at ei gilydd. Ond pam? 'Paham y terfysga'r cenhedloedd?' I fagu nerth a ddichon feddiannu'r ddaear.

Wel, ynteu, daear pwy ydi hi? Onid y cedyrn arfog hyn? Mae byddinoedd trymion, grymus, wedi bod wrthi ar draws y canrifoedd yn trio ennill yr holl fyd, ymerodraethau nerthol a'u henw yn eu cyfnod yn arswyd coch. Eto, yn ei thro, fe gafodd pob un ei chodwm: yr Aifft, Babilon, Groeg, Persia, Rhufain. Felly y bu hi yn hanes Japan, yr Almaen a Phrydain. Ac fe ddaw dydd codwm America a Rwsia. A China wedyn.

Pwy biau'r ddaear, tir a môr? Nid y Galluoedd Mawr dinistriol, meddai un Llais pell yn ôl, ac fe'i dywedodd gyda'r holl nerth hwnnw sy'n perthyn i dangnefedd y galon, nas deallodd diawlineb y byd erioed, erioed: *'Gwyn eu byd y rhai addfwyn, canys hwy a etifeddant y ddaear'.* O bawb, yr addfwyn fydd piau hi, meddai'r Iesu, gan haeru ei bod yn bosibl meddiannu'r ddaear heb ffrwydro'r un bom, a dod yn berchen ar diroedd heb wario'r un bunt.

Fe gefais i fy magu mewn plas mawr oedd ar un o stadau gwlad Eifionydd. Wele frysio i egluro mai edrych ar ôl y plas yr oedd fy rhieni, ac mai saer coed oedd fy nhad yn gweithio i aeres stad Gwynfryn, merch Syr Hugh Ellis-Nanney. Fodd bynnag, pan oeddwn i'n blentyn, mi fyddwn yn meddwl mai fi oedd piau stad Gwynfryn i gyd. Wrth dyfu trwy flynyddoedd mebyd, fe ddois i adnabod llanerchau dethol ar dir y stad, ymhell, bell o bob man, oedd yn nefoedd i fachgen yn codi'n bedair oed. Yn y gwinllannoedd mawr mi fyddwn yn dysgu galw'r coed bob un wrth eu henwau: derw, ynn, castanwydd, criafol, celyn, pinwydd, masarn, gwern, ysgaw, llawryf... Mi fyddwn yn gwybod lle byddai'r mafon yn tyfu, y mefus gwylltion a'r llus, y mwyar duon a'r cnau. Gwylio'r brain yn nythu'n uchel a blêr yn y brigau, a'r robin goch gyda'i nyth digon o ryfeddod mewn clawdd. Clywed colomen wyllt yn fflapian yn swnllyd o'i chuddfan yn y llwyn eiddew, a gwybod os dôi terfysg i'r ardal y byddai'r ffesant yn ateb pob taran yn ddi-feth. Ar dro, mewn gwrych, mi welwn ddraenog bach trwynfain; bryd arall, lwynog yn sleifio drwy'r rhedyn, gwiwer goch yn llamu'n rhyfygus o gangen i gangen. Roedd brithyll yn y dorlan a llysywod duon o dan gerrig yr afon, crëyr glas yn sefyll ar ungoes, ac ar foment o wyrth, fe gawn weld dyfrgi'n llifo allan o'r dŵr. Yn eu tymor fe ddôi cawodydd o betalau ar lawr y winllan: eirlysiau, daffodil, briallu, fioled, blodau'r gwynt, bwtsias y gog a gwyddfid. A'r goedwig drwchus yn llawn o'r persawrau mwyaf godidog.

Wrth i'r bychan diofal a di-ysgol chwarae o ddydd i ddydd yng nghwmni Natur a'i theulu difyr, fe ddaeth i gredu'n reddfol mai fo oedd piau'r rhyfeddodau priddlyd hyn i gyd. Achos, i'r hogyn bach hwnnw, yng nghoedwigoedd caredig y Gwynfryn yr oedd Nefoedd, ac yn y fan honno yn rhywle yr oedd Duw yn byw. Aelwyd syml ei byd oedd ein haelwyd ni, heb fawr o bres i'w gweld gartre am mai bychan oedd cyflog saer coed. Enw Syr Hugh Ellis-Nanney oedd ar lyfrau'r Gyfraith, ond tybed beth a ddywedai'r hen aristocrat hwnnw pe gwyddai fy mod i'n meddiannu'i stad o fesul wythnos a mis a blwyddyn?

Robin Williams, ***Cracio'r Concrit***

SALM FODERN

Molwn Di, O Dduw, am ddyfeisiadau modern,
Am gamp y gwyddonydd,
Am fedr technegwr,
Ac am bob peth sy'n hwyluso'n byd.
Diolch am gynorthwyon yn y cartref –
Y rhai sy'n ysgafnhau ein gwaith;
Gwyrth trydan a nerth nwy.

Molwn Di ar lawr y ffatri,
Yng nghrombil y pwll glo,
Ac yn nannedd y graig.
Diolchwn i Ti am y dyfeisiadau sy'n lleihau perygl
Ac yn diogelu einioes.

Molwn Di am gyfleusterau teithio,
Am ruthr y roced, yr awyren a'r llong ofod;
Am gyfleusterau trafnidiaeth bob dydd;
Ond dyro inni hefyd hamdden ynghanol ein rhuthr
I'th gofio Di, awdur pob bendith.

Molwn Di am wneud bywyd plentyn mor hawdd,
Am gyfleusterau addysg ar y Sul ac ar ddydd gwaith;
Am ffyniant mewn gwladwriaeth les;
Llawnder a llyfrau;
Dysg ni i'w gwerthfawrogi, O Dduw.

Molwn Di am welliannau amaethyddol
Yn oes y dyrnwr medi a'r peiriannau mawr;

Am gynaeafau buan a thecach cynnyrch;
Ond gwared ni rhag i'r peiriant ladd y gymdeithas.

Ynghanol ein canrif ddiwydiannol fodern,
Molwn di am Dy aml ryfeddodau.

Dan Lynn James, *Gwyn Fyd*

DUW'R BENDITHION

Y mae Duw, meddai'r Salmydd hwn, nid yn unig yn bendithio eithr yn 'achub y blaen â bendithion daioni.' Gellir mentro diolch ymlaen llaw iddo, – cynnal y cwrdd diolchgarwch cyn casglu'r cynhaeaf! Dywedai'r Arglwydd Iesu beth tebyg: 'Am hynny, meddaf i chwi, beth bynnag oll a geisiwch wrth weddïo, credwch y derbyniwch, ac efe a fydd i chwi.' Erbyn meddwl, y mae'r Beibl yn gyforiog o'r syniad. 'Cyn i mi dy lunio di yn y groth mi a'th adnabûm; a chyn dy ddyfod o'r groth y sancteiddiais di; a mi a'th roddais yn broffwyd i'r cenhedloedd,' meddai Duw wrth Jeremeia. Achub y blaen i alw. Dywedodd Iesu'r un peth wrth un o'i ddisgyblion: 'Cyn i Philip dy alw di, pan oeddit tan y ffigysbren, mi a'th welais di,' meddai wrth Nathanael. A sicrhaodd ei ddisgyblion na fyddai iddynt bryderu pan ddygid hwy i'r llysoedd, oherwydd fe fyddai'r eiriolwr, yr Ysbryd Glân, yno o'u blaen. Y mae Duw wedi achub y blaen i garu: 'Yr ydym ni yn caru am iddo Ef yn gyntaf ein caru ni'; ac i gadw: 'A hwy wedi eu cyfiawnhau yn rhad trwy ei ras Ef, trwy y prynedigaeth sydd yng Nghrist Iesu.'

Pan oedd y ffermwr rywdro'n cwyno fod pris yr had yn uchel, atgoffodd y masnachwr ef am yr holl bethau a oedd yno'n disgwyl yr had heb iddynt gostio dim iddo, – haul a gwynt a glaw a gwlith. Medelwr, nid heuwr, oedd y dyn ar y dechrau; oni bai iddo fedi ni fuasai ganddo ddim i'w hau.

Y mae ein pererindod yn debyg i daith o westy i westy ac ym mhob gwesty mae gwesteiwr meddylgar wedi paratoi digon ar ein cyfer. 'Gŵyr eich Tad nefol fod arnoch eisiau yr holl bethau hyn,' meddai'r Iesu. A'r awgrym yw, gan ei fod yn gwybod, ei fod wedi paratoi. Byddai teithwyr trwy'r anialwch yn aml yn torri pydewau i ddisychedu'r rhai a ddeuai ar eu hôl. Y mae'r Tad nefol wedi gofalu am gynhaliaeth ar y daith cyn cychwyn ei blant arni.

A phan anturiwn ar y fenter fawr ddiwethaf, y mae gennym sicrwydd yr Iesu y bydd Ef yn myned i baratoi lle inni.

T. Glyn Thomas, ***Ar ddechrau'r dydd***

TRI PHETH

(Gellir cael *transistor,* torth a Beibl ar astell y pulpud)

O'n blaen y mae tri pheth cwbl wahanol, ond tri pheth y gellir diolch i Dduw amdanynt. Y mae'r *transistor* yn un enghraifft ymhlith llawer o allu dyn. Ffrwyth y gallu hwn yw'r bendithion gwyddonol a fwynheir gennym. Nid dyfeisio a wna'r gwyddonydd, ond yn hytrach darganfod. Darganfod penisilin a wnaeth Fleming, ac nid ei ddyfeisio. Yr un modd gyda Marconi, darganfod a wnaeth yntau, darganfod ei bod yn bosibl dal sŵn a lleisiau sydd yn donnau yn yr awyr. Darganfu y gwyddonydd fod yr un peth yn bosibl gyda darluniau; a'r canlyniad oedd y teledu. Ymddengys, felly, mai priod swydd y gwyddonydd yw darganfod mwy a mwy am ddirgelion creadigaeth Duw. Yn sgil hynny, gall y gwyddonydd harneisio a rheoli yr hyn sydd eisoes yn bod. Creadur Duw yn ymwneud â chreadigaeth Duw yw'r gwyddonydd. Dylid diolch i Dduw am y gallu hwnnw a'i ffrwyth.

Yn aml, gan mai dynion yw'r gwyddonwyr fel ninnau, gellir camddefnyddio'r gallu hwn. Enghraifft erchyll o hyn yw'r arfau niwclear. Ni ellir, ar unrhyw delerau, ddiolch i Dduw am yr hyn a luniwyd yn fwriadol ar gyfer dinistr. Y mae unrhyw gynnyrch gwyddonol sydd er lles dyn ac er gogoniant i Dduw yn ddyrchafol; am hynny dylid diolch i'r Rhoddwr.

Ffaith ddiddorol i sylwi arni yw fod modur a thrên, awyren a llong, radio a theledu, wedi gwneud ein byd yn fychan a'n cyfrifoldeb ninnau fel Cristnogion yn fwy. Gellir hedfan o Lundain i Efrog Newydd mewn ychydig oriau. Gwelir holl gynnwrf y byd ar y sgrîn deledu yn ein cartrefi. Nid y dyn drws nesaf yw ein cymydog bellach, ond y tywyll ei groen yn Zimbabwe a'r anghenus yn India.

Cymharol ddieithr yw'r buddiannau gwyddonol hyn i lawer. Mwy dieithr a phrin yw *torth o fara a photel o laeth.* Darpariaeth Duw ar gyfer pob dyn yw bwyd a diod. Y mae dwy ran o dair o boblogaeth y byd yn fyr o fwyd maethlon, ac o ganlyniad y mae miliynau yn marw o newyn. Fe gymerwn ni fwyd a diod yn ganiataol. Daw'r dyn bara o gwmpas ddwywaith yr wythnos, ac fe welir y botel laeth fore ar ôl bore ar stepen y drws. Dylid diolch i Dduw amdanynt. Darparodd Duw ar gyfer pob dyn; a bydd ein diolch lawer yn well pe baem yn gwneud ymdrech i liniaru'r newyn sydd yn y byd. Y mae'r byd yn fychan ond ein cyfrifoldeb yn fawr.

Braint yr ychydig hefyd yw bod yn feddiannol ar *Feibl.* Dylem ar bob cyfrif ddiwallu newyn corff, ond fe ddylem fel Cristnogion ddiwallu newyn enaid yn ogystal. Nid yn unig y mae dwy ran o dair o boblogaeth y byd yn newynog, ond y mae'n anllythrennog hefyd. Nid yn unig y mae'n rhaid i ni gynnig bwyd, ond bywyd hefyd. Fe ellir anfon arian iddynt gael bwyd, ac fe ellir anfon gwirfoddolwyr i'w dysgu; ond ni ellir anfon Crist atynt. Y mae'r Crist yno yn barod; ac er mwyn iddynt ddarganfod y Crist a dod i'w adnabod drostynt eu hunain, gellir anfon Beiblau. Drwy'r geiriau ynddo deuwn i adnabod y Gair a wnaethpwyd yn gnawd. Drwy'r Crist yn unig y cawn fywyd, a hwnnw'n helaethach. Dyma beth yw testun diolch.

Diolch i Ti, yr Hollalluog Dduw,
Am yr Efengyl Sanctaidd.
Haleliwia, Amen.

Harri Parri a D. Ben Rees, *Llyfr Gwasanaeth Ieuenctid*

SALM O FAWL I DDUW AM DRYSORAU NA ALL ARIAN EU PRYNU

Rhown fawl i Ti, O Dduw, am y trysorau sy'n cyfoethogi ein taith trwy'r byd, trysorau'r nef na allwn fesur eu gwerth.

Ynot y tardd y cariad sydd byth yn pallu, a byth yn pylu, y gobaith sy'n ein dal yn gryf er pob terfysg ac ofn, a'r ffydd i wynebu treialon bywyd mewn ysbryd bodlon.

O'th law di y derbyniwn y ddawn i drysori atgofion a chael synnwyr digrifwch, i gydnabod ein camgymeriadau ac i gyfrif ein bendithion.

Ti sy'n ein cynorthwyo i gydymdeimlo â chyd-ddyn mewn profedigaeth; trwot Ti daw'r ddawn i werthfawrogi ac i anwylo teulu a chyfeillion, a'r ddawn i garu pan fydd hynny'n anodd.

Ti sy'n ein galluogi i synnu at yr holl brydferthwch sydd o'n cwmpas. Llawenhawn wrth weld y canghennau'n blaguro gyda deffroad y gwanwyn, dail yr haf yn llonni yn y tes, gogoniant eu lliwiau amryliw yn gwenu yn haul yr hydref a'u dawns wrth chwarae mig ag awelon cryf y gaeaf.

O'r nef y daw'r ddawn i glywed y brwyn yn siffrwd eu cyfarchion ar y waun, tonnau prysur y môr yn parablu eu stori wrth y tywod, twrw'r nant wrth raeadru i'r dyfnder islaw, yn un llinyn o arian, a swyn ei si pan lifa'n fyrlymus dros y graean.

O'th blegid di daw inni wefr pan fydd machlud haul yn fflamio'r gorwel, neu leuad lawn yn sleifio trwy fôr o sêr ar noson glir.

Ti sy'n estyn inni'r gallu i ryfeddu at gadernid y lili wen fach wylaidd ym môn y clawdd, gosgeiddrwydd alarch wrth lifo'n ddigyffro dros yr afon lefn, neu wylan wen yn hofran yn urddasol dros donnau'r heli.

Rhyfeddwn at aur yr eithin a phorffor y grug, pan blethant yn gywrain, gan greu mantell liwgar i orchuddio noethni'r rhos; rhyfeddwn at flodyn bach yn gwthio'i ben trwy hollt yn y graig, a'r garthen o glychau'r gog ar wely'r goedlan. Trysorau'r nef ydynt i gyd, a thi sy'n plannu'r awydd ynom i sefyll a syllu mewn syndod ac mewn llawenydd.

Molwn di am Iesu'r trysor pennaf;
yn ei gwmni Ef, gwelwn y ffordd atat Ti'n fwy eglur,
trwyddo, down mor addolgar â'n hymddiriedaeth ynot Ti,
mor wasanaethgar â'n cariad tuag atat,
ac mor ostyngedig â'n gweddïau dwys.
Bu Crist farw trosom; diolchwn amdano Ef a holl drysorau'r nef, trwy fyw er ei fwyn.

Gweinidog yn Washington, America oedd Peter Marshall, ac yn un o'i bregethau mae'n sôn am dref lle roedd popeth yn braf; roedd afon glir, fel grisial, yn rhedeg trwyddi, yn rhoi bod i lawntiau a gerddi hyfryd, ac elyrch yn hwylio'n osgeiddig o lan i lan, tra chwaraeaai plant yn y dŵr bas. Fe aeth pethau'n ddrwg yn ariannol yn y dref honno, a bu'n rhaid sôn am gwtogi. Fe benderfynodd Cyngor y dref mai un person y gellid gwneud hebddo oedd y gŵr a arferai glirio'r dail o'r nentydd oedd yn bwydo'r afon. Arferai hwnnw wneud yn siŵr na fyddai anifeiliaid oedd wedi marw ar y mynyddoedd yn dwyn amhuredd i ddŵr y nentydd, ond nid oedd y Cyngor yn sylweddoli ei werth, a chollodd ei swydd. Yn fuan iawn sylweddolwyd nad oedd dŵr yr afon mor lân ag y bu, cafodd rhai o'r plant heintiau wrth chwarae ynddo, nid oedd blodau yn tyfu ar lan yr afon, a diflannodd yr elyrch.

Penderfynodd y Cyngor nad oedd dim i'w wneud ond ail-gyflogi'r gŵr roeddynt wedi gwneud i ffwrdd ag ef. Aeth hwnnw ati ar unwaith i glirio'r ffosydd o'u bryntni, a gofalodd bod dŵr y nentydd yn rhedeg yn rhwydd unwaith eto. Gwelwyd blodau yn ôl ar ei glan, ac fe allech weld y cerrig mân ar waelod yr afon yn glir, gan fod y dŵr mor lân. Cyn bo hir, daeth yr elyrch yn ôl iddi, ac edmygai pawb brydferthwch y lle, fel cynt.

Mae yna rai o hyd sy'n dwyn amhuredd i gymdeithas, gan ei suro a'i chwalu, yn faterol ac yn ysbrydol, ac mae angen pobl fel y gŵr yn y stori, i'w glanhau a'i chadw'n bur, er mwyn i'r byd fod eto wrth fodd Duw.

Alice Evans, *Wyth Oedfa*

DIOLCH CYFFREDINOL

DIOLCH A CHEISIO

Mae hen ddywediad,
'Os yw rhywbeth yn werth ei gael, mae'n werth gofyn amdano'.

Doedd gan Iesu ddim amheuaeth ynglŷn â hynny! Nid yn unig ymhyfrydai yn Nuw a'i bresenoldeb, fe ofynnai i Dduw am fendithion, am gymorth, am arweiniad.

Mae dysgeidiaeth Iesu ar weddi yn llawn anogaeth i ofyn, a cheisio, a churo wrth y drws.

Mynd at Dduw â phetisiwn ...cais ...yn ein calonnau ac ar ein gwefusau. Dywedodd Iesu hefyd fod Duw'n gwybod ein hanghenion cyn ein bod yn yngan yr un gair. Awgryma hynny y dylem ystyried ein ceisiadau i weld a ydynt yn unol â'i ewyllys ef. Ac nid yw Duw'n dymuno rhoi i ni ddim a wna niwed parhaol i ni. Mae'n ceisio'n lles a'n dedwyddwch a'n hapusrwydd. Ni olyga hynny fod Duw yn ein maldodi a'n mwytho â phethau melys a chyfforddus o hyd ac o hyd.

Nid yw'n rhoi dim sy'n dda i ni ar draul lles pawb arall. Mae balans rhwng yr hyn sydd dda i ni a'r hyn sydd dda i'n brawd a'n chwaer.

'Ein Tad' yw geiriau cynta'r weddi a ddaeth yn batrwm i ni. Mae'n bwysig hefyd ein bod yn gofyn mewn ysbryd o ymddiriedaeth. Os nad *ymddiriedwn* yn Nuw, llesteiriwn ei allu i roi.

Elfed ap Nefydd Roberts, *Yn Ôl y Dydd*

DIOLCH IDDO

Y mae diolchgarwch yn elfen hanfodol mewn crefydd fyw ac yn agor a datguddio rhai o gyfrinachau dyfnaf y bywyd ysbrydol. Mewn diolchgarwch y mae darganfod cyfrinach gweddi ac addoli fel dathliad llawen a diolchgar o ddaioni Duw a gorfoledd ynddo. Heb ymdeimlo â diolchgarwch y mae'n haddoliad yn troi'n ffurfioldeb gwag a'n gweddïo yn arferiad marw. Mewn diolchgarwch hefyd y mae canfod cyfrinach hapusrwydd wrth ddysgu edrych ar fywyd â llygaid gwerthfawrogol a chanfod ynddo y da a'r prydferth, hyd yn oed yng nghanol drygioni a bryntni bywyd.

Elfed ap Nefydd Roberts, *Yn Ôl y Dydd*

YMDEIMLAD O DDYLED

Yn y gwraidd, mater o ymdeimlad o ddyled yw diolchgarwch. Mae'n fynegiant ar wefus o rywbeth sydd yn y galon yn y lle cyntaf. A'r hyn sydd yn y galon yw'r argyhoeddiad mai dyledwyr ydym ni. Ond erbyn meddwl, rhai digon anfoddog wrth gydnabod dyled yw plant y ddaear. Ac ambell waith, mae modd synhwyro ein bod ni'n llai parod heddiw i gydnabod ein dyled nag erioed. Mae plant yr oes newydd yn ei chael hi'n rhwyddach sôn am eu hawliau nag am eu dyled.

Roedd Iesu Grist wedi neilltuo un o'i ddamhegion i sôn am hyn, sef Dameg y Ddau Ddyledwr. Dau berson go wahanol i'w gilydd oedd y rhain, y naill yn frenin, a'r llall yn was. Ond nid yn eu statws yr oedd y gwahaniaeth pennaf, ond yn y modd yr ymatebodd y ddau i'r ddyled a oedd arnyn nhw i'w cyd-ddyn. Roedd y gwas yn nyled y brenin o swm aruthrol, sef deng mil talent. Roedd fel maen melin am ei wddf a doedd ganddo ddim byd i'w wneud ond ei daflu ei hun ar drugaredd y brenin. Ac fe ddigwyddodd gwyrth! Doedd dim gair arall i ddisgrifio'r peth! Oherwydd maddeuodd y brenin y ddyled i gyd, i'r geiniog olaf.

Ond wyddoch chi beth wnaeth y gwas? Ac yntau'n methu credu ei lwc, fe gofiodd yn sydyn fod un o'i gyd-weision yn ei ddyled *ef* o ychydig bunnoedd. A dyma fynd ato, a gafael ynddo gerfydd ei wddf, a'i fwrw i'r carchar. A hynny am ddyled bitw o fach! Y cnaf ag ef!

Ond holl ergyd Iesu Grist, yn ei ddameg gyrhaeddgar, yw mai gweddus yw inni gofio, ni sy'n pwyntio bys cyhuddgar at y gwas anfaddeugar, fod bys Duw yn pwyntio'n gyhuddgar atom ninnau. Yn wir, ni – chi a minnau – sy'n sôn o hyd am ein hawliau, er i Dduw faddau dyled mor fawr inni, yw prif gymeriad y ddameg. A dyna pam y mae'n hwyr bryd ein bod ni'n mynd ar ein gliniau mewn diolchgarwch i Dduw. Yn wir,

Mawr ddyled arnom sydd
    I foli Iôr y nef,
Wrth weld o ddydd i ddydd
    Mor dirion ydyw Ef;
Ein Tad o'r nef, mae'n rhoi in faeth –
Y flwyddyn hon ein cofio wnaeth.

Maurice Loader, *Taro'r Sul*

DUW'R CRËWR A DUW'R GWAREDWR

Dyna'r Creawdwr: y mae ei law yn agored, y mae'n diwallu popeth byw yn ôl ei ewyllys. Ond wrth inni addoli Duw ar adeg diolchgarwch fel hyn, y ddwy elfen sy'n plethu i'w gilydd yw Duw'r Crëwr a Duw'r Gwaredwr. Cydnabyddwn nerth, gallu ac awdurdod Duw. Y mae yn wir yn rhyfedd ac ofnadwy, ond gwir gyfrinach ei fawredd yw ei raslonrwydd, 'y mae'n agos at bawb sy'n galw arno', 'fe gymer sylw o'r isel'. Trwy Iesu fe wyddom fod ganddo wyneb dynol; fe wyddom ei fod yn wresog tuag atom ac yn gobeithio cael ymateb yr un mor wresog oddi wrthym ni. Y mae Duw yn ymhél â'r byd yma yn ddiamod – y mae wedi cerdded yn y byd, y mae ei Ysbryd yn rhydd yn y byd a greodd. O achos Iesu, yr ydym yn ei gysylltu â chariad annatod at y byd ac yn meddwl amdano fel partner, fel cyd-weithiwr, yn rhan o'n holl gysylltiadau personol. Mae Duw yn ein cyfarch ni fel ffrind. A pheidied neb â dibrisio datguddiad fel yna.

Dyw e'n *ddim* yng ngolwg y byd ond y mae ei gyfeillgarwch yn obaith nid i ni yn unig ond i fyd cyfan. Y mae bywyd ein Harglwydd Iesu yn gadarn ar y ffaith fod Duw yn dda a thosturiol. Felly, meddai, byddwch fyw *gyda* Duw, *ym* myd Duw, sy'n fyd da, er bod dynion a merched yn gwneud eu gorau i'w ddifetha, ac yn esgus nad yw Duw'n bod o gwbl.

John Owen, *Cau'r Adwy*

Y GAIR 'DIOLCH'

Mae dwy ran i'r gair 'diolch', sef y rhagddodiad bach syml 'di-', a'r gweddill o'r gair, '-olch'.

Fel arfer, swyddogaeth y rhagddodiad 'di-' mewn gair yw negyddu neu greu ystyr croes i'r hyn sy'n dilyn. Mae 'di-weithdra' yn enghraifft, ond weithiau, yn llai aml, swyddogaeth y 'di-' yw cryfhau, dwysáu, y rhan sy'n dilyn Enghraifft o hyn yw'r gair 'di-noethi: mae'r 'di-' yn *cryfhau'r* 'noethi', nid ei negyddu.

Yn y gair 'diolch', swyddogaeth y 'di-' yw cryfhau, dwysáu yr '-olch' sy'n dilyn. A beth yw tarddiad ac ystyr yr '-olch'?

Glywsoch chi'r Archdderwydd, wrth iddo dderbyn yr aberthged yn seremoni'r Orsedd, yn rhoi diolch? Yr hyn a ddywed yw: 'Diolwch, fy merch!'

Hen ffurf 'diolch' oedd 'diolwch – a'r 'olwch' yn tarddu o'r gair 'golwch'. Beth yw ystyr 'golwch'? Mawl, clod, moliant. A dyma ni'n deall gwir ystyr y gair 'diolch' – rhoi clod, rhoi mawl, a hynny nid yn swta, dros ysgwydd, ond yn gryf, yn ddwys, yn gwbl o ddifrif. Rhoi mawl, a ninnau'n *meddwl* yr hyn a ddywedwn, yw ystyr 'diolch'.

Yn *meddwl* yr hyn a ddywedwn, a hynny'n dod â ni at y gair Saesneg am 'diolch', yw *thank.* A'r gair Saesneg am 'meddwl'? Wel, *think!* Yn y Saesneg, mae'r ddau air 'diolch' a 'meddwl' – *thank* a *think* – yn amlwg yn tarddu o'r un ffynhonnell.

Diolchwn – rhown glod, a'n clod o ddifrif.

John Owen, *Cau'r Adwy*

DIOLCH PLENTYN

Fe wyddom beth yw 'iaith-babi' – 'mw-mw' am fuwch, 'me-me' am ddafad – ac ati, ac ati.

A 'iaith-babi, am 'Diolch!'? Wel, 'Da!, ynte? Mae'r fam yn rhoi un o'r melysion i'r plentyn: 'Dwed da!' Ac mae'r plentyn yn ufuddhau: 'Da!'

Cyfystyr 'diolch' a 'da' yw hynny. Ond nid 'da' yn ei ystyr lawn, ddwfn, ond yn hytrach, 'da' yn ei ystyr fras, arwynebol: 'da' megis yn 'da-da' – y melys, yr hyfryd, y pleserus, y cwbl-dderbyniol.

A dyma ni, wrth feithrin ein plant, yn dechrau'u cyflyru – i ddiolch, yn unig am y *goodies*, am y 'da-da', am y pleserus a'r melys a'r hyfryd. Dysgwn hwynt i ddiolch yn unig am . . . ŵyn yn prancio'n llon/yn yr heulwen ar y fron . . .', am ' . . . bopeth hardd o dan y nef . . .', a dysgwn hwynt i ganu, mewn ysbryd o ddiolchgarwch, linellau megis:

> Cwyd aderyn bach o'i nyth,
> Am fod Duw yn dirion byth . . .

a

> Gwrendy'r corwynt ar ei lef . . .

a chyffelyb.

Yn ein rhagrith a'n hanonestrwydd, feiddiwn ni ddim dweud wrthynt ein bod yn pesgi'r ŵyn ar gyfer ein byrddau cinio, feiddiwn ni ddim dweud wrthynt fod yr aderyn bach yn codi o'i nyth i gael ei larpio gan y gath; feiddiwn ni ddim dweud wrthynt am gorwyntoedd dychrynllyd yn sgubo ymaith bentrefi cyfain ac yn gadael pentyrrau o gyrff, yn bobl a phlant, yn eu sgil. Eu dysgu, yn unig, i ddiolch am y 'da-das'.

A hwythau'n hŷn, a'r ŵyn bach a'r adar bach wedi troi'n llygod mawr y carthffosydd, yn heidio o gwmpas eu traed, a hwythau'n hŷn, ac yn ddiymgeledd mewn drycinoedd, does ganddynt ddim testun diolch o unrhyw fath, ac mae'r Duw a gyflwynwyd gennym ni iddynt yn eu plentyndod – Duw y 'da-das' – yn bell, bell i ffwrdd.

A ninnau'n methu deall pam nad ydynt, mwyach, yn dal ati i ddod i'r capel.

Mae adnod Eseia 66: 2 yn darllen fel hyn: 'Fy llaw i a wnaeth y pethau hyn i gyd, a'r eiddof fi yw pob peth," medd yr Arglwydd.'

Ac fe gofiwch yr adnod: 'Ym mhob dim, rhowch ddiolch; oherwydd hyn yw ewyllys Duw . . .'

Ac am i ni anghofio'u dweud wrth ein plant a'n pobl ifanc, mae'n capeli ni'n weigion.

John Owen, *Cau'r Adwy*

DIOLCH Y RHAI AEDDFETACH

Mae 'na rai aeddfetach na'r rhelyw ohonom wedi dysgu dweud 'Diolch!' am bethau heblaw y 'da-das', ac yn deall yr adnod yn Eseia: 'Fy llaw i a wnaeth y pethau hyn i gyd', ac yn driw i'r adnod 'Ym mhob dim, rhowch ddiolch; canys hyn yw ewyllys Duw . . .'

Dyma dair enghraifft i chi:
1. Mae gan Tegla Davies stori fer ardderchog: 'Samuel Jones yr Hendre yn diolch am ei gynhaeaf.' Llwm iawn oedd ychydig erwau Samuel Jones – yn wahanol iawn i feysydd eang ffrwythlon Mr Herbert, y Fron. A phan benderfynwyd, am y tro cyntaf erioed, addurno'r capel bach yr âi'r ddau iddo ar gyfer Cyfarfodydd Gweddi'r Diolchgarwch, o feysydd (a thai gwydr) Mr Herbert y daeth y gorau a'r mwyaf ecsotig o'r addurniadau. Doedd Samuel Jones ddim yn cyd-weld â'r peth o gwbl: onid ysgall a drain a mieri oedd prif gnydau ei erwau ef? Felly, yn slei bach, rhwng Cyfarfod Gweddi'r 'prentisiaid' a Chyfarfod Gweddi'r 'hoelion wyth', fe gyfnewidiodd Samuel Jones ei gnydau ef ei hun – ysgall a drain a mieri – am y cynnyrch a addurnai'r capel bach. A'r canlyniad? Yr ail noson, fe wrthodai pawb fynd ymlaen i gymryd rhan. Tasg amhosibl oedd diolch i Dduw yng nghanol drain a mieri! Gwrthodai pawb ond – yn y diwedd – Samuel Jones yr Hendre. Mewn distawrwydd llethol, agorodd y Beibl yn Llyfr Habacuc, yn y drydedd bennod, a darllenodd: 'Er nad yw'r ffigysbren yn blodeuo, ac er nad yw'r gwinwydd yn dwyn ffrwyth; er i'r cynhaeaf olew ballu, ac er nad yw'r meysydd yn rhoi bwyd; er i'r praidd ddarfod o'r gorlan, ac er nad oes gwartheg yn y beudai; *eto* llawenychaf yn yr Arglwydd, a llawenhaf yn Nuw fy iachawdwriaeth.'
Oedd! Roedd Samuel Jones – a Thegla Davies, a Habacuc o'u blaenau – yn ddigon aeddfed i allu diolch am rywbeth heblaw y 'da-das'.

2. Mae tri phennill gan T. Rowland Hughes yn ei emyn mawr, mawreddog, 'Tydi a roddaist liw i'r wawr . . .' Yn y cyntaf a'r ail clywn am y wawr a'r machlud a'r gwanwyn, am nant a choedwig ac awel ac ehedydd – am hudoliaeth eu prydferthwch a'u ceinder, ac am y rheidrwydd inni barhau i ganu ein caneuon o ddiolchgarwch amdanynt. Ond yna, yn y trydydd pennill, cawn y diweddglo hwn:
O! cadw ni *rhag* dyfod oes
Heb goron ddrain, na chur, na chroes.

Gwerthfawrogiad – diolch – sydd yma, am groesau o ddrain ac am gur, am groes. A hynny gan fardd a wyddai, yn bersonol, beth oeddynt.
Ond fe wyddai rywbeth arall. Gwyddai mai 'Fy llaw i a wnaeth y pethau hyn i gyd' ac '. . . ym mhob dim, rhowch ddiolch'.
Roedd T. Rowland Hughes hefyd wedi symud o Gyfarfod Diolchgarwch y Plant i Gyfarfod Diolchgarwch y Rhai Aeddfed.

3. Yn ei emyn, 'Fy Nhad o'r nef, O gwrando 'nghri. . .', mae Moelwyn Hughes yn gofyn am 'y pethau da'. Newidiwyd y geiriau hyn mewn rhai fersiynau o'r emyn i 'doniau da', rhag ofn i unrhyw un feddwl mai sôn am loshin – am 'dda-das' – yr oedd. Ond doedd dim angen eu newid, oherwydd mae 'na linellau yn yr emyn sy'n gwneud yr ystyr yn hollol ddiamwys:

> Fe all mai'r *storom fawr* ei grym
> A ddaw â'r pethau gorau im;
> Fe all mai *drygau'r byd* a wna
> I'm henaid geisio'r pethau da.

Gwyddai Moelwyn Hughes – fel Tegla Davies, fel T. Rowland Hughes, fel Habacuc – y gall hyd yn oed y 'storom fawr' a 'drygau'r byd' fod yn destun ein diolch, gan gofio mai '"eiddof fi yw pob peth", medd yr Arglwydd.'

A bydded i'r Arglwydd, o'i fawr ras, ein galluogi ninnau hefyd i ddatgan, yng nghwmni'r rhai aeddfed: 'Ym mhob dim, rhown ddiolch, oherwydd hyn yw ewyllys Duw yng Nghrist Iesu.'

John Owen, *Cau'r Adwy*

DIOLCH I'R IÔR

Doedd pethau ddim yn dda a dweud y lleiaf, fel y gwyddoch, rhwng yr Iddewon a'r Samariaid, ond y syndod yw mai trwy'r Samariaid y dysgodd yr Arglwydd Iesu dair o wersi pwysig i ddisgyblion ei oes ei hun ac i ddisgyblion pob oes: *goddefgarwch, cymwynasgarwch* a *diolchgarwch.*

Hanes deg o ddynion y gororau sydd yma, dynion a oedd yn dioddef o'r gwahanglwyf, y clefyd enbydus a laddodd y cenhadwr Father Damien ym Molokai ar fore Sul y Pasg 1849 yn 49 mlwydd oed. Cafodd pob un ohonynt drugaredd gan yr Iesu, ond yna, syn yw'r sôn, dim ond *un* a ddychwelodd i ddiolch, a hwnnw'n Samariad. Yng ngeiriau'r Iesu: *Pa le mae y naw?* Wedi'r cwbl, mae'r fath beth yn bod â boneddigeiddrwydd, urddas ac anrhydedd, onid oes? Mae Eseia, yr Hen Ficer, Twm o'r Nant a stori Androcles a'r llew (Aesop) yn dweud fod yr anifeiliaid, hyd yn oed, yn ddiolchgar. Wyddoch chwi fod y geiriau *think* a *thank* yn dod o'r un gwreiddyn? Am hynny, mae bod yn ddiddiolch (*thankless*) yn gyfystyr â bod yn ddifeddwl (*thoughtless*) – yn llai na dynion ac yn salach na'r creaduriaid.

Un nos Sul cyhoeddodd Edward Mathews, Ewenni, Gyfarfod Diolch yn Nhonyrefail, gan ychwanegu: *Os oes yma rywrai sydd yn byw arnynt eu hunain, does dim rhaid iddynt hwy drafferthu i ddod. . .*

Dim ond un allan o ddeg a drafferthodd i ddod yn ôl i ddiolch am y waredigaeth fawr o'r gwahanglwyf heintus a marwol. Er hynny, ni thynnir y fendith yn ôl gan y naw anniolchgar. Nid fel y mae'r byd yn rhoddi y rhydd Duw, *canys y mae Efe yn peri i'r haul godi ar y drwg a'r da, ac yn glawio ar y cyfiawn a'r anghyfiawn.*

Duw, ffynnon pob daioni, – a'n llanwodd
Â lluniaeth eleni;
Ei ddilyn a'i addoli
Am ei nawdd a ddylem ni.

Ond y mae i ni ryddid i ddod neu beidio. Mae'r cyfrifoldeb ar bob un.
Mewn tŷ yn Bruges yn yr Iseldiroedd mae'r geiriau hyn uwchben y drws: *Mae rhagor oddi mewn.* Cafodd y Samariad a ddychwelodd, a ymgrymodd ac a ddiolchodd, lawer iawn mwy na'r lleill. Mae'r geiriau am ddiolch a ddefnyddir yma yn cael eu defnyddio hefyd yn Swper yr Arglwydd, y Cyfarfod Diolchgarwch am *ryfedd gynhaeaf grawnwin pêr y groes.*

Ni ddaeth erioed i galon sant
Y modd y darpar Duw i'w blant.

Ei goron yw ei gariad – i'w oesoedd;
Mae'n rasol ei fwriad,
A mwy na dim, y mae'n Dad,
Yn Iachawdwr a Cheidwad.

E. H. Griffiths yn Harri Parri, *Ffynnon ac Allor*

DANGOS DIOLCH

Pan fydda i angen dangos fy niolchgarwch i Dduw byddaf yn meddwl am leoliadau sy'n bwysig, sy'n caniatáu i ni ymddatod rhag hualau'r byd. Aelwydydd sy'n cynnig eu cariad i mi – eu tân glo o gynhesrwydd yn y gaeaf a'u drysau agored yn yr haf. Mi fydda i'n cofio am ffydd a hyder ein cyndeidiau a sefydlodd gapeli ac eglwysi yn dystiolaeth byw i Iesu Grist, ac yn cofio'r neges nad yw rhwydwaith Duw yn gyfan heb ein lliw arbennig ni.

Mi fydda i'n meddwl am y bobl hynny y cawn fynediad i'w calonnau a'u heneidiau nhw, ac yn y parch sy'n deillio o hynny, daw atgof i'n cynhesu pan fyddo'r nos yn hir. Mi fydda i'n meddwl am y bobl hynny y gallwn adael goriad y tŷ iddyn nhw yn ogystal ag agoriad y galon. Diolchwn am bawb a gynigiodd rywbeth i ni o'u profiad i'n gwneud ni yn well pobl. Diolch am gadw cyfrinach a rhannu baich, deall heb ofyn, a phob ymgais i glosio at adnabyddiaeth gyflawn o'r bobl sy'n dymuno.

Pan fydda i isio diolch am wychder Duw mi fydda i'n cofio doethineb henoed, delfrydiaeth ieuenctid. Cofiaf am barodrwydd ieuenctid i wynebu pethau, a'u dewrder i fentro. Diolch am wychder partneriaeth, dewrder unigolion a'r cynhesrwydd sy'n deillio bob amser o deimlo eich bod chi'n cyfrif. Pan fo'r fron eisiau cysur mi fyddaf yn sbïo ar hen lyfrau o luniau lle mae'r cof yn parhau'n ir am bethau gorau bywyd, wedi eu dal mewn eiliad na ddaw'n ôl. Yno, rhwng cloriau'r albwm, does neb yn mynd yn hen a does neb yn marw. Diolchaf am enw ar glawr llyfr, neu rodd o fan arbennig ar wyliau sy'n dal i ysbrydoli. Diolch am fedr gwneuthurwyr a gyrwyr awyrennau sy'n gwneud ein byd rhyfeddol yn llai, ac yn fwy agored. Diolch am feddygon a nyrsys sy'n trin ein cyrff a'n meddyliau briw dan amgylchiadau anodd eu hunain, ac yn wir pob galwedigaeth sy'n hyrwyddo cyfathrebu ac ymddiried rhwng unigolion.

Dyma'r englynion i fendithio'r Casgliad gan W.D. Williams, y Bermo, sydd ddim mor adnabyddus â'r Gras cyn Bwyd:

I Ti, cyflwynwn, ein Tad – annigon
Geiniogau ein casgliad;
I Ti sy'n rhoddi mor rhad
Ddoniau gorau Dy Gariad.

O, Dirion Roddwr, dyro – inni ras
I'w haddas ddefnyddio;
Pob gwasgar a phob gwario
Dan wlith dy hael fendith fo.

Darllenais yn drawiadol iawn ar boster – 'Os yw Duw ymhell i ffwrdd, pwy sydd wedi symud?' Fe atgoffodd hyn fi o eiriau Syr Christopher Wren a anwyd ar y dydd hwn ym 1632. Ar ei fedd yntau yng Nghadeirlan Sant Paul ceir y geiriau:
'Os ydych yn chwilio am gofeb iddo – edrychwch o'ch cwmpas.'

Aled Lewis Evans, *Troeon*

YM MHOB DIM RHOWCH DDIOLCH...

Lle mae pobl yn aml yn adweithio i'w gilydd yn galed ac yn swta, mor hyfryd yw taro ar berson sy'n foesgar. Nid drwg o gwbl yw ymarfer mymryn o gwrteisi tuag at ein gilydd. Wedi'r cyfan, onid yw'n arwydd o warineb, ac o barch dyn at gyd-ddyn?

Tybed nad yw moesgarwch o'r fath yn beth eithaf prin bellach mewn siop a stryd a swyddfa? Onid oes digon sy'n barod i fynnu eu hachos dan gipio'u 'hawl' heb gydnabod o gwbl y drafferth yr aed iddi ar eu rhan?

Gwych oedd sylwi ar y rhieni hynny'n ceisio dysgu'r teirblwydd oed i ofyn 'os gwelwch yn dda' cyn cael. Ac i ddweud 'diolch' ar ôl hynny. Er i'r gwersi diolch fod yn rhai meithion i'r bachgen bach, o'r diwedd roedd wedi dysgu'r egwyddor yn bur ganmoladwy.

Un dydd, digwyddodd ei dad sylwi ar Tomos ar ben y clawdd. Yn sydyn, dyma'r bychan yn llithro'n swp i'r ddaear. Rhedodd ei dad ato, ei godi i'w freichiau a gofyn, 'Wyt ti wedi cael dolur, y ngwas i?' Ac atebodd Tomos yn ei ffwndwr, 'Do, diolch.'

Bendith ar y mymryn bach! Prin y buasai'n deall ymresymiad Pantycelyn, 'Da yw'r groes, a da yw gwasgfa...' Ond yr oedd egwyddor nobl diolch wedi gwreiddio ynddo'n eithaf diogel.

HAU DY HAD YN Y BORE, A PHAID Â GORFFWYS CYN YR HWYR....

'Bwrw dy fara ar wyneb y dyfroedd, ac fe'i cei'n ôl ymhen dyddiau lawer', medd Llyfr y Pregethwr (11: 1). Tybed beth oedd ym meddwl y brawd diddorol hwnnw? Yng ngŵyl bregethu Awst ym Mhen Llŷn, roedd gan D.J. Lewis, y Tymbl, gynnig nas clywais gan neb arall na chynt na chwedyn: 'Bwrw dy fara ar wyneb y ceunant chwyddedig, a thi a'i cei *efallai*. Ond os na chei di e, mi fyddi dithe yn y swing yn rhywle.' Gwreiddiol, a dweud y lleiaf, sy'n gadael pwnc trafod eithaf astrus! O bob cyfieithiad, yr hyn a hoffaf i yw hwnnw yn y *New English Bible*: 'Send your grain across the seas, and in time you will get a return.'

Mae'r frawddeg yn awgrymu golygfa wledig o ffarmwr yn ymlwybro'n llafurus dros ael y bryn dan gario pwn enfawr o ŷd ar ei gefn. Ar gulffordd gyferbyn, dyma ffarmwr arall yn tywys ebol sy'n llusgo trol fechan ac ynddi hanner dwsin o sachau llawnion. Gŵyr y ddau amaethwr fod llong yn yr harbwr gerllaw yn aros am eu cynnyrch, i'w gludo ar draws y môr a'i werthu mewn porthladd arall. 'Send your grain across the seas ...' 'Bwrw dy fara ar wyneb y dyfroedd....'

Yr awgrym yw credu mewn mentro hau, am y daw'r cynhaeaf yn ei amser, gyda lwc. Wedyn, bwrw ar fenter bellach, sef masnachu'r cynnyrch, gan dderbyn y daw'r tâl 'ymhen dyddiau lawer', siawns.

...CANYS Y MAE EFE YN PERI I'W HAUL GODI AR Y DRWG A'R DA, AC YN GLAWIO AR Y CYFIAWN A'R ANGHYFIAWN.

Wedi wythnos o sychder, un bore dyma'r awyr yn cymylu, a dafnau o law yn disgyn hwnt ac yma. Cyn bo hir, dwysaodd yn genllif, ac felly y bu dros weddill y dydd ac ar hyd y nos. Erbyn trannoeth, roedd y gweddnewid yn amlwg ar y meysydd ŷd, a bron na ellid gweld y coesau'n ymestyn a'r tywysennau'n trymhau.

Bu'r genllif yr un mor fendithiol ar erwau'r winllan wastad; golchwyd y dail, trwythwyd y gwreiddiau, a bron na ellid gweld pelenni bach y grawnwin yn tewychu. Yn y man, daeth yr haul mawr yn ôl i'r glesni, ac yn anterth ei wres, aeddfedodd y grawn yn ŷd y maes, ac yn sypiau'r winllan.

Wrth rannu'r bara oddi ar Fwrdd y Sacrament, onid oeddem yn bwyta'r glaw? Ac wrth gymryd y gwin, onid oeddem yn yfed yr haul? A'r Creadur, ar archiad y Crëwr, yn cyfranogi o'r Cread – nes mynd yn rhan lythrennol o wyrth pethau.

Rhyw newydd wyrth o'i angau drud
A ddaw o hyd i'r golau.

AI'R ESTRON HWN YN UNIG A GAFWYD I DDYCHWELYD AC I ROI GOGONIANT I DDUW?

Wrth grwydro mewn gwledydd tramor, mae'n ofyn go fawr i deithiwr fedru siarad yr holl ieithoedd gwahanol sydd ar ei drafael. Ond wedyn, y mae yngan ambell air o iaith y brodorion yn beth pur ddymunol, yn enwedig geiriau bach cwrteisi.

Pan fyddwn ar grwydr felly ers llawer dydd, ceisiwn ddysgu ymadroddion am dri pheth arbennig. Y cyntaf oedd 'maddeuwch i mi' – am y byddai dyn ar brydiau'n gorfod torri ar draws dau yn sgwrsio, neu'n waeth na hynny, yn gwneud rhywbeth trwsgl, anffodus lle y dylai ymddiheuro. Yr ail oedd 'os gwelwch chi'n dda'. A'r trydydd, a ystyriwn cyn bwysiced â'r un arall, sef 'diolch'.

Dyma rai o'r diolchiadau a gofiaf: Yr Eidal – *grazie.* Iwgoslafia – *hvala.* Groeg – *evcharisto.* Ffrainc – *merci.* Sbaen – *igracias.* Twrci – *teshuk cur ederim.* Yr Almaen – *danke schon.*

Onid yw'r Llyfr Mawr yn llawn diolch ar bob llaw? 'Awn i'w byrth ef â diolch,' meddai'r Salmydd. 'I Dduw y byddo'r diolch,' meddai Paul wrth y Corinthiaid. Ac wedyn wrth y Thesaloniaid: 'Ym mhob peth diolchwch.' A'r Meistr ei hunan, dro ar ôl tro: 'Yr wyf yn diolch i Ti, O Dad....'; 'Ac wedi iddo gymryd y cwpan, a rhoi diolch ...'

Da y'n dysgwyd ni gan Morgan Rhys:

Diolch iddo
Byth am gofio llwch y llawr.

AMGYLCHYNAIST FI YN ÔL AC YMLAEN...

Yn llechwraidd o'r tu ôl ichi, daw cyfeilles gan ddal bag plastig bychan, a sisial yn eich clust: 'Tip i'r dreifar!' Mae'n bleser gennych chwithau ollwng dyrnaid o arian i dincial ar y pres sydd eisoes wedi ei gyfrannu gan deithwyr seddau cefn y bws mawr.

Rydych wedi bod yn teithio ers cryn bythefnos yn y bws nes cyrraedd pen draw'r siwrnai yn nhopiau'r Eidal. Ond bellach, cyn pen hanner awr, dylech gyrraedd adre'n ôl i'ch hen gynefin.

Pa ryfedd ei bod yn bleser calon gennych roi cil-dwrn yng nghasgliad y bag plastig! Tra buoch chi'n mwynhau'r daith dramorig mor ddiofal (a difeddwl hefyd, efallai) onid oedd llygaid effro Huw y gyrrwr yn craff wylio'r drafnidiaeth aflonydd oedd o'i flaen – ac o'i ôl yn ogystal? Roedd ei ddwylo'n gyson ar yr olwyn, a'i draed yn trafod y pedalau wrth reddf.

Nid talu cyflog i Huw sy'n digwydd wrth i'r bag plastig gasglu o sedd i sedd, namyn teithwyr diolchgar sy'n llawen barod i gydnabod mawr ofal y gyrrwr amdanyn nhw o filltir i filltir.

'Beth a dalaf i'r Arglwydd, am ei holl ddoniau i mi?' Dyna gwestiwn Salm 116: 12. Wel, am mai benthyg yw popeth a feddwn, *fedrwn* ni ddim talu, ar wahân i gynnal Gŵyl Ddiolch fel math o gil-dwrn, efallai. Tra buom ni'n symud yn ddiddig trwy flynyddoedd bywyd, boed hindda neu ddrycin, hyfryd yw cydnabod y Llaw Anwel fu'n gyson wrth lyw y cread o ddydd i ddydd ac o nos i nos.

....A'R BOBL A GRËIR A FOLIANNANT YR ARGLWYDD

Hyd y gallaf ddirnad, nid yn aml – os o gwbl – y gall unrhyw greadigaeth siarad â'i chreawdwr. Nid yw'n arfer gan yr hyn a grëwyd ymgysylltu â'r sawl a'i creodd.

Dyna'r peiriant modur, sy'n rhan o fywyd pawb ohonom erbyn heddiw. Ystyrier mewn sobrwydd wneuthuriad y cymhlethdod metel hwnnw: symudiad piston yn sugno nwy petrol, gwifrau sy'n cludo fflach drydan yn ffrwydro'r nwyon nes cicio'r piston o lawr ac i fyny... yna'r echelydd yn cnoi eu ffordd trwy ddannedd olwynion sydd erbyn y diwedd yn symud tunnell o gerbyd ar hyd y ffordd fawr gyda chyflymder dewinol. Yn ddiweddar, gyda'r datblygiadau electronig, aeth cymhlethdod y peiriant yn fwy fyth o destun rhyfeddod a dirgelwch. Hyn oll, heb sôn am gampau'r hofrennydd a'r Concorde.

Eto, mudion ydyn nhw i gyd. Ni siaradodd yr un peiriant erioed â'i beiriannydd. Ni thorrodd ei bortreadau yr un gair â Raphael, na'i ddelwau marmor yr un sill â Michelangelo. A hynny am na all creadigaeth ymgomio â'i chreawdwr.

Ond pan ddown at ddyn, dyma enghraifft o greadur sy'n abl i siarad â'r hwn a'i creodd. Sylwer ar David Charles yn defnyddio'r modd cyfarchol yn ei bennill:

> Tydi sy deilwng oll o'm cân,
> Fy Nghrëwr mawr a'm Duw...

Ac o hynny ymlaen, mae'r emyn yn troi'n siarad brwd.

Y SEREN A WELSANT YN Y DWYRAIN A AETH O'U BLAEN HWY

Myn y gwybodusion mai'r seren agosaf at ein daear ni yw'r Proxima Centauri. A'r pellter rhyngom, meddir, yw 25 o filiynau o filiynau o filltiroedd. Yn hytrach nag ymgodymu ag anferthedd y ffasiwn rif – 25,000,000,000,000 – dewisodd y seryddwyr drosi'r milltiroedd i flynyddoedd, sy'n golygu y cymer bedair blynedd a hanner i oleuni'r seren gyrraedd ein daear ni. Ffaith ysigol arall!

Felly, pe gwelem ni'r Proxima Centauri heno, nid ei gweld fel y *mae* y buasem, ond ei gweld fel yr *oedd* bedair blynedd a hanner yn ôl. Mae hi ers hynny wedi mynd yn ei blaen.

Robin Williams, *Digon i'r Diwrnod*

NEGES AR GYFER OEDFA DDIOLCHGARWCH

Testun: 'Dyro inni heddiw ein bara beunyddiol' *(Mathew 6: 11).*

Beth ddywed y deisyfiad hwn am y Cristion fel diolchwr?

1. Mae'n berson sy'n cydnabod ei ddibyniaeth ar Dduw – 'Dyro...'
Mae'n berson nad yw'n diystyru ei denantiaeth.

2. Mae'n berson sy'n ymwybodol ei fod yn aelod o deulu – 'Dyro inni... ein bara...'

3. Mae'n berson a chanddo'r allwedd i ddedwyddwch – 'Dyro inni heddiw'.

4. Mae'n berson sy'n amddifad o drachwant – 'Dyro inni heddiw ein bara beunyddiol'.

Gerald Jones ac eraill, *Ar Lwybr Mawl a Myfyrdod*

RHOI A BYW EIN DIOLCH

Rhoi ein diolch

Mae gwir ddiolchgarwch yn fwy na dweud a chanu ein diolch. Mae gwir ddiolchgarwch yn golygu cyfieithu ein cân o ddiolchgarwch yn rhoddion hael.

Mae gwahaniaeth mawr rhwng cadw yn hunanol a rhoi yn haelionus. Llaw gaeedig sydd gan y person hunanol, ac mae llaw felly yn gallu troi'n ddwrn, ond llaw agored sydd gan y person hael, ac mae llaw felly yn llaw gyfeillgar.

Wrth annog ein gilydd i roi ein diolch, rydym yn cydnabod mai Duw yw'r rhoddwr mawr. Dywedodd merch fach wrth ei ffrind, *'Mae Dad yn cael ei ben blwydd yfory, a rydw i eisiau rhoi anrheg iddo.'* Gofynnodd ei ffrind, *'Gan bwy gei di bres i brynu'r anrheg?'* A'i hateb parod oedd, *'Gan Dad, wrth gwrs!'* Onid yw hyn yn wir yn hanes pawb ohonom? Duw yw ffynhonnell pob peth sydd gennym, ac ef yw'r rhoddwr mawr.

Duw yn rhoi. Dyma yw natur cariad Duw. Ef sydd wedi rhoi daear a gwlad yn gartref inni, rhoi teulu a chyfeillion inni, a rhoi anadl o'n mewn, a bwyd a diod i'n cynnal a'n cadw yn fyw. Natur cariad Duw erioed yw rhoi, ac onid hyn yw neges fawr yr Efengyl? *'Do, carodd Duw y byd gymaint nes iddo* ***roi*** *ei unig Fab...'* Dyma, yn ddi-os, y rhoi mwyaf a wnaeth Duw erioed – rhoi ei Fab Iesu Grist inni, a'r Mab yn rhoi ei hunan inni, rhoi ei gyfeillgarwch inni, rhoi ei wasanaeth, a rhoi ei hunan inni hyd angau ar groes. Na, *'ni allaf roddi fel y rhoddaist im...'* – cymharol yw pob peth. Rhyfeddod mawr y Cristion yw bod Duw wedi rhoi cymaint inni er gwaethaf ein gwrthryfel pechadurus yn ei erbyn. Pobl wedi cael heb haeddu cael ydym – cael trugaredd, cael maddeuant, a chael Iesu yn Gyfaill ac yn Waredwr ein bywyd. Cael y cyfan am ddim, yn rhad – rhad ras!

Pa fodd y dylem ymateb i hyn oll? Yr ateb yw bod yn ddiolchgar ein hysbryd ac yn hael ein calon. Oni ddywed Iesu Grist wrthym, *'Derbyniasoch heb dâl, rhoddwch heb dâl.'* Mae i'r bywyd Cristnogol ei wedd ymarferol – rhoi yn y casgliad, rhoi i achosion da, rhoi amser i ymweld â'r cleifion, rhoi cwmni i'r unig, rhoi cymorth i'r gwan, ac yn y blaen. Gorffennwn gydag anogaeth Paul, *'Beth bynnag yr ydych yn ei wneud ar air neu weithred, gwnewch bopeth yn enw yr Arglwydd Iesu Grist, gan ddiolch i Dduw y Tad drwyddo ef.'*

Byw ein diolch

Y mae graddfeydd o ddiolchgarwch. Y gris cyntaf yw dweud diolch. Yr ail ris yw canu ein diolch. Y trydydd gris yw rhoi ein diolch, ond y gris uchaf yw byw ein diolch.

> *'Boed fy mywyd oll yn ddiolch,*
> *Dim ond diolch yw fy lle,'*

Mae rhoi ein diolch yn ardderchog, ond mae byw ein diolch yn well. Rhoi ei wasanaeth mae'r person proffesiynol – rhoi amser penodedig i'w feistr bob dydd, ond rhoi ei hunan mae'r Cristion, *'Fy hunan oll i ti, O Iesu da.'*

Mae anogaeth Paul yn ardderchog: *'Ym mhob dim rhowch ddiolch, oherwydd hyn yw ewyllys Duw yng Nghrist Iesu i chwi.'* Nid diolch am bob peth sydd yma, ond ym mhob peth – ym mhob sefyllfa byddwn ddiolchgar. Gwelwyd hyn yn Iesu Grist yn ystod ei weinidogaeth. Pan oedd cynulleidfaoedd yn tyrru i wrando arno yn eiddgar, fe gofiwn iddo gymryd y torthau a phorthi'r pum mil, ond cyn hynny cododd ei olygon at ei Dad nefol, *'a rhoi diolch.'* Do, fe fynegodd ei ddiolchgarwch i'w Dad nefol pan oedd popeth yn dda, ond cofiwn iddo fod yr un mor ddiolchgar yng nghwmni ei ddisgyblion yn yr oruwchystafell, ac yntau erbyn hynny'n gwybod fod ei groes wrth ymyl. Y noson honno, a Jwdas ar fin ei fradychu, cymerodd Iesu fara *'a rhoi diolch.'* Yn wir, roedd ei holl fywyd, yn y melys a'r chwerw, yn sacrament o ddiolchgarwch i'w Dad nefol.

John Lewis Jones, *Coronwch Ef yn Ben*

BYDDWN DDIOLCHGAR

Fy enaid bendithia'r Arglwydd, a'r cyfan sydd ynof ei enw sanctaidd.
Fy enaid, bendithia'r Arglwydd, a phaid ag anghofio'i holl ddoniau.

Cofiaf orfod dysgu'r salm hon ar fy nghof pan oeddwn yn ifanc iawn. Dysgais y geiriau y pryd hynny, ond rwy'n brwydro o hyd i geisio byw y salm. Roedd rhywun yn siarad ar y radio am dreulio wythnos yng nghwmni cyfaill o agnostig. Yr hyn a darodd yr agnostig oedd diolchgarwch parhaus y Cristion. Mae'n rhwydd mynd i'r arfer o gwyno – am y tywydd, am y llywodraeth, am ein gwaith, neu gostau byw – ond fe ddylai Cristnogion fod yn bobl ddiolchgar. Mae awdur y salm hon yn rhestru rhai o'r bendithion a gafodd gan Dduw. Maent yn cynnwys maddeuant, gwellhad o afiechyd, bwyd bob dydd, nerth i weithio, yn ogystal â thrugaredd, caredigrwydd, a'r gofal parhaus a ddaw oddi wrth Dduw. Mae'n cofio fel y mae Duw bob amser yn cadw ei addewidion. Hwyrach y dylai ein gweddïau ganolbwyntio mwy ar ddiolchgarwch a moliant i Dduw a llai ar ein hanghenion a'n cwyno. Gallwn ddefnyddio geiriau'r salm i'n helpu.

H. Gareth Alban, *Gair y Ffydd*

YMHOB DIM DIOLCHWCH

Y mae hen chwedl am ddau angel a anfonwyd i'r ddaear i gasglu ynghyd weddïau pobl. Yr oedd un ohonynt i gasglu deisyfiadau pobl, a'r llall i gasglu eu diolchiadau. Aeth y cyntaf yn ôl â'i fasged yn orlawn, tra'r oedd basged y llall bron yn wag. Adlewyrchiad trist ar y natur ddynol, – a gwir. Y mae ein deisyfiadau'n lluosocach gan mil na'n diolchiadau.

Nid dyna'r gelfyddyd Gristionogol o fyw, meddai'r Apostol. Yr ydym i ddiolch ym mhob peth. Nid, sylwer, *am* bob peth. 'Find something to thank God for in all things,' yw cyfieithiad Arthur S. Way. 'Give thanks whatever happens,' meddai'r N.E.B.

Pe gofynnid i'r Apostol Paul paham y mae'n ein cymell i wneud felly, credaf y rhoddai inni dri ateb. Yn gyntaf, dywedai, ym mhob dim diolchwch oherwydd dyna ffordd eich Meistr. Ac y mae'r hanes amdano'n ategu hynny. 'Wedi iddo gymryd y torthau a rhoddi diolch'; 'Wedi iddo gymryd y cwpan a rhoddi diolch.' Yn y melys a'r chwerw fe welai Ef rywbeth i ddiolch amdano. Diolchai yn y melys am yr ewyllys ddwyfol garedig a oedd yn gefn i bob daioni dynol; diolchai yn y chwerw am ewyllys i ewyllysio ewyllys Duw.

Wedyn, dyna arfer yr apostolion, '...yr ydym yn gorfoleddu mewn gorthrymderau; gan wybod fod gorthrymder yn peri dioddefgarwch; a dioddefgarwch, brofiad, a phrofiad obaith'. Byddent hwy'n gadael y llysoedd dan lawenhau am eu bod yn cael y fraint o ddioddef yn ei enw Ef.

Drachefn, dyna fu natur cewri'r ffydd erioed. 'Ers pedair blynedd ar ddeg,' ysgrifenna R. L. Stevenson yn ei ddyddiadur, 'ni chefais un diwrnod o iechyd. Codais bob bore yn afiach, euthum i'm gwely bob nos wedi glân flino. Eithr y mae'r gwaith yn mynd yn ei flaen, a dyna'r unig beth sydd o bwys. Byddaf yn teimlo fod Duw wedi rhoi cymaint imi nes bod arnaf gywilydd i ofyn am ragor. Ni allaf wneud dim ond mynd i mewn i'w bresenoldeb bob bore â mawl a diolch.'

T. Glyn Thomas, ***Ar ddechrau'r dydd***

LLAWENHEWCH BOB AMSER

Llawenhewch bob amser. Gweddïwch yn ddi-baid. Ym mhob dim rhowch ddiolch, oherwydd hyn yw ewyllys Duw yng Nghrist Iesu i chwi.

Yn ei lythyr cyntaf at y Thesaloniaid, mae Paul yn annog ei ddarllenwyr i *ddiolch ym mhob peth:* YM mhob peth ac nid yn gymaint AM bob peth. 'Ceisiwch ganfod achos i ddiolch ym mhob sefyllfa, waeth beth ddigwyddith...' Pe bai posib holi Paul pam y mae o'n cymell ei Thesaloniaid hoff i ddiolch YM mhob dim, mae'n debyg y byddai'n cynnig rhyw dri ateb, meddai'r diweddar Barchg. T. Glyn Thomas.

Yn gyntaf, mi fyddai'n pwysleisio mai dyma ffordd Iesu o weithredu. Does ond eisiau bwrw trem ar hanes porthi'r miloedd i gadarnhau hynny, pan mae hi'n ymddangos i bob golwg dynol fod y byd ar ben am nad oes nac ymborth na dim ar gael i'r tyrfaoedd: *Wedi iddo gymryd y torthau a rhoddi diolch...* Yr enghraifft orau yw'r Swper Olaf, pan fo Iesu'n bendithio'r bara a'r gwin, a chysgod croes ar ei gefn. Yn y melys a'r chwerw fel ei gilydd, mae'n canfod testun diolch.

Yr ail reswm y mae Paul yn daer ar i'r saint yn Thesalonica ddysgu diolch ymhob sefyllfa ydi mai dyna arfer yr apostolion, ac os yw hynny'n ddigon da i'r rheini, yna mae'n ddigon o ganllaw i bawb arall:.. *Yr ydym yn gorfoleddu mewn gorthrymderau; gan wybod fod gorthrymder yn peri dioddefgarwch; a dioddefgarwch, brofiad; a phrofiad, obaith...*Ym mha le bynnag y mae'r apostolion mewn dalfa oherwydd eu cred, maent yn llawenhau am eu bod nhw'n cael y fraint o ddioddef yn ei enw ef.

Y trydydd cyfiawnhad dros ddiolch yn y modd yma ydi mai dyna batrwm cewri'r ffydd erioed. *'Ers pedair blynedd ar ddeg,'* ebe R. L. Stevenson yn un o'i ddyddiaduron, *'ches i ddim cymaint ag un diwrnod o iechyd. Fe godais bob bore, gan deimlo'n afiach a gwael ac fe es i ngwely bob nos wedi llwyr flino.'* Ac meddai ymhellach, *'....mae'r gwaith, er hynny'n mynd yn ei flaen, a dyna'r unig beth sydd o bwys yn y pen draw. Mi fydda i'n teimlo fod Duw wedi rhoi cymaint imi nes bod arna'i gywilydd i ofyn am ragor. Alla' i wneud dim ond troi ato bob bore a hwyr gyda mawl a diolch.'*

Gair y Dydd, 2007

DIOLCH AM Y CYNHAEAF

NEWYN

Cawsom ni, bawb ohonom, ein digoni ar hyd y flwyddyn a aeth heibio. Ni bu newyn na sôn am newyn yn agos i'n gwlad. Ond da fyddai i ni gofio heddiw, ar ein dydd Diolchgarwch, fod miliynau lawer o'n cyd-ddynion, mewn llawer gwlad, yn marw o newyn. Mae hynny'n digwydd ar raddfa fawr yn China, India, Affrica, ac mewn rhannau o Ewrop hefyd. Allan o bob pump o bobl y byd, y mae dau yn byw mewn newyn gwastadol, a dau arall yn newynu ar brydiau. Dim ond *un* o bob *pump* sy'n cael eu digoni. Dyna paham y mae Iesu Grist heddiw eto am i ni 'gasglu'r briwfwyd gweddill fel na choller dim,' ac y cawn ninnau, yn ei Ysbryd Ef, helpu eto i borthi'r miloedd.

Gofynnodd y Salmydd ers talwm, 'Beth a dalaf i'r Arglwydd am ei holl ddoniau i mi?' Dichon ein bod ninnau yn gofyn yr un cwestiwn. Ond y gwir amdani yw na fedrwn ni ddim talu iddo. Does arno eisiau dim gennym. Nid oes unpeth y gallwn ni ei roi na'i wneud a all ychwanegu un cufydd at faintioli a gogoniant Duw. Y mae'n anfeidrol ac yn hollgyfoethog Dduw.

Dim ond trwy *roi i eraill* y gallwn ni roi i Dduw. Dim ond trwy wasanaethu *ein cyd-ddynion* y gallwn ni wasanaethu Duw. Dyna ystyr ymadrodd Iesu Grist: 'Yn gymaint â'i wneuthur ohonoch i un o'r rhai hyn, fy mrodyr lleiaf, i mi y gwnaethoch.' Wrth ddweud hyn cyfeiriodd yn arbennig at y rhai a ganlyn:

a) Y rhai sydd heb fwyd a diod.
b) Y rhai sydd yn brin o ddillad.
c) Dieithriaid, h.y. ffoaduriaid a phobl ddi-gartref.
d) Y cleifion o bob rhyw.
e) Y rhai yng ngharchar.
f) Ym Mathew 18: 5, cyfeiria at blant bach.

Y ffordd i ni gydnabod daioni Duw yw trwy helpu eraill llai ffodus na ni.

> Pwy a luniodd y byd ar ei lun
> Yn gartref i'r ddynol-ryw?

Pwy a luniodd y moroedd a'r tir –
Cartref creaduriaid byw?
Pwy a luniodd pob dyn ar ei ddelw'i Hun?
Ai awdur y cyfan yw Duw?
A lluniwr pob un yw'r Arglwydd ei Hun,
A'r lluniwr yw'r Arglwydd ei Hun.

Harri Parri a D. Ben Rees, *Llyfr Gwasanaeth Ieuenctid*

DIOLCHGARWCH

Wedi'r rhodd a'r daer weddi, – wedi'r dweud,
Wedi'r dydd o foli,
Rhoi mwy 'nawr yw'n rhwymau ni,
Byw a diolch heb dewi.

R. J. Roberts

Mae hi'n Sul y Diolchgarwch eto. A dyma ni unwaith yn rhagor yn dathlu fel y gwnaeth ein rhieni a'n cyndeidiau gynt. Roeddent hwy yn deall i'r dim mai bendithio'r cynhaeaf yw'r Hydref; mis i ddiolch am roddion y tir a'r cynhaeaf. Ond dydi'r cynhaeaf ddim fel y bu hi, meddai rhai ohonon ni. Mae patrymau amaethu wedi newid cymaint dros y cenedlaethau. Does dim angen cymaint o fôn braich y dyddiau hyn – on'd oes yna freichiau metel ac offer otomatig i wneud popeth heddiw? Does dim angen cywain cymorth o fferm i fferm rhwng cyfaill a chyfaill i gynaeafu a medelu fel y bu. Does ryfedd, yn y dyddiau hynny, bod oedfa ddiolchgarwch yn parhau am wythnos. Roedd yn gyfle cyhoeddus i amaethwyr ddiolch i'w gilydd am gymorth parod di-gŵyn ac i fendithio gyda'i gilydd y cynhaeaf a ddaeth oddi wrth Dduw. Roedd dod ynghyd i addoliad a chyd-ddiolch yn gam cwbl naturiol i amaethwyr ar ôl i gymdogion gydgynaeafu a chyd-gymdeithasu ar gaeau, iard a chegin fferm.

Mae'r arferiad yn colli ystyr i rai nad ydynt yn arfer trin y tir a phan mae ffermydd teuluol cefn gwlad yn prinhau neu'r dechnoleg fodern yn hyrwyddo'r gwaith.

Olion arferion y diolchgarwch sy'n aros heddiw wrth i blant ddod â'u basged fach o afalau ac orennau a grawnwin neu lysiau fel tatws a moron ar Sul Diolchgarwch. Ydi, mae hyd yn oed yr arferiad hwn o ddod â ffrwythau a llysiau'r tir i'w bendithio ar fwrdd Duw yn ystod oedfa yn prinhau hefyd. Mae rheolau iechyd a diogelwch ein dyddiau ni yn ein rhwystro, mewn mannau, rhag rhannu'r ffrwyth i gartrefi'r henoed neu ward mewn ysbyty.

Dewch i ni heddiw atgoffa'n gilydd bod angen i ni adnewyddu diolch ein cyndeidiau ddoe. Oes, mae gennym o hyd le i ddiolch i'n gilydd ac i Tithau, Arglwydd.

Deuwn felly, o gwmpas dy fwrdd Di i ddiolch am dy roddion ar hyd y flwyddyn.

Bendithia'r oedfa a'r addolwyr, yn blant ac oedolion, yn deuluoedd, ffrindiau a chymdogion.

Diolch ei bod hi'n Sul y Diolchgarwch eto a'n bod ninnau blant y mileniwm newydd yn adnabod yr angen i ddod at ein gilydd i ddiolch. Cynorthwya ni i ddiolch i'n gilydd, a chyda'n gilydd am dy roddion hael Di. Gwna i ni ddiolch 'heb dewi'.

Gareth Maelor, *Fi sy' 'ma*

DIM OND DIOLCH

Yr Ŵyl Ddiolchgarwch

Ddylai neb ei chael hi'n anodd diolch. Mae'r Beibl yn gofyn i ni wneud pethau go anodd: maddau i elyn, er enghraifft, cerdded yr ail filltir, aberthu, dioddef; ond wrth ymyl y gofynion hyn mae diolch yn beth hawdd iawn.

Fuoch chi'n gofyn paham fod cymaint o anniolchgarwch yn bod? Efallai bod llawer o bobl yn ddifeddwl, yn byw heb gysidro am funud eu bod yn derbyn cymaint o fendithion yn feunyddiol gan Dduw. Pe baent yn aros i feddwl am funud fe welent mai 'dim ond diolch yw ein lle'.

Teimla eraill eu bod yn haeddu'r bendithion a ddaw iddynt ac yn eu hawlio gan gredu mai dyletswydd Duw yw eu rhoi iddynt. Agwedd afiach iawn yw honno sy'n gofyn be fedra'i gael, a be ddylwn i gael, yn lle, be fedra'i *roi.*

Tybed a oes yna rai yn credu mai braint i'r Arglwydd yw gofalu amdanom ni, heb sylweddoli nad oes neb yn wir yn haeddu'r lleiaf o'r bendithion a gawn?

Cred llawer mai dyn sy'n gyfrifol am yr holl ddaioni a ddaw iddo, nid Duw. Fe'n rhybuddir yn Llyfr Deuteronomium rhag meddwl felly, *Ac ymddyrchafu o'th galon a dywedyd, Fy nerth fy hun a chryfder fy llaw a barodd i mi y cyfoeth hwn . . .* Dywedodd Bertrand Russell, o bawb, mai meddwl fel hyn yw un o beryglon mwyaf ein cyfnod.

Fe ddylem ddiolch am fedru diolch. Bendith fawr ydyw teimlo'n ddiolchgar. Dywed Gair Duw y dylem ddiolch am bopeth, neu'n hytrach weld fod yna destunau diolch ym mhob amgylchiad a ddaw i'n rhan ond i ni chwilio amdanynt.

Syniad rhai yw fod Duw yn rhoi mwy i'r diolchgar. Tybed? Gwyddom fod y sawl sy'n ddiolchgar yn gallu derbyn mwy, mae ei galon, ei feddwl a'i ysbryd yn ymagor fel blodyn i belydrau'r haul.

Pan fydd rhywun wedi bod yn garedig wrthym byddwn yn meddwl pa fodd i ddiolch am y caredigrwydd. Teimlai'r Salmydd felly, *Pa beth a dalaf i'r Arglwydd am ei holl ddaioni?* meddai. Mewn gwirionedd, beth fedrwn ni wneud ond diolch? Duw biau pob peth.

Yr Arglwydd biau'r ddaear lawr,
A'i llawnder mawr sy'n eiddo;
Yr Arglwydd biau yr holl fyd,
A'r bobl i gyd sydd ynddo.

Eto, mae Ef yn hoffi gweld ei blant yn diolch. Wrth ddiolch awn yn nes at yr Arglwydd ac yn nes at ein gilydd.

Wrth ganu, *Ar ei drugareddau yr ydym oll yn byw,* cofiwn am y miliynau sy'n fyr o angenrheidiau bywyd yn y trydydd byd. Onid y ffordd orau o ddiolch i Dad y trugareddau ydyw helpu a rhannu â'r rhai sy'n llai ffodus na ni?

Rho imi nerth i wneud fy rhan
I gario baich fy mrawd;
I weini'n dirion ar y gwan,
A chynorthwyo'r tlawd.

Iorwerth Jones Owen, ***Ffynnon ac Allor***

DIOLCH

Ma' nhw'n dod leni 'to,
fel arfer.
Dod i gwrdde diolchgarwch am y cynhaeaf
yn Salem, Sant Mair a Seion (B).
Digon i ddiolch amdanynt,
fel arfer.
Digon o bethe, 'ta p'un.
Tatws; y Cers Pinc wedi lico'u lle yn anghyffredin,
Ar y Waun Isa.
Swedj boch-goch a mangyls ('chydig sy'n tyfu'r rheini bellach).
Wrth eu teneuo y dysges i benglinio.
Moron; llafur; braidd yn gwta'i goes i'r combein.
Gwair; cynhafieth ardderchog, os oedd e'n llai.
Dyna un peth ddysges i, Arglwydd, rwyt ti yn gneud iawn am golledion.
Os yw'r gwair yn llai, mae'n well.
Os yw dyn yn colli'i olwg ma'i glyw yn feinach.
'A diolch byth, medd Seion, am yr Iawn'
Ac fe eiliwn ninnau gân gyda Seion.
A diolch fod 'Iawn' yn rhedeg fel edefyn aur trwy fywyd.
Ac wrth gwrs, rhaid cofio am y tywydd hau a medi,
Ac am gyfraniad a chyfoeth pob tymor yn ei dro.
Ond be fydde'r cwbl 'na heb iechyd?
Fel yr aeddfeda'r dail ar y coed
daw plwc o ddiolch blynyddol i galon
pechadur a sant.
Ac mae Salem, Sant Mair a Seion (B),
Chware teg iddynt, yn trefnu cyfle
i droi diolch ardal yn gorws o foliant i'r Rhoddwr daionus.

A chan fod diolch yn y gwynt
Fe eisteddais inne i lawr i wneud rhestr.
'Cyfrif ein bendithion' yw peth fel 'ny, mae'n debyg,
A heb os, ma' hi'n llesol i'w cyfrif, ar dro.
'Amlach ydynt na'r tywod,' medd llinell o emyn.
Dyw rheolwr y banc ddim wedi hala yr un llythyr bygythiol.

Ma'i inc coch e' yn y botel, pob dafn ohono.
Hynna'n rhyfeddod a rhyddhad!
Do fe ges inne,
Rai blynyddoedd dal-llygoden a'i byta hi.
Mae pethe llawer yn well, yn ariannol, does dim dwywaith.
Does dim rhaid edrych yn llygad pob ceiniog.
Fe allwn fforddio rhai moethau
A chodi pen a mynd am wyliau a hamddena.
Am fod pethe'n well.
Ond 'na fe, fedra inne na neb arall chwaith brynu iechyd.
Bydde Williams, Tŷ Pridd, a ddaeth i'r ardal i fwynhau ei bres llath
Wedi eu rhoi nhw i gyd am gael rhoi un goes o flaen y llall.
Rhodd yw iechyd, fel popeth pwysig mewn bywyd.
Rhywun yn eu rhoi yn ein dwylo.
Ac mae arna i ddyletswydd i ysgwyd llaw â chydnabod,
Ac i weud diolch cynnes wrth y Rhoddwr.
Bu'n hael a helaeth; bu'n dirion a da.
Af eleni i Seion, Sant Mair neu Salem (B)
I ddiolch, a diolch.
A chodi cap i'r Mishtir rhadlon.

'Na beth mawr yw gallu mynd a dod,
A chael dilyn y pethe a garwn.
Fe ges hwyl mewn noson lawen a chyngerdd.
Fyddwn ni ddim yn diolch digon am gal llond bol o wherthin,
'Na donic yw e'.
Ma'n help i ddyn 'daflu'i faich oddi ar ei war'
Ac mae unrhyw beth sy'n gwneud hynny yn rhan o'r 'Iechydwriaeth', siŵr o fod.
Fe ges wefr ac ysgytwad mewn oedfa.
A'r nefoedd sy'n gwybod ma' ise'n hysgwyd yn amal.
Diolch am bob cip ar y 'tir pell a'r Brenin yn ei degwch'.
Trwy ryfedd wyrth fe ges fy nghadw i weld
mai rhodd yw popeth:
pres; iechyd; cartref; teulu; car; addysg; priodas;
ie, a bywyd ei hun.
Ymddiriedolwr ydw i, clamp o air mawr, Arglwydd.
Ond os ydw i'n deall pethe'n iawn,

Ma' fe'n cynnwys rhywbeth mawr, hefyd
O'i ddeall bydd newid ynof fi.
Ma' gwahaniaeth rhwng bod yn denant a bod yn berchen, onid oes?
Fe ges fy sobri'n stond a distewi a mynd yn fud,
Wrth weld a chlywed am yr ergydion a gafodd ambell un.
Gall yr hen fyd 'ma fod yn greulon wrth rai.
Shwt ma' nhw'n dal, dwêd?
Cal eu dal ma' nhw, greda i, fel pawb ohonom.
Ond ma' gen i un weddi, falle ei bod hi'n un bersonol.
Rwyn 'sbecto y gall fod yn weddi i lawer y blynyddoedd hyn.
Mi fyddwn ni yn cofio o hyd am y rhai sy'n ddrwg eu byd.
Dyma fy ngweddi i, cofia'r rhai sy'n dda eu byd.
Rydw i'n gwybod fod mwy o beryglon cudd mewn gormod
nag sy' mewn rhy fach – perygl i fy enaid rwy'n ei feddwl.
Heddiw, O! Dad â'r llawnder yn lladd;
Heddiw, O! Dad â'r pres yn pydru;
Heddiw, O! Dad â'r moethau'n marweiddio;
Heddiw, O! Dad â'r digonedd yn difetha:
Gwared ni, cadw ni, rho i ni nabod y pethe a gwahaniaeth rhyngddynt
A throi tua Salem, Sant Mair a Seion (B),
A phlygu;
A chydnabod;
A diolch;
A throi oddi yno yn wylaidd,
A gostyngedig,
Am iddo lawio ar y cyfiawn a'r anghyfiawn,
Ar y rhai sy'n mynd i Salem, Sant Mair a Seion (B)
a'r rheiny sy'n myned o'r tu arall heibio.
Diolch fod gyda ni Arglwydd
Sy'n wahanol i'w denantiaid.

T. J. Davies, *Cip*

LLYFR NATUR A LLYFR GRAS

Rwyf newydd gychwyn ar y gwaith o bregethu yn y Cyfarfodydd Diolchgarwch blynyddol. Mi fydd yn anodd ichi gredu hyn, ond pan oeddwn yn weinidog yn y De, ychydig iawn o'r eglwysi yn y pentrefi a'r trefi diwydiannol oedd yn cynnal oedfa ddiolchgarwch arbennig yn yr wythnos. Ar y gorau, byddent yn neilltuo oedfa ar fore Sul, a digon diffwdan oedd hynny. Beth bynnag, mae'n naturiol fod byw mewn ardal amaethyddol yn esgor ar lawer mwy o deithio yn ystod y mis hwn, a byddaf yn edrych ymlaen at y cynulleidfaoedd da sydd yn dod ynghyd i oedfa o'r fath.

Gan fod y rhan fwyaf ohonoch â chysylltiad â'r tir, fydd hi ddim yn anodd ichi ddeall yr hyn sydd gennyf heddiw. Yn ôl John Calfin (*yr un y byddwn yn olrhain enw ein henwad iddo – Methodistiaid Calfinaidd*), mae Duw wedi ysgrifennu dau lyfr, natur a gras. Y byd a greodd yw'r naill, y Beibl yw'r llall. Mae'r ddau lyfr yn ein dysgu am Dduw, yn ein dysgu am Iesu, yr un y mae'r byd wedi ei lunio drwyddo, y byd wedi ei lunio er ei fwyn, y byd yn cael ei gynnal ganddo. Gallwch ddysgu pethau am Dduw yn Llyfr Natur na fyddwch yn ei ddysgu yn y Beibl. Mae'r greadigaeth yn ein dysgu am fawredd Duw yn ei waith, ymhob manylyn y mae gwyddonwyr yn ei ddarganfod o'r newydd. Mae'r darganfyddiadau diweddar er enghraifft am natur hanfod ein bodolaeth – DNA, yn gogoneddu ein Crëwr, yn gogoneddu Iesu am waith nad oeddem yn gwybod dim amdano o'r blaen. Mae llyfr natur yn ein dysgu am ein cyfrifoldeb fel stiwardiaid, i ddefnyddio'r greadigaeth, ond i beidio â'i cham-ddefnyddio. Mae hyn yn cyffwrdd â'n cyfrifoldeb gyda golwg ar bynciau fel arbed ynni, ail-gylchu, pethau y dylai Cristnogion fod yn flaengar yn eu hybu. Rydym wedi gweld, ac yn parhau i weld effaith cam-ddefnyddio adnoddau'r ddaear, y pethau mae Duw wedi eu rhoi er ein mwyn, ond sydd bellach yn cael eu hegsploetio.

Ar yr un pryd, mae yna bethau na all y llyfr yma mo'u dysgu i ni. Mae natur yn dysgu am lygredigaeth, am ddrain a mieri, ond nid yw'n ein dysgu pam fod y pethau hyn yn bodoli. Nid yw chwaith yn dangos yn eglur fod y pethau hyn yn ein calonnau ni. Rhaid darganfod hyn yn y Beibl, ac yno, cewch glywed am y clwy' a'r moddion. Dau lyfr i'w darllen, dau lyfr i'n dysgu, y naill yn dangos mawredd Duw yn y creu a llygredigaeth y ddaear wedi'r cwymp, a'r llall yn dangos mawredd Duw, llygredigaeth dyn a ffordd iachawdwriaeth.

Meirion Morris, ***Adnabod***

DIOLCHGARWCH

Yn ystod yr wythnos neu ddwy nesaf mi fydd y cyfarfodydd 'Diolchgarwch' yn digwydd gymaint fyth hyd y lle ma. Mae'n siŵr nad yw'n anodd deall pam fod angen diolch, yn wir, mae'n un o'r pethau hawddaf i'w ddeall o fewn ein ffydd. Mae Duw yn Greawdwr ac yn Gynhaliwr, a dywed Paul, er y diwrnod y creodd Duw y byd, mae wedi gadael digon o dystiolaeth i'w allu a'i fawredd yn y pethau a greodd i'n gadael ni'n ddi-esgus o ran credu ynddo. Ond mae'r apostol yn mynd ymlaen i nodi fod dynion yn ddall i hyn hyd yn oed. Mae'n crynhoi fod pobl wedi addoli'r hyn a wnaeth Duw yn fwy na Duw ei hunan, gan arddangos y pellter sydd rhyngddynt.

Ond Paul, onid yw pawb yn diolch? Nac ydynt, meddai hwn, er efallai eu bod mewn rhyw ffordd fel Cain yn Genesis 4. Roedd offrwm hwn yn annerbyniol am ei fod wedi nesáu, nid fel un oedd yn ymddiried yng ngofal Duw, nid fel un â ffydd ganddo, ond o arfer a dyletswydd. Mae arfer a dyletswydd yn gallu bod yn gynorthwyon mawr i'r saint, ond gallant fod yn rhwystr i'r rhai sydd heb adnabod Iesu. Pam? Oherwydd gall pobl fodloni ar yr allanol, bodloni ar arfer a dyletswydd, heb ddod â Duw i mewn i'w bywydau eu hunain ac i mewn i'w diolchgarwch a'u haddoliad. Os yw Duw yn y canol, mae Iesu yn y canol, ac os yw Iesu yn y canol mae ein bywydau i gyd yn ddiolch, yn addoliad, yn offrwm iddo Ef.

Rwy'n cofio un o'm chwiorydd unwaith yn diolch i mam am rywbeth nad oedd yn fy ngolwg i yn arbennig. Roeddwn yn cael anhawster i ddeall y fath frwdfrydedd ar gyfrif rhodd ddigon cyffredin, a dim ond yn awr y byddaf yn edrych yn ôl a meddwl am y peth. Y rhoddwr oedd yn arbennig, a dyna oedd testun y diolch pennaf. Felly y mae hi yn hanes y saint. Amser gwynfyd ac amser adfyd, y Rhoddwr sy'n arbennig; dim ond cadarnhau hynny wna'r rhoddion. Gweddïwn am ras i gyrraedd y tu hwnt i arferiad a disgyblaeth ac i adnabod llaw Duw ac wyneb Iesu ym mhob peth a gawn.

Meirion Morris, ***Adnabod***

DIOLCHGARWCH

Yn ardaloedd Gwynedd yn arbennig, y mae hir draddodiad o neilltuo'r trydydd Llun yn Hydref yn unswydd ar gyfer diolch. Y dydd hwnnw bydd nifer mawr o ysgolion, siopau a dosbarthiadau nos yn cau, eglwysi a chapeli'r broydd yn agor, a'r addoldai'n treulio'r diwrnod yn canu, darllen, pregethu, gweddïo – ac yn bennaf oll, diolch: yn diolch am y cynhaeaf.

Wrth gwrs, y mae'n bosibl i ni lefaru neu ganu'r gair 'diolch' yn hollol ddifeddwl, a thybio bod popeth yn iawn ond gwneud felly. Fe glywais stori am Ifan a Dafydd gan Tomi Roberts ddengwaith drosodd; dau ffarmwr oedd yn byw am y terfyn â'i gilydd. Dafydd yn ddigon di-sut, ac Ifan y caredica'i galon. Y canlyniad oedd bod Dafydd ar ofyn Ifan beunydd barhaus, ac am bob ffafr a gâi, yr unig beth ddôi yn ôl i'r cymwynaswr fyddai: 'Diolch Ifan.' yn wir, roedd treulio ambell bnawn i helpu Dafydd yn medru bod yn ddigon costus i Ifan, eto'r cwbwl a gâi am ei drafferth fyddai: 'Diolch i ti Ifan.'

Un tro, â Dafydd wedi cael benthyg y drol a'r ceffyl, fe ddrylliwyd un o'r strapiau'n golledus, ac wrth ddychwelyd anifail ac offer yn waeth eu cyflwr, doedd gan Dafydd ddim byd mwy i'w ddweud, hyd yn oed ar adeg felly, ond: 'Diolch Ifan.'

Y diwetydd hwnnw, fodd bynnag, teimlodd yr Ifan caredig ei galon y dylai ddweud rhywbeth: 'Jest cyn iti fynd, Dafydd,' meddai, 'aros funud bach, wnei di? Imi gael hyd i hwn...' Yn chwilfrydig, gwyliodd Dafydd ei gymydog yn tynnu o ddwfn ei boced flwch matsus, ac yn ei agor gan bwyll. Blwch matsus gwag. 'Mi ro i hwnna yn y blwch matsus yma, weldi, Dafydd.' A chan estyn gyda'i fys a'i fawd, dyma Ifan yn tynnu pinsied o ddim byd allan o'r awyr, a'i roi yn ofalus, ofalus i mewn yn y blwch. A chau arno. Yna, gwthio'r blwch yn fwriadus i boced ei wasgod.

Roedd Dafydd yn craffu mewn dryswch ar beth mor ryfedd i'w wneud, ac o'r diwedd, meddai wrth ei gymydog: 'Ond Ifan, does gen ti ddim byd yn y blwch yna!' 'Nac oes,' atebodd Ifan, 'yn y blwch yna y bydda i'n cadw pob un diolch yr wyt ti wedi'i roi i mi, weldi.'

Fe ellir dweud bod Ifan, ar un llaw, wedi bwrw ergyd go galed, ond ar y llaw arall, yr oedd Dafydd yntau, gyda'i ddiolch gwag, wedi bod yn hir ar fai yn godro cymydog oedd yn rhy barod ei gymwynas. Er y gall diolch fod yn ddim byd ond ffars, yn ddim oll ond sŵn, eto, y math arall o ddiolch sy'n werth teyrnas.

Robin Williams, *Cracio'r Concrit*

DIOLCHGARWCH

Un peth diddorol yn y Beibl ydi bod Iesu Grist yn falch o glywed pobol yn diolch – yn diolch o ddifri, felly. Mae'n ymddangos ei fod yn disgwyl cymaint â hynny o leiaf oddi wrth ddynion. O'r deg gwahanglwyfus a gafodd iachâd, gyda dim ond un yn trafferthu dod yn ôl i werthfawrogi, cwestiwn yr Iesu oedd: 'Oni lanhawyd y deg? Ond pa le mae y naw? Ni chaed a ddychwelodd i roi gogoniant i Dduw ond yr estron hwn.'

Wrth ddisgrifio'r 'estron' hwnnw, y mae Luc yn ychwanegu'r frawddeg, *A Samariad oedd efe,* sy'n hergwd bellach i ddynion a ddylai wybod yn amgenach, a dangos mymryn o werthfawrogiad. Sut ŵr oedd y Samariad diolchgar hwn? *A phan welodd ddarfod ei iacháu...* Fe *welodd* rywbeth yn y weithred, a'r hyn a welodd, gredaf i, oedd trugaredd. Nid trugareddau, sylwer, ond trugaredd.

Ar ei drugareddau yr ydym oll yn byw. Dyna un byrdwn hapus a genir ar yr Ŵyl Ddiolchgarwch. Ac y mae trugareddau'r Arglwydd yn fawr. Eto, mae trugaredd yr Arglwydd yn anfeidrol fwy. Nid rhyw gardod cil-dwrn a gafodd y Samariad truan gan yr Iesu; nid rhyw ffafr frysiog, ffwrdd â hi wrth basio, ond trugaredd anfesurol ei bendith.

O ystyried, yr oedd y gwahangleifion hyn yn fath o wehilion, eu clefyd yn beth heintus, ac o'r herwydd doedd wiw iddyn nhw ddod ar gyfyl pobl iach y dref a'r pentref. O ganlyniad, mi fyddai'r rhain yn blin symud yn griw dirmygedig a thruan eu cyflwr hyd gyrion pellaf dinas a thref. Mae'n bosib fod cynghorwyr y ddinas wedi bod yn pwyllgora yng nghylch y rhain – o bell, felly. Efallai bod offeiriaid y Deml wedi bod yn gweddïo drostyn nhw – o hyd braich, hwyrach. Ond pan aeth Iesu o Nasareth heibio, fe ddaeth Rhywun oedd yn malio, ac yn fwy na dim na neb arall, roedd gan hwn drugaredd.

Pan welodd y Samariad y drugaredd gwbwl anhygoel honno, 'efe a ddychwelodd' meddai'r adnod. Mewn geiriau eraill, fe drodd yn ei ôl. A throi dyn yn ôl a wna diolch bob amser. Onid oes yna bethau y talai i ni droi yn ôl atyn nhw, a diolch o newydd heddiw am i ni eu cael nhw erioed? Cofio eto ryw fendithion hynod garedig a gafwyd yng nghwrs ein blynyddoedd; pethau fel magwraeth a gwarchodaeth dda; rhieni a chymdogion ffeind; rhyw air bach o galondid a gafwyd, a ninnau'n ofnadwy o unig a digalon; y dyrnaid hynny o ffrindiau sydd yn aros yr un, ac yn driw ym mhob tywydd... mae hi'n werth dychwelyd, fel y Samariad, at y ffynnon lle tarddodd bendithion fel yna; mynd yn ôl i gofio eto'r pethau grasol. A diolch. Diolch wrth gartre'r Fendith Fawr.

Robin Williams, *Cracio'r Concrit*

A NINNAU HEB EIN HACHUB

Yn nhymor yr hydref byddai ysgrifennydd capel Soar, Pant-y-buarth yn sir y Fflint, yn codi ar ei draed ar ddiwedd oedfa i drefnu dyddiad y Cwrdd Diolchgarwch. Tynnai ei flwyddiadur o boced ei wasgod, i weld pryd roedd y lleuad yn llawn. Ar y noson benodedig, a'r lleuad yn goleuo'r llwybr, byddai ffermwyr y fro'n canu'n lysti gyda'u teuluoedd:

> Ar ei drugareddau yr ydym oll yn byw,
> gan hynny, dewch a llawenhewch,
> can's da yw Duw.

Cwrdd diolchgarwch 'am y cynhaeaf', sylwer dyna'r traddodiad. Diolch am y gwair yn yr ydlan, y grawn yn y sgubor, y cladd tatws yn yr ardd, a hob y deri dan do'r gegin. A 'fyddwn i ddim am y byd yn gwarafun i'r hen werinwyr y cyfle i ddiolch am eu bendithion tymhorol prin. Onid oedd eich Arglwydd chi a minnau wedi cynnwys cymal yn gofyn am fara beunyddiol yn ei weddi batrymol?

Er hynny, dylai Cwrdd Diolchgarwch ein codi i wastad uwch na gwastad bendithion tymhorol yn unig. Oni ddylai fod yn gyfle inni gymryd stoc o gynhaeaf ein heneidiau? Beth pe bai'n hysguboriau'n llawn ŷd, yn barod i'w ddyrnu a'i falu a'i bobi, ac ysguboriau'r enaid yn llwm?

Dyna'r union sefyllfa oedd yn rhythu ar Jeremeia gynt, pan alwodd sylw ei genedl at ei chyflwr ysbrydol:

'Aeth y cynhaeaf heibio, darfu'r haf
a ninnau heb ein hachub' (Jer. 8: 20).

Roedd hi'n hydref ar genedl Israel – fel y mae'n hydref ar Gymru – ac yn amser i gymryd stoc. Roedd cnydau'r maes yn ddiddos mewn ysgubor, a Duw wedi afradloni ei fendithion ar y genedl, ond atolwg, faint o ddwyn ffrwyth oedd wedi digwydd yn hanes enaid y genedl?

Y gwir amdani oedd bod Jeremeia'n pryderu am ei bobl:

'Oherwydd briw merch fy mhobl yr wyf finnau wedi fy mrifo,
wedi galaru, ac wedi fy nal gan syndod' (Jer. 8: 21).

Diolch i Dduw, gwyddom ninnau am bobl felly yng Nghymru: mae dolur cenedl yn ddolur iddyn nhw; iaith yn marw yn golygu bod darn ohonyn nhw'n marw; eglwys yn edwino'n peri loes iddyn nhw. Mae pobl sy'n poeni am yr hyn sydd yn digwydd i'n cenedl yn halen y ddaear.

Cofiwch chi, roedd adegau pan oedd adfyd ei genedl yn gallu mynd yn dreth ar Jeremeia, gan beri iddo deimlo fel mynd o'r neilltu:

'O na byddai gennyf yn yr anialwch lety fforddolion!
Gadawn fy mhobl, a mynd i ffwrdd oddi wrthynt' (Jer. 9: 2).

Yr hyn oedd yn gwasgu ar y proffwyd oedd y ffaith fod Israel yn troi cefn ar Dduw, heb falio am ei chynhaeaf ysbrydol. Roedd Duw wedi mynd yn ddiarth i'w bobl: "Nid ydynt yn fy adnabod i', medd yr Arglwydd' (Jer. 9: 3).

'Y mae'r crëyr yn yr awyr yn adnabod ei dymor;
y durtur a'r wennol a'r fronfraith yn cadw amser eu dyfod;
ond nid yw fy mhobl yn gwybod trefn yr Arglwydd' (Jer 8: 7).

Mor rhwydd yw beio'r 'bobl', ond mae Jeremeia'n pwyntio bys cyhuddgar i gyfeiriad yr offeiriad a'r proffwyd hefyd:

'Dim ond yn arwynebol y maent wedi iacháu briw merch fy mhobl,
gan ddweud, 'Heddwch! heddwch!' – ac nid oes heddwch' (Jer. 8: 11).

Gwyddai Jeremeia mai edifeirwch radical yn unig a fedrai dywys ei bobl yn ôl at eu Duw:

'Os cwympant, oni chyfodant? Os try un ymaith, oni ddychwel?' (Jer. 8: 4).

Onid edifeirwch felly a ddaw â Chymru at ei choed? Soniodd Gwenallt am 'lyn sachlennaidd, a'i ddyfroedd o ddifrif, a'i lannau yn wyn gan halen'. Dyma lyn edifeirwch, sy'n ein haros i fwrw ein hunain iddo:

Ac yna, ni a gerddwn gyda'n gilydd i'r Swper santaidd,
a gofyn ar ein gliniau cyn cymryd y gwin a'r bara,
'Iesu, Fab Dafydd, trugarha wrthym!'

Maurice Loader, *Bwrw dy Fara*

YR ŴYL DDIOLCH

Pan ddaw'r Hydref unwaith eto bydd yr Ŵyl Ddiolchgarwch yn cerdded yr ardaloedd. Ond fel yr Hen Goleg, 'dydy'r Dydd Diolch ddim fel y buo fo amser maith yn ôl. Pan oeddem ni'n blant, yr oedd y Diolchgarwch yn beth trwm gan awyrgylch; am un diwrnod cyfan yr oedd pawb a phopeth yn wahanol i'r arfer.

Yn un peth, dydd Gŵyl oedd o: gŵyl o'r ysgol i'r plant a gŵyl o'r gwaith i'r llafurwyr. A dydd *Llun* oedd o. Ninnau'n gwisgo 'siwt *Sul*'; yn y cyfnod hwnnw nid prynu 'siwt orau' a wnâi mam inni, ond 'siwt *Sul*' bob amser. Yr oedd o'n taro'n od gwisgo siwt Sul ar ddydd Llun.

Yn ogystal â bod yn ddydd Gŵyl yr oedd y Diolchgarwch yn ddydd Teulu hefyd. Roedd pawb ohonom ni gartref o bob crwydro; roeddem ni'n mynd yn deulu tua'r capel, a dod adre'n deulu at y bwrdd.

Ar ben y cyfan yr oedd o'n ddydd Talu. Rhaid bod y casgliad yn sbesial, achos mi fyddai nhad yn rhoi punnoedd ar y dresal – ac yr oedd punnoedd yn bethau prin bryd hynny. Er na chlywais i neb yn dweud y peth, eto yr oedd awyrgylch offrymu ac aberthu yn helaeth ar yr aelwyd y dydd hwnnw.

Wedyn, yn yr awyr y tu allan yr oedd naws hydref yn cyffwrdd pob cynneddf. Roeddech chi'n teimlo bod yr Hen Fam Natur, ar ôl bod wrthi yn rhoi am fisoedd, bellach wedi blino'n lân. Ar y ffordd i gyfarfod y bore yr oedd aroglau gan y gwlith ar lwybr y parc, a dail crin a mes yn clecian o dan draed. Wedi cwrdd y pnawn yr oedd rhyw dawelwch arallaidd yn lapio am yr ardal, ac wrth fynd i oedfa'r nos yr oedd ias bendant yn y diwetydd.

Ac mi fyddai'r capel yn llawn. Mi fyddai mwy yn y capel ar y dydd Llun hwnnw nag a oedd yn ystod y Sul oedd newydd basio. Mi fyddai pawb yno – rhai na welech chi mohonyn nhw ond un waith y flwyddyn. Chwarae teg iddyn nhw. Roedd rhai yn llesg iawn o gorff a gwantan eu hiechyd – mi fydden hwythau wedi gwneud ymdrech galed o gerdded hir i drio cael un cwrdd ar yr Ŵyl Ddiolch.

Robin Williams, *Esgyrn Eira*

CADW GŴYL

Ein Tad

Mae tymor y Diolchgarwch yn ein hatgoffa am ofal ffyddlon ein Tad Nefol. Cofiwn nad Rhagluniaeth na Natur yw Duw, ond Tad. Ac mae gan y Tad ddiddordeb arbennig yn ei greadigaeth a chariad arbennig at ei bobl, serch iddynt ei anghofio a'i ddiystyru'n aml. Rydym wedi gweddïo lawer gwaith, 'Ein Tad... dyro inni heddiw ein bara beunyddiol'; ac o'i drugaredd, y mae ef wedi'n hateb yn hael.

Y mae Duw, mewn rhyw ystyr, yn Dad i bawb, gan iddo'n creu ni oll. Ond y mae'n Dad i'r crediniwr mewn ffordd arbennig. Mae'r Cristion yn 'blentyn i Dduw', yn ystyr y Testament Newydd i'r ymadrodd hwnnw, 'trwy ffydd yn Iesu Grist' (Gal. 3: 26, BCN). Trwy'r ffydd hon, gallwn ddweud 'Ein Tad' gydag ystyr newydd, a gwelwn fod gennym frodyr a chwiorydd yn y gwahanol enwadau Cristnogol. Y ffydd hon yng Nghrist sydd yn ein dwyn at ein gilydd; ac mewn gwirionedd, dyma yw sail gwir undeb Cristnogol. Mae'n ddiddorol sylwi fod dwy ffurf i Weddi'r Arglwydd yn yr Efengylau. Mae'r naill yn dechrau gyda'r geiriau 'Ein Tad' (Math. 6: 9) a'r llall gyda'r gair 'Dad' yn unig (Luc 11: 2). Ystyr 'Dad' yn y gwreiddiol yn y fan yma yw 'Tada' (neu *Daddy* yn Saesneg). Cyfarchiad plentyn ydyw: mae'r crediniwr mor agos at ei Dad Nefol fel y gall ei gyfarch fel 'Tada'. Darlun geir yma o'r plentyn bach sy'n dringo ar lin ei dad gan fynnu ei sylw a dweud wrtho, 'Tada, rwyf eisiau dweud rhywbeth wrthyt'. Ac mae'n mynd ati i sibrwd yn ei glust. Dyma'r berthynas y mae Duw am i ni ei chael ag ef. A dyma'r math o weddi y bydd Duw yn ei hateb.

John Havard Vevar, *Rhaffau'r Addewidion*

DAU DDIWRNOD

Dydd Gwener – Mathew 18: 21–35

Er i mi dderbyn cymaint gennyt, rhaid i mi gydnabod mai camddefnyddio dy roddion a wneuthum. Yr wyf yn gwbwl ddibynnol ar dy barodrwydd i faddau. Yr wyt Ti trwy gydol hanes dy berthynas â dyn wedi profi dy barodrwydd i faddau dro ar ôl tro. Ond ni ddylem gymryd dy faddeuant Di yn ganiataol, na chredu fod gennym unrhyw hawl iddo. Yn dy ras yr wyt Ti'n estyn dy faddeuant i ddyn, ar yr amod ei fod yntau'n ddigon gwylaidd i'w dderbyn. Yn aml bydd ein balchder yn ein hatal rhag edifarhau a cheisio dy faddeuant.

Os wyf yn disgwyl i Ti faddau fy mhechodau i, yna dylwn innau ymddwyn yn yr un modd tuag at fy nghyd-ddynion. Ond yn aml byddaf yn galed ac yn annhosturiol wrth y rhai sy'n troseddu i'm herbyn. Dysg i mi dderbyn o'th faddeuant yn ostyngedig ac ymddwyn yn rasol tuag at eraill. Fel y derbyniais i oddi wrthyt Ti, felly y dylwn innau roi i eraill.

Dydd Sul – Thesaloniaid 5: 12–28
Wel dyma fi wedi cyrraedd Sul y Diolchgarwch, yn ymwybodol fod gennyf lawer iawn o bethau i ddiolch amdanynt, nad wyf eto wedi eu crybwyll. Cyngor yr Apostol Paul i'r Thesaloniaid oedd iddynt ddiolch am bopeth. Felly y plygaf innau ger dy fron ar y Sul arbennig hwn, yn ymwybodol fy mod yn wrthrych annheilwng i'th gariad, ac eto'n ymwybodol i mi dderbyn trwy gydol fy mywyd arwyddion cyson o'r cariad hwnnw.

Wrth i mi dy addoli Di fel hyn yr wyf yn ymwybodol nad yw gwerthfawrogiad geiriol yn ddigonol. Mae'n rhaid i mi ymroi o'r newydd i'th wasanaethu Di, a gweithredu'n ymarferol yn dy enw. Maddau i mi fy methiant yn y gorffennol ac arwain fi i gyflawni dy waith Di â gwefr ac argyhoeddiad i'r dyfodol. Fel y dywed Thomas Rees yn ei emyn:

O! Arglwydd, dyro inni ras
I'th ffyddlon wasanaethu;
A thrwy dy roddion hael o hyd
I'th hyfryd ogoneddu.

Nid grym mecanyddol, oer, diarweiniad, sydd ar waith yng ngweithgareddau natur, ond llaw ryfeddol y Duw byw. Ef yw Meistr grymusterau amhersonol natur, ac Ef, hefyd, yw Meistr calon dyn. Mae hyd yn oed weithrediadau pobl ddrwg yn gwasanaethu dibenion rhagluniaethol Duw.

Rhodri Glyn Thomas, *Diolchgarwch*

O! NA BYDDAI'N HAF O HYD!

Gweld yr hydref wrth y drws a ddaeth â'r wers i mi. Sylwi ben bore ar y llechi gleision o flaen y tŷ yn wlybion, gyda sgrympiau'r noson cynt wedi cipio dail y drain duon oddi ar y cangau a'u lluchio'n fflat ar eu pedwar i lynu'n sownd yn lleithder y llechi; y pethau bach oedd mor wyrddlas fis yn ôl, erbyn heddiw'n gelain felynddu yn y glaw.

Ni byddai'r haf wedi caniatáu peth o'r fath o gwbl; ni byddai'r haf wedi gwlychu'r llechfaen i ddechrau, heb ei sychu'n gynnes lân at y bore. Yn siŵr ddigon, ni byddai'r haf yn beiddio tynnu'r un ddeilen o'r berth, a'i gadael fel hyn yn noethlymun, oer.

O! na byddai'n haf o hyd! Nid oeddwn un mymryn haws â chanu'r gân. Ofer ei gweddïo hefyd. Onid oedd yr haf wedi mynd yn derfynol, yr hydref wedi cyrraedd, a'r gaeaf ar ei ffordd? Piti mawr. Ond dyna fo, byd o dymhorau yw hwn, byd y newid cyson, ac y mae'n rhaid derbyn hynny, gwingo yn erbyn y symbylau neu beidio.

Tybed nad oes gan y berllan ei neges wrth hydrefu? Ar y canghennau fe welir ffrwyth, ffrwyth sydd wedi hongian ar y brigau ers misoedd lawer. Y mae'r ffrwythau hynny wedi byw trwy dro'r tymhorau, wedi gweld oerni a gwres, wedi teimlo barrug a haul, wedi profi cawod genllysg a manwlith y nos, wedi dal awel feddal a hyrddwynt drycin. O ryw flinder neu'i gilydd fe gwympodd rhai yn dalpiau oddi ar y pren i bydru ar lawr y berllan. Ond trwy'r cyfan amrywiol y mae yna ffrwyth sydd wedi aros ar y gangen, ac wrth aros yno gan bwyll o'r naill ddydd i'r llall, wedi llenwi a melysu ar gyfer awr lanw'r tymor – awr aeddfedrwydd hydref. Ni waeth beth fo'r newid yn y tymhorau, peth sy'n perthyn i bwylldra maith iawn, iawn yw pob aeddfedu.

Robin Williams, *Lliw Haul*

HER Y CYNHAEAF

DIOLCHGARWCH

Mae pawb yn poeni. A hynny'n naturiol ddigon gan fod pethau'n edrych cynddrwg. Wrth agor ein papur newydd bob bore cawn ragor o newyddion drwg. Mae'r newyddion yn newyddion drwg i gyd, ar wahân i ryw bwt gwirion ar y diwedd sydd ond wir yn tanlinellu cynddrwg oedd yr eitemau blaenorol.

Gwleidyddion, gwyddonwyr, gweinidogion, athrawon, nofelwyr, beirdd, dramodwyr a chantorion – does neb yn hyderus am y dyfodol. Beth bynnag fo'r pwnc – y genedl, yr eglwys, yr economi, yr amgylchedd – mae pawb rywsut o'r farn fod pethau'n mynd yn waeth, nid yn well. **Mae'r greadigaeth i gyd yn ochneidio**, i fenthyg geiriau Paul. Mae'r efrau yn tagu'r ŷd.

I fi a chi a'n tebyg, sydd yn credu yn Nuw, rydym yn ei chael hi'n anodd egluro pam fod pethau cynddrwg ag y maent. Mae rhai Cristnogion yn arswydo rhag diwedd y byd, ac eraill yn edrych ymlaen yn eiddgar ato. A phob un ohonom yn gorfod ymgodymu â byd a bywyd sydd llawer mwy brwnt ac anniben nag yr hoffem iddo fod.

Er bod y manylion wedi newid ers y cyfnod pan ysgrifennwyd y Beibl, mae'r dilema yn ei hanfod yn aros yr un fath. Beth ddylen ni ei wneud am yr annibendod 'ma? Beth allwn ni wneud? Pam ydyn ni yn y cawl yma yn y lle cyntaf? Ydi Duw wir wrth y llyw, ac os yw'r cyfan yn ei law, pam nad yw'r byd, ein gwlad a'n cymdeithas leol ni yn fôr o ŷd, heb efrau i'w gweld yn unlle? Oni ddylai'r eglwys, o leiaf, fod yn gae bychan twt yn llawn o'r ŷd gorau?

Mae Iesu yn ateb y cwestiynau a'u tebyg gyda dameg. Liw nos, tra bod pawb yn cysgu, daeth gelyn a hau efrau ymysg yr ŷd. Hau *Lolium tremulentum* i fod yn fanwl gywir. Hen chwyn cryf, cyfrwys – yn edrych yn hynod o debyg i ŷd go iawn wrth iddo dyfu – gyda hadau gwenwynig a gwreiddiau fel cortyn nylon yn mynd yn ddwfn ac i bob cyfeiriad. Os na wahenir yr efrau o'r ŷd adeg y cynhaeaf, bydd hadau'r efrau yn cael eu malu i mewn i'r blawd a bydd eich torth o fara yn rhoi poen bol difrifol i chi.

Mae chwyn yn ffaith mewn bywyd, nid yn unig yn ein gerddi, ond, hefyd, yn ein bywydau. Gallwn gydymdeimlo â'r gweision yn y ddameg yn holi: **Wyt ti am i ni fynd a chasglu'r efrau?** Dyna sydd yn gwneud synnwyr go iawn, bwrw iddi i dynnu'r chwyn o'r cae. Rydyn ni wedi gweld digon o hynny: yr Holocaust, Bosnia, Gogledd Iwerddon, y Dwyrain Canol a chant a mil o lefydd eraill lle mae pobl yn brysur yn clirio'r caeau o'r chwyn gyda gwn, bom a thân. Maen nhw'n gwneud yr union beth roedd y gweision hyn am ei wneud, ond maen nhw'n gwneud y pethau hyn heb hawl, gan fod y Bos wedi dweud *'Na!'*

Owain Llyr Evans, *O'r Tŷ i'r tŷ*

YR HEUWR A'I HAD

Pwy yw'r heuwr yn y ddameg? Mae'n siŵr o gyfeirio'n gyntaf at Iesu ei hun. Ef yn anad neb sydd wedi dod â Gair Duw inni. Yn wir Ef yw'r Gair a wnaethpwyd yn gnawd ac a ddaeth i drigo yn ein plith. Dyma ddarlun nodweddiadol o ostyngedig o Fab y Dyn. Gallai ei ddisgrifio'i hun fel Brenin bob tro, ond o bryd i'w gilydd mae'n dewis person gweddol gyffredin fel yr heuwr. Mae hyn yn esiampl bwysig i ni, i fod yn barod i'n hadnabod ein hunain fel gweision gostyngedig, yn hytrach na chael breuddwydion rhy fawreddog am ein hunain. Hefyd, mae'n ddarlun o unrhyw un sydd yn rhannu Gair Duw â rhywun arall.

Yr had yw 'gair y deyrnas'. Dyma'r neges: fod lle yn nheyrnas Dduw i bawb ohonom; bod Crist wedi dod i'r byd i ddod â'r deyrnas yn agos, o fewn ein cyrraedd. Gallwn ni brofi bywyd Duw yn ein bywydau ni, gallwn brofi cymdeithas agos â Duw trwy Iesu Grist. Daeth i sicrhau maddeuant trwy ei waith fel Gwaredwr, fel Oen Duw. Dangosodd ei arwyddion gwyrthiol fod nerth Duw ar waith er iachawdwriaeth dyn. Beth bynnag fo ymateb pobl iddo, does dim o'i le ar had y Gair. Mae hynny'n wirionedd pwysig i'w gofio heddiw rhag i ni golli hyder yn ein Hefengyl ogoneddus.

John Treharne, *Geiriau Ffydd*

PWRPAS YR HEUWR

Pwrpas Duw yn yr Efengyl yw rhoi bywyd helaeth i bechadur. Bydd y bywyd yma'n peri tyfiant yn ei gymeriad ac yn ei enaid trwy iddo gyffesu ei bechod, edifarhau a throi mewn ffydd at Iesu Grist. Wrth fod mewn perthynas agos â'r Wir Winwydden, bydd yn sugno maeth i'w galon ac yn ffrwytho. O ganlyniad, daw ei fywyd yn fywyd ffrwythlon ar y ddaear. Bydd yn cynhyrchu ffrwythau tebyg i'r rhai a restrir yn Galatiaid 5: 22. **'Ond ffrwyth yr Ysbryd yw cariad, llawenydd, addfwynder, hunanddisgyblaeth.'**

'Gwna ni'n iraidd fel y glaswellt,
o dan faethlon wlith y nen;
gwna ni'n ffrwythlon fel y gwinwydd,
prydferth fel y lili wen,
er gogoniant byth i'th enw annwyl di'. *(Myfyr Emlyn)*

John Treharne, *Geiriau Ffydd*

YR ALLWEDD

Yr hyn sy'n allweddol i lwyddiant yr had yw cyflwr y pridd. Lle mae'r pridd yn galed, yn garegog neu'n gymysg â chwyn, dyw'r tyfiant ddim yn effeithiol. Lle mae'r pridd yn ddwfn ac yn glir, mae'r had yn gafael ac yn dwyn ffrwyth. Mae'n amlwg fod Iesu yn bwriadu i'r pridd gyfeirio at gyflwr ein calonnau. Os yw'r galon yn agored i'r Efengyl wreiddio, bydd yn siŵr o dyfu a blodeuo'n dda. Os yw'n calon yn rhoi blaenoriaeth i Dduw ac i'w deyrnas, byddwn yn medi ffrwyth lluosog yn ein bywydau.

John Treharne, *Geiriau Ffydd*

I MI Y GWNAETHOCH

Yr ydym i garu a gwasanaethu eraill oherwydd fod Crist ei hun yn ein cyfarfod yn ein brawd. Fe all tosturi dynol naturiol fod yn gymhelliad dros estyn cymorth i'r anghenus, neu hyd yn oed awydd i ddangos ein hunain. Digon cymysg yw llawer o'r cymhellion y tu ôl i'n gweithredoedd da. Ond yr hyn sy'n gwneud gwasanaeth Cristnogol yn wahanol yn ei hanfod i ddyngarwch hiwmanistaidd yw'r ymwybyddiaeth ein bod, wrth wasanaethu'n gilydd, yn gwasanaethu Iesu Grist.

Elfed ap Nefydd Roberts, *Yn Ôl y Dydd*

EMYNAU A CHANEUON CREADIGAETH DUW

Mae'r emynau hyn i gyd yn dod o *Caneuon Ffydd*

Rhif yr Emyn	**Geiriau**
93	Arglwydd mawr y nef a'r ddaear
100	Ti sy'n llywio rhod yr amser
101	Arglwydd mawr y cyfrinachau
103	Ti, Arglwydd, a greodd y bydoedd
104	Am brydferthwch daear lawr
109	Ti Deyrn y bydysawd, arlunydd y wawr
111	Ti Greawdwr mawr y nefoedd
117	Datganaf dy glod, O Arglwydd fy Nuw
119	Duw'n darpar o hyd at raid dynol-ryw
123	Glendid maith y cread, syndod ei ddieithrwch
128	Am heulwen glir ac awel fwyn
130	Pob peth, ymhell ac agos
131	Tydi a roddaist liw i'r wawr
133	Pa fodd y traethwn ei ogoniant ef
134	Popeth a wnaeth ein Duw a'n Rhi
137	O Arglwydd Dduw, sy'n dal colofnau'r cread

Diolchgarwch, Euros W. Jones (gol.)

Tôn: Aelybryn, Rhiannon Davies

I Ti, Greawdwr maes a dôl,
Cyd-ddathlwn fawl a chlod,
I ddiolch am fod rhin ein Duw
Yn rhan o'n byw a'n bod.

Er meithrin cnwd o foelni'r maes
A hydref hael ei stôr,
Mae holl drysorau'r foel a'r cwm
Yng nghlwm wrth wyrthiau'r Iôr.

Tydi, trwy wyllt gyfnodau'r hil
Fu'n llunio tes a gwynt;
Gwêl ninnau'r awron yn dy lys
Ar orfoleddus hynt.

Fendithiwr byd, O! maddau'n awr
Annelwig ffyrdd ein ffydd;
Ac arnom oll doed gwawl dy ras
A ias y trydydd dydd.

Eirwyn George, Llandudoch

Tôn: Cymorth, Mandy Williams

O! maddau i ni, Dad pob llwyth,
Am fod mor fyddar cyd,
Heb ddewis gwrando cwyn dy blant
O warth y trydydd byd.

At fyrddau ein neithiorau bras
Daw llef eu cythlwng hwy,
Meddala'n calon fel na wnawn
Eu diystyru hwy.

Ni chawsant hwy na tho na thân
Yn gysur rhag yr hin,
Na chymorth un lliniarus law
Yn ing eu poenau blin.

Rhag cyfarwyddo wrth eu gweld
Bob hwyrnos, gwared ni,
Pe cysgem ni heb gofio'r rhain
Anghofiem Galfari.

J. Dennis Jones, Blaenffos

Tôn: Esther, Eirian Jones

Tra cwyd yr haul o'i wely tlws
I agor drws y bore,
Tra deil y byd o hyd i droi
A rhoi i ni dymhore.
Mi ganaf, Dad, fy mawl i Ti,
Ac addo gwneud fy ngore;
Mi ganaf, Dad, fy mawl i Ti,
Ac addo gwneud fy ngore.

Fe deithia'r nant heb fap o'r tir
Ei llwybr hir i'r aber.
A gŵyr y gog pa bryd i ddod
Heb rod i gadw'r amser;
O! diolch, Dad, i minnau gael
Heb dâl dy ofal tyner,
O! diolch, Dad, i minnau gael
Heb dâl dy ofal tyner.

Nid oes un enfys heb ei lliw,
Na chalon fyw heb guriad;
Nid oes un llanw heb ei drai,
Na Mai heb ambell gawod.
O! dysg ni , Dad, mai gwag a blin
Yw bywyd dyn heb gariad;
O! dysg ni, Dad, mai gwag a blin
Yw bywyd dyn heb gariad.

J. Elwyn Davies

YR OFFRWM

'Câr dy gymydog fel tydi dy hun' – Tôn 'Yorkshire'

Nid fel y ddau, yn nameg Iesu gynt,
Aeth o'r tu arall heibio ar eu hynt,
Ond fel trugarog ŵr y galon driw
A ymgeleddodd frawd, a thrin ei friw –
Câr dy gymydog fel tydi dy hun,
Can's Duw a'i creodd yntau ar ei lun.

Nid yn ddifater, pan fo'r dwrn a'r cledd
Yn llethu cyd-ddyn, ac yn rhwygo'i hedd,
Na phan fo cri'r newynog ar ein clyw
Yn datgan eu bod hwythau'n blant i Dduw –
Câr dy gymydog fel tydi dy hun,
Can's Duw a'i creodd yntau ar ei lun.

Nid fel y sawl sy'n canfod angen draw
Heb graffu ar y tlodi sydd wrth law,
Gan bledio hawl y caeth ar orwel pell,
A'i anwybyddu gartref yn ei gell –
Câr dy gymydog fel tydi dy hun,
Can's Duw a'i creodd yntau ar ei lun.

Nid am fod caru'n rhwydd mewn unrhyw oes,
Ond am fod caru'n rhaid yng ngolau'r Groes,
Heb grybwyll ffin, nac un gwahanfur chwaith,
Na hil, na lliw ei groen, na llwyth nac iaith –
Câr dy gymydog fel tydi dy hun,
Can's Duw a'i creodd yntau ar ei lun.

Am Iesu Grist a'i Gariad
Tôn: 'Mari Fach' Triawd y Coleg

Am Iesu Grist a'i gariad
Diolch wnawn,
Am fod i ddyn yn Geidwad,
Diolch wnawn;
Am roi gwellhad i'r cleifion,
A nerthu cyd-fforddolion,
Gan adfer eu gobeithion,
Diolch wnawn,
Am Grist a'i holl fendithion,
Diolch wnawn.

Cyflwynwn y dioddefus,
Arglwydd da,
Yn awr i'th law haelionus,
Arglwydd da;
Cysura hwy â'th gariad,
Rho iddynt dy arweiniad;
Os unol yw â'th fwriad,
Arglwydd da,
Boed iddynt gael adferiad,
Arglwydd da.

Alice Evans

DIOLCHGARWCH AM Y CYNHAEAF

Mae'r emynau hyn i gyd yn dod o *Caneuon Ffydd*

Rhif yr Emyn	Geiriau
49	Diolch i ti, yr hollalluog Dduw
63	Gofala Duw a Thad pob dawn
64	Tydi sy deilwng oll o'm cân
65	Am gael cynhaeaf yn ei bryd
67	Molianned uchelderau'r nef
68	Cydunwn oll o galon rwydd
79	Mawr ddyled arnom sydd
81	Pan ddaw pob tymor yn ei dro
85	Enynner diolchgarwch
86	Bendithiaist waith ein dwylo
94	Am y llaw agored, raslon
95	Cyd-ddiolchwn, Arglwydd tirion
96	O Arglwydd Iôr, boed clod i ti
97	Anfeidrol Dduw rhagluniaeth
107	Gogoniant tragwyddol i'th enw, fy Nuw
127	Ti, O Dduw, foliannwn
130	Pob peth, ymhell ac agos
138	Deuwn ger dy fron yn awr
140	Fy Arglwydd Dduw, daw im barchedig ofon
160	Ar ŵyl y cynhaeaf rhown ddiolch i'r Iôr
209	Anfeidrol Greawdwr a Thad
212	Arnom gweina dwyfol Un
246	Duw, teyrnasa ar y ddaear
791	Tydi a wnaeth y wyrth, O Grist, Fab Duw
825	Duw a Thad yr holl genhedloedd
872	A gefaist ddigon o fwyd y flwyddyn hon?

R. Glyndwr Williams, ***Medi Mewn Gorfoledd: Llawlyfr Diolchgarwch***

2 Chwi ddiolchgar bobol, dewch
3 I Dad y trugareddau
4 Coron hardd roist ar y flwyddyn
5 Mae grasusau heb eu haeddu
6 Mawr ddyled arnom sydd
7 Nyni sy'n troi y meysydd
8 Ymweled, Arglwydd, yr wyt ti
9 Duw mawr y rhyfeddodau maith!
10 Cydfoliannwn Dduw ein Ceidwad
11 Iôr anfeidrol, mae dy ddoniau
12 O gyfoethog Dduw rhagluniaeth
13 O Arglwydd Dduw'r cynhaeaf mawr
14 Pa fodd y rhoddwn ddiolch
15 Ein Tad, dyneswn atat
17 Yr wyf am fyw, a byw i ti
19 Diolchwn oll i Dduw
20 Pan welwn rywun siriol ar ei daith
21 Yn ôl y dof i ddiolch
23 Pan dorro'r wawr dros ael y mynydd llwm
27 Am drugareddau hael di-ri
29 O Dad, drwy f'oes fe'm porthaist i
30 Yr wybren lydan, lân, uwchben
34 Diolch iti, Arglwydd
35 O greawdwr y goludoedd
38 Yn y dwfn dawelwch cofio wnawn dy ofal di
40 Fy enaid sy'n mawrhau yr Arglwydd Iôr
41 Derbyn ein hoffrwm

HER Y CYNHAEAF (CANEUON FFYDD)

Rhif yr Emyn	Geiriau
805	Rho i mi nerth i wneud fy rhan.
816	Cofia'r newynog, nefol Dad
834	Tydi, yr hwn a roddaist
841	Agor di ein llygaid, Arglwydd
843	A glywaist ti waedd yr anghenus
854	Yn gymaint i ti gofio un o'r rhain
859	Da yw ein byd, wrth lenwi'n hysguboriau

EMYNAU AR GYFER PLANT AC IEUENCTID

Mae'r emynau hyn i gyd yn dod o *Caneuon Ffydd*

Rhif yr Emyn	Geiriau
116	Nef a daear, tir a môr
136	Y mae Duw yn neffro'r gwanwyn
141	Duw a wnaeth y byd
157	Mae'r Arglwydd yn cofio y dryw yn y drain
159	Moli dy enw wnawn

***Medi Mewn Gorfoledd: Llawlyfr Diolchgarwch,* R Glyndwr Williams**

26 Am drydar adar yn y coed

***Clap a Chân i Dduw,* Eddie Jones, Falyri Jenkins**

1 Dewch, rhowch glap
2 O diolch Dduw i Ti
3 Moliannwn Dduw
4 Diolch am lysiau a ffrwythau
5 Duw sy'n rhoi
6 Ti sydd yn rhoddi'r cynhaeaf
7 Rhoi diolch wnawn i Ti
8 Rhoi diolch i Dduw
9 Diolch Iesu
10 Am iechyd ac am nerth
11 Derbyn ein diolch ni

12 Mae dy gariad di mor llawn
13 Fe gawsom
14 Cynhaeaf y ffermwr
15 Gofalodd Duw
16 O Dduw y cynhaeaf
18 Diolch am y pedwar tymor
19 Diolch Dduw

***Mwy o Glap a Chân,* Eddie Jones, Ann Morgan**

1 Diolch Iôr
2 Dewch, ymunwn
3 Rwy'n diolch, Dduw
4 Mae'r Iesu yn caru
5 Digon i bawb
6 Dameg yr heuwr
7 Gŵyl Ddiolchgarwch
8 Rhown ddiolch, Aleliwia
9 Canwn heddiw glod
10 Rhown ddiolch am yr haul
11 Rhoi, rhoi, rhoi
12 Dewch i ddiolch gyda ni
13 Aleliwia Iôr i Ti
14 O Arglwydd diolchaf
15 Diolch i Dduw
16 Miwsig natur
17 Ti biau'r ddaear
18 Cynhaeaf y byd
19 Diolch Dduw i Ti
20 Diolch Dduw
21 I'n bwydo ni
22 Wedi hau y gwenith

DIOLCHGARWCH

Diolch am gartref a diolch am dân,
Am ofal rhieni ac aelwyd lân.

Diolch am fara a diolch am ddŵr,
hebddynt darfyddai amdanom yn siŵr.

Diolch am ffrindiau a diolch am wên
Rhai annwyl sy'n ifanc er mynd yn hen.

Diolch am ysgol ac addysg yn rhad,
Am feddyg i'n helpu i gael iachâd.

Diolch am emyn a thôn ar ein clyw,
Am weddi a chyfle i addoli Duw.

Diolchwn drwy'n hoes yn llawen ein llef
Am roddion y ddaear a bendithion y nef.

John Roberts, Llanfwrog

CASGLU'R YSGUBAU

Heuwn yn y bore,
Hadau caredigrwydd
Heuwn ar awr anterth,
Heuwn hwyr y dydd;
Wedi daw'r cynhaeaf,
Casglu yr ysgubau,
Casglu yr ysgubau –
O! mor felys fydd!

Heuwn yn ein dagrau,
Duw sy'n rhoddi cynnydd,
Haul y nef sy'n gallu
Troi y nos yn ddydd;
A phan dderfydd wylo,
Pryd y daw'r cynhaeaf,
Casglu yr ysgubau –
O! mor felys fydd!

Cytgan:

O! mor felys fydd,
O! mor felys fydd,
Casglu yr ysgubau,
O! mor felys fydd,
O! mor felys fydd,
O! mor felys fydd,
Casglu yr ysgubau,
O! mor felys fydd.

Watcyn Wyn, (cyf.)

Mor hapus yw
Cael diolch nawr i Dduw,
Am fwyd a dillad, iechyd da,
Am olau dydd a heulwen ha'
Diolch ein Duw.

Mor hapus yw
Cael diolch eto i Dduw,
Am dad a mam a chartref clyd,
Am haul a glaw i dyfu'r ŷd
Diolch ein Duw.

Ein gweddi clyw,
O Iesu Grist ein Duw,
Gan dderbyn nawr ein diolch gwael,
'Rwyt wedi rhoddi inni'n hael;
Diolch ein Duw.

Eddie Jones

Diolch i Ti, Arglwydd da,
Am allu gweld mor hardd
Yw'r caeau ŷd, a dail y coed
A blodau tlws yr ardd.

Am glywed adar yn y coed
A cherdd yr afon fach;
Am fwyd a dillad, tŷ a thân,
A bendith awyr iach.

Am Ysgol Sul a'r Beibl lliw
A'r rhai i'n dysgu ni,
Diolchwn yma ger dy fron
Trwy roi ein mawl i Ti.

Eddie Jones

Bydd gyda ni, O! Dduw ein Tad,
Ar uchel ŵyl dy blant;
A derbyn Di ein hufudd glod
Ar dafod ac ar dant.

I'th enw sanctaidd, Arglwydd Iôr,
Y canwn oll ynghyd;
Tydi yn unig fedd yr hawl
I dderbyn mawl y byd.

Esgynned ein haddoliad gwiw
Mewn gorfoleddus lef,
A chwydded seiniau o bob man

PLANT AC IEUENCTID

GWEDDÏAU

DIOLCH AM EIN CREU

Diolch am fywyd, a'r doniau fyrdd
A ddaw mor gyson trwy ddirgel ffyrdd.

Diolch heb dewi am dad a mam
A'u gofal tyner o gam i gam.

Diolch am gartref dedwydd glân
A chwmni llon i felysu'r gân.

Diolch am heulwen gynnes a chlir,
A tirf gawodydd i lasu'r tir.

Diolch am drydar yr adar mwyn
A'u cân bob bore o'r deiliog lwyn.

Diolch am suon yr awel bêr
A disglair oleuni'r siriol sêr.

Diolch am flodau sy'n cuddio'r llawr
A dangos harddwch eu Crëwr mawr.

Canmil diolch am Waredwr byd:
I Grist, ein Ceidwad, a'i Aberth drud.

John Lloyd, ***Ar y Cyd***

POPETH CAIN A PHRYDFERTH

Pob peth cain a phrydferth, a phob creadur byw,
pob peth sy'n ddoeth a rhyfedd, fe'u gwnaethpwyd oll gan Dduw.

Pob blodyn bach sy'n agor, pob deryn bach a gân,
Duw wnaeth eu lliwiau gloyw, Duw wnaeth eu hesgyll mân.

Y mynydd dan ei borffor, yr afon ar ei thaith,
y machlud a'r boreddydd oleua'r wybren faith.

Yr oerwynt yn y gaeaf, yr haul sy'n heulo'r byd,
y ffrwythau yn y berllan – Duw wnaeth y rhain i gyd.

Rhoes lygaid inni'u gweled, a gwefus a barha
i foli'r Hollalluog a wnaeth pob peth yn dda.

Alice Evans, *Wyth Oedfa*

DIOLCH, O DDUW, AM DY GREAD

Diolch, O Dduw, am dy gread hardd,
am dlysni llwyn a chyfoeth gardd;
am leisiau llon y plant a'u sbri
wrth chwarae pêl o gylch y tŷ;
am gân yr adar uwch fy mhen,
a naid y wiwer ar y pren;
am laeth y fuwch ac wy yr iâr,
ffyddlondeb ffrind, a chwmni gwâr;
am wanwyn mwyn a'i flagur ir
ac olion gwaddod yn y tir;
am wên yr haul ar fore haf
ar gae o wenith melyn braf;
am liwiau coeth holl goed y fro
pan ddêl yr hydref yn ei dro;
am gwrlid glân y gaeaf gwyn
a leda'n ddistaw dros y glyn...

Diolch, O Dduw, am ein creu bob un
ar lun ohonot ti dy hun,
am Grist a'i Groes, a'r cyfan sydd
yn tarddu'n rhad o'r Trydydd Dydd.
Diolch, O Dduw. *Amen.*

Edwin C. Lewis, *Mil a Mwy o Weddïau*

DIOLCH AM IECHYD

O Dduw diolch am nerth ac iechyd
i chwarae gyda'n gilydd.
Diolch am y gallu i redeg,
neidio, dringo, taflu,
gwthio a gweiddi.
Diolch am greu ein cyrff.
Diolch am y ffordd ryfedd
mae ein cyrff yn gweithio.
Helpa ni i edrych ar ôl ein cyrff.
Helpa ni i beidio â chael
ein temtio i ysmygu, yfed alcohol,
na chymryd cyffuriau.
Helpa ni i osgoi popeth sy'n gallu
gwneud niwed i'n hiechyd.
Gofynnwn hyn yn enw Iesu Grist. *Amen.*

Delyth Wyn ac Aled Davies, *Mil a Mwy o Weddïau*

DIOLCH AM EIN BWYD

Bûm ar neges i'r siop heddiw.
Gwelais y ffrwythau a'r llysiau wedi
eu gosod yn daclus ar y silffoedd.
Roedd yno afalau coch a gwyrdd,
bananas melyn, orennau, grawnwin gwyrdd a du.
Roedd yno fresych, moron, a thatws hefyd.
Er nad wyf fi yn hoffi bwyta'r rhain i gyd,
Diolch i Dduw amdanynt.

Diolch am bawb sy'n helpu i'w tyfu
ac sy'n dod â nhw i'r siop.
Diolch i ti, Dduw. *Amen.*

Delyth Wyn ac Aled Davies, ***Mil a Mwy o Weddïau***

DIOLCHWN AM FYD LLIWGAR

Arglwydd, diolch am gael byw mewn byd sy'n llawn lliw. Diolch am brydferthwch lliwiau. Diolch am ffresni eira gwyn. Diolch am y meysydd gwyrdd. Diolch am flodau o bob lliw. Diolch am ddail y coed sy'n newid i frown, coch a melyn. Diolch am anifeiliaid o wahanol liw a llun. Diolch am liwiau'r enfys: coch, oren, melyn, gwyrdd, glas, indigo a fioled. Diolch am dy fawredd di, O Dduw, a greodd y lliwiau i gyd. *Amen.*

Delyth Wyn ac Aled Davies, ***Mil a Mwy o Weddïau***

DERBYN, DIOLCH, RHANNU

Llefarydd: Wrth ddiolch i Dduw, rydym am ddefnyddio'r pum synnwyr fel mae rhai o'r plant am ddangos i ni yn awr.

Plentyn 1: (Yn dangos ac arogli tusw o flodau.)
Diolch am gael arogli'r cynhaeaf.

Plentyn 2: (Yn dangos ac yn cyffwrdd ysgub fechan o wenith.)
Diolch am gael cyffwrdd y cynhaeaf.

Plentyn 3: (Yn dangos basged o ffrwythau.)
Diolch am gael gweld y cynhaeaf.

Plentyn 4: Diolch am gael clywed y cynhaeaf.
(Yn bwyta afal yn swnllyd.)

Plentyn 5: Diolch am gael blasu'r cynhaeaf.
(Yn bwyta darn o dorth fechan.)

Llefarydd: Am fod popeth y mae Duw wedi ei greu yn llonni ein calonnau, mwy o reswm felly i ninnau ddefnyddio ein doniau i greu llawenydd a harddwch, fel y byddwn ninnau yn llonni calon Duw, Rhoddwr popeth da. Amen.

Jane Richards, ***Cadw Gŵyl***

GWEDDI

Ein Tad, Grëwr y byd a phob daioni sy'n perthyn iddo, a'n Crëwr ninnau, plygwn ger dy fron i offrymu ein diolch i Ti. Yr ydym yn derbyn dy roddion yn ddifeddwl yn aml. Ond dyma ni'n cymryd seibiant heddiw i gydnabod mai Ti, ein Duw, sydd yn rhoi popeth da i ni. Wrth inni feddwl am yr holl ddaioni, helpa ni i droi ein diolch yn weithredoedd o ddaioni, 'a boed i eraill trwom ni adnabod cariad Duw'. Amen.

Jane Richards, ***Cadw Gŵyl***

POBL SY'N CREU

Y Saer:

Y Saer sy'n cymryd darn o bren
A'i drin o yn ofalus.
Mae'n gwneud bob math o gelfi cain
Wna'n bywyd yn fwy hwylus.

Y Peirianwyr:

Llongau ac awyrennau mawr
A wneir gan y peirianwyr;
Compiwtars, ceir ac injan drên,
Teledu a gêmau difyr.

Artistiaid:

Mae rhai yn llunio cerdd a chân
A rhai'n sgrifennu llyfrau,
Eraill yn paentio lluniau hardd
Neu'n chwarae offerynnau.

Pensaer:

Y pensaer sy'n ofalus iawn
Â'i bensal a'i bren mesur,
Cyn adeiladu tŷ na siop
Rhaid cael y llun ar bapur.

Crefftwyr: Wrth godi tŷ mae'n waith go drwm
Gwneud sylfaen, to a waliau,
A chrefftwyr prysur o bob math
Sy'n gweithio am y gorau.

M.B.J.

Pawb: Diolchwn i Dduw am bawb sy'n creu pethau i wneud ein bywyd mor braf.

Jane Richards, *Cadw Gŵyl*

DIOLCH I TI, ARGLWYDD DA

Arweinydd:
Gweddïwn. Ein Tad, Ti a roddaist i ni bob daioni, dyro dy fendith ar wasanaeth diolch y plant. Bydded diolch ymhob calon a chân ar bob gwefus. Amen.

Plentyn: Mae heddiw yn ddydd o ddiolch. Am y byd da yr ydym yn byw ynddo,
Pawb: **Diolch i Ti, Arglwydd da.**

Plentyn: Am ein cadw rhag newyn ac angen,
Pawb: **Diolch i Ti, Arglwydd da.**

Plentyn: Am gael byw mewn gwlad fel hon,
Pawb: **Diolch i Ti, Arglwydd da.**

Plentyn: Am y lle hwn i'th gyfarfod Di,
Pawb: **Diolch i Ti, Arglwydd da.**

Plentyn: Gweddïwn dros rai na welant fyd mor dda,
Pawb: **Arglwydd! Gwrando ein gweddi.**

Plentyn: A'r rhai sy'n wan gan newyn,
Pawb: **Arglwydd! Gwrando ein gweddi.**

Plentyn: A'r rhai na chawsant wlad dda i fyw ynddi:
Pawb: **Arglwydd! Gwrando ein gweddi.**

Plentyn: A'r rhai na chânt addoli yn y Tŷ.
Pawb: **Arglwydd! Gwrando ein gweddi. Amen**

CYNHAEAF

Gellid trafod gyda'r plant beth yw arwyddocâd 'Dameg yr Heuwr' i ni heddiw neu ddangos cerdyn i'r plant ac arno y gair CYNHAEAF ac yna egluro iddynt fod diolchgarwch am y cynhaeaf yn cynnwys holl greadigaeth Duw, e.e. diolchwn am:

C – Cartref clyd, rhieni a pherthnasau eraill. Cofiwn am blant a phobl sy'n ddigartref.

Y – Ysgol – athrawon. Diolchwn am y gallu i ddysgu ac i chwarae. Cofiwn am blant anabl, yn feddyliol a chorfforol.

N – Nyth – am yr adar sy'n canu ac am bob anifail arall, rhown ddiolch i Dduw.

H – Haul, y gwynt a'r glaw. Diolchwn am holl dymhorau'r flwyddyn.

A – Afal – Diolchwn am holl ffrwythau'r maes. Am fwyd yn gyffredinol ac am lafur dyn. Cofiwn am y newynog a'r rhai sydd mewn angen.

E – Eglwys a chapel ac Ysgol Sul ac am yr Efengylau sy'n rhoi hanes Iesu Grist i ni. Diolchwn am waith cenhadol yr Eglwys.

A – Addoli. Prif ddyletswydd pob Cristion yw rhoi diolch a moliant i Dduw, nid yn unig yn ystod Gŵyl y Cynhaeaf ond drwy gydol y flwyddyn.

F – Fi. Daw'r llythyren hon ar ddiwedd y gair. Y fi sy'n dod yn olaf, rhaid i mi gofio am bawb a phopeth arall yn gyntaf.

Gwasanaethau Antur Cyfrol 1

GWEDDI

Diolch i Ti, ein Tad, am iechyd i gydweithio â Thi. Diolch am flodau'r ardd a'r llysiau, ac am ffrwythau'r berllan. Diolchwn am gnydau'r maes, a chynhaeaf y perthi. Gwna ni'n wir ddiolchgar am y cyfan. Diolch i Ti am ffydd yr amaethwr, ac am ei lafur caled. Maddau ein bod mor barod i rwgnach a ninnau'n byw mewn byd mor ffrwythlon a lliwgar, a'n bwrdd bob amser yn llwythog. Gwna ni'n debyg i Iesu Grist, – bob amser yn ddiolchgar, a phob amser yn barod i'th wasanaethu. Amen.

Gwasanaethau Antur Cyfrol 2

GWEDDI

A gawn ni feddwl am yr holl roddion a dderbyniasom oddi wrth Dduw heddiw a diolch amdanynt.
(Distawrwydd)

O Dduw ein Tad, helpa ni yn awr i ddod atat ti gyda chalonnau diolchgar i ddyrchafu i Ti ein mawl am bob rhodd ac am dy holl ddaioni i ni, am fendithion y tymhorau, am dy ofal drosom ac am dy ffyddlondeb di-derfyn.
Clodforwn dy enw, O Dduw.

Am gyfoeth a phrydferthwch y byd o'n cwmpas, am ffrwythau'r ddaear a'r cynhaeaf yn ei bryd ac am bopeth hawddgar a theg.
Clodforwn dy enw, O Dduw.

Am ein pleserau ac am bob dedwyddwch a ddaw i ni yn ein bywyd beunyddiol, am bob mantais a fwynhawn mewn celfyddyd, gwyddoniaeth, llenyddiaeth a cherddoriaeth.
Clodforwn dy enw, O Dduw. Amen.

Gwasanaethau Antur Cyfrol 2

GWEDDI O DDIOLCHGARWCH

Hollalluog Dduw, diolchwn i ti am y byd ac am dy holl drugareddau, am yr awyr uwch ein pen, a'r ddaear dan ein traed, am ein cartrefi a'n cyfeillion, am dy allu a'th gariad sydd yn ein gwarchod ac, uwchlaw pob dim, am fywyd ac esiampl Iesu Grist, dy Fab, ein Harglwydd. *Amen.*

Mawl yr Ifanc, *Mil a Mwy o Weddïau*

NATUR O'N CWMPAS

Gadewch inni ddiolch heddiw, bob un yn ei ffordd ei hun, am fyd natur. Trwy'r ffenestr gallwn weld blodau ar fin ymagor, a choed gyda'u blagur cynnar, a gallwn glywed cân yr adar. Mae llawer o bethau eraill i'w gweld o'n cwmpas hefyd. Diolchwn amdanynt oll. [TAWELWCH]

DIOLCH AM NATUR

(Ar ddiwedd pob brawddeg, rwyf am i bawb ddweud 'Diolchwn i Ti.')
Am haul tanbaid a'r lleuad a'r sêr –
Diolchwn i Ti.
Am awyr las a chymylau gwynion –
Diolchwn i Ti.
Am anifeiliaid a physgod ac adar –
Diolchwn i Ti.
Am flodau a phrennau sy'n dwyn ffrwyth –
Diolchwn i Ti. Amen.

LLIWIAU'R HYDREF

Diolch am liwiau'r coed yn yr hydref. Maent mor dlws. Diolchwn hefyd am yr hwyl a gawn yn hel cnau. Cofiwn mai cnau yw bwyd y gwiwerod drwy'r gaeaf tywyll. Gobeithio bod ganddynt ddigon o fwyd a chynhesrwydd i'w cadw'n fyw yn ystod misoedd oer y gaeaf. Amen.

DIOLCH I TI

Diolch i Ti, O Dduw, am fam a thad, chwaer a brawd.
Diolch i Ti am yr haul a'r glaw.
Diolch i Ti am yr ysgol i'n dysgu.
Diolch i Ti am y byd a'r blodau.
Diolch i Ti am ein bwyd.
Diolch i Ti am ein dillad.
Diolch i Ti am y tân sydd yn ein cynhesu trwy'r gaeaf.
Trwy Iesu Grist. Amen.

POBL SY'N EIN HELPU

Heddiw, cofiwn am bobl a ddaw â bwyd inni: Dyn y fen fara a'r dyn sy'n dod â llaeth at ein drysau, a llawer eraill. Cofiwn hefyd am y postman sy'n dod â llythyrau inni, ac am y dyn glo sy'n dod â glo i gynhesu ein cartrefi. Wrth gofio am y bobl hyn a'r holl bethau a gawn ganddynt, boed inni gofio hefyd am y plant sy'n newynog a thrist. Amen.

Diolch i Ti, Arglwydd, am brydferthwch a rhyfeddod y cread a chysondeb y tymhorau, am ffresni'r gwynt a'r glaw, am wres yr haul a golau'r lleuad a disgleirdeb y sêr, ac am ffrwythlondeb y tir.

Diolch i Ti am fwyd i'n cynnal a dillad i'n cynhesu. Am gael cysgu'r nos a deffro'r bore, ac am nerth ac iechyd.

Diolch i Ti am ein cartrefi ac am y cariad a'r llawenydd a brofwn yno yn y rhoi a'r derbyn rhwng rhieni a phlant a rhwng brodyr a chwiorydd.

Diolch i Ti am gyfeillion y gallwn droi atynt bob amser gyda sicrwydd na wnânt ein bradychu; am rywrai sy'n dod at ddrysau'n tai yn gyson: y postmon, y dyn llaeth a'r dyn papur newydd; ac am lu o bobl y dibynnwn lawer arnynt, er na wyddom ddim amdanynt – gweithwyr mewn swyddfeydd a ffatrïoedd a chynghorau ac ati.

Diolch i Ti am Gymru, ein gwlad – am ei mynyddoedd a'i dyffrynnoedd a'i hafonydd a'i nentydd, am ei heglwysi a'i hysgolion a'i cholegau, am ei hiaith a'i diwylliant.

Diolch i Ti, yn bennaf oll, am Iesu Grist, ein Brawd a'n Gwaredwr, sydd bob amser gyda ni.

Diolch i Ti, Arglwydd.
Diolch i Ti.

Harri Parri a William Williams, ***Ffenestri Agored***

AM HYFRYDWCH HWYR HYDREF

Arglwydd,
gwelwn y coed wedi eu gwisgo'n wych yn gynnes-goch,
yn felyn aur, llwytgoch a choch llachar.
Gwelwn y gweunydd yn troi'n hydrefol
a chlywn gân yr adar fel simffoni.
Diflannodd gwres yr haf
ond yn y myllder mae natur yn gwisgo gwisg yr hydref.
Rhown ddiolch a chlod iti, Dduw'r greadigaeth,
am raslonrwydd hydrefol diwrnod arall. Amen.

Y TYMHORAU NEWIDIOL

Molwch Dduw am yr holl dymhorau,
Molwch ef am y gwanwyn mwyn,
Molwch yr Arglwydd am haf bendigedig,
Adar ac anifeiliaid a phob dim.
Molwch yr Arglwydd, sy'n anfon y cynhaeaf,
Molwch ef am eira'r gaeaf,
Molwch yr Arglwydd, bawb sy'n ei garu ef.
Molwch ef, am yr holl bethau y gwyddom amdanynt. Amen.

DIOLCH AM FY SYNHWYRAU

Gall fy nhafod flasu pob math o bethau.
Pob math o bethau! Cymaint o bethau!
Gall fy nhrwyn arogli pob math o bethau.
Diolch i ti, Nefol Dad.

Gall fy nghlustiau glywed pob math o bethau.
Pob math o bethau! Cymaint o bethau!
Gall fy llygaid weld cymaint o bethau.
Diolch i ti, Nefol Dad.

Gall fy nwylo gyffwrdd â phob math o bethau.

Pob math o bethau! Cymaint o bethau!
A gallaf wneud cymaint o bethau!
Diolch i ti, Nefol Dad. Amen.

Glyn Tudwal Jones, *Mil a Mwy o Weddïau*

GWEDDI

Meddyliwn am y miloedd sy'n dioddef newyn a syched ac oerni heddiw. (*Distawrwydd*)

O Dad, cyflwynwn i Ti ffoaduriaid ein byd a phawb sydd heb unman i roi eu pennau i lawr. Cyflwynwn i ti y newynog a'r sychedig a'r rhai sy'n brin eu dillad. Mae fy hunanoldeb i ac eraill yn arwain at rannu bendithion y ddaear yn anwastad – rhai uwchben eu digon ac eraill mewn prinder. Maddau i ni, O Arglwydd.

Dyro i ni ysbryd cariad a gwasanaeth, a nertha ni i wneud ein rhan i waredu'r byd rhag newyn. Fel y porthodd yr Arglwydd Iesu'r pum mil, geilw arnom ninnau i borthi'r newynog yn ei enw ef a bod yn ufudd i'w alwad – 'Rhowch chi rywbeth i'w fwyta iddynt'. Dyro i ni dosturi Iesu Grist er gogoniant i'th enw dy hun. Amen.

Gwasanaethau Antur Cyfrol 2

GWEDDI

i) Diolchwn i Ti, O! Dduw, am greu, a diolch mai Ti hefyd sydd yn cynnal popeth, yn rhoi bwyd i'r pysgod a'r llysiau, i anifeiliaid a dynion. Yr wyt yn ddigon mawr i ofalu am y cread i gyd. Diolch i Ti am drefnu bywyd mor ryfedd ar y ddaear hon. Er mwyn Iesu Grist, Amen.

ii) Ein Tad, diolchwn i Ti am Dy ddaioni tuag atom. Yr wyt Ti bob amser yn Dy ddangos Dy hun i ni yn Dy greadigaeth. Lle bynnag y trown ni yr wyt Ti o'n hamgylch. Helpa ni i sylweddoli bod dail y coed a blodau'r maes, yr anifeiliaid a'r adar sydd o'n cwmpas, yn dweud mai rhyfedd wyt, O Dduw. Clodforwn Di am Dy ofal am ein byd; am i Ti ei wneud yn fyd hardd i ni fyw ynddo. Diolchwn i Ti am weld natur o'n cwmpas yn ei phrydferthwch.

Gofynnwn am dy gymorth i weld a deall mai Dy law Di sydd wedi creu'r cyfan ac mai Ti yw Cynhaliwr pob peth. Amen.

iii) Arglwydd ein Iôr, diolchwn i Ti am anifeiliaid y cread, ac am y pleser a'r hwyl a gawn wrth eu gwylio o'n cwmpas. Dysg ni i fod yn garedig a thyner wrthynt. Maddau i bawb sy'n cael eu temtio i fod yn anystyriol ac angharedig. Tosturia wrth bawb sy'n gas ac yn greulon wrth anifeiliaid. Maddau i ninnau pan anghofiwn barchu yr hyn rwyt Ti wedi ei greu. Amen.

Margaret Jones

SALM

O edrych ar y byd o'n cwmpas, mae dau ddewis yn ein hwynebu – ai damwain yw'r cyfan, ynteu ai Duw sy'n gyfrifol?

Tybed a deimlwn ni fel y Salmydd? A ydym wrth godi yn y bore yn teimlo wrth ein bodd yn cael byw ym myd Duw, neu ai grwgnach a chwynfan a wnawn? A fyddwn ni'n stopio i edrych ar y byd o'n cwmpas weithiau a rhyfeddu at wyrth y cread fel y Salmydd, neu a gymerwn y cyfan yn ganiataol? A fyddwn yn synnu weithiau at faint y bydysawd?

Planed fach ddinod yw ein daear ni, yn cylchdroi o gwmpas yr haul sydd filiwn o weithiau yn fwy na hi. Mae'r blaned hon yn llai, mewn cymhariaeth, nag un gronyn o dywod ar holl draethau'r byd.

Meddyliwch fod goleuni yn cymryd 80 o flynyddoedd i deithio o'r Arth Fawr i'n daear ni. Nid ydym yn gweld y sêr fel ag y maent, ond fel yr oeddynt gannoedd a miloedd o flynyddoedd yn ôl.

Wrth inni gofio ffeithiau fel hyn, gwelwn mor fychan yw dyn. Ond eto, nid maint sydd yn penderfynu gwerth unrhyw beth. Maer tŷ yn llawer mwy o faint na phlentyn, ond byddai'n well gan Dad weld y tŷ yn llosgi i'r llawr, na cholli bywyd y plentyn. Mae'r Salmydd yn rhyfeddu bod Duw yn gofalu am ddyn, er mor fychan ydyw. Dylem ninnau felly fod yn ostyngedig a dangos parch at y byd a'i bethau. Pe baech yn cael benthyg wats neu gamera gan gyfaill, byddech yn sicr o gymryd y gofal mwyaf ohonynt am eu bod yn eiddo i rywun arall. Mae'r un peth yn wir am fyd Duw – a ydym ni yn cymryd y gofal mwyaf ohono ac yn ymddwyn yn gyfrifol tuag ato, a thuag at ein cyd-ddynion?

CARIAD DUW

Mae popeth byw sydd yn y byd,
Dan ofal tyner Duw.
Holl greaduriaid maes a môr,
A'r blodau tlws eu lliw.

Pan fydd yr hin yn oer a llym
A'r eira dros y tir,
Fe gwsg y wiwer fach yn drwm
O fewn ei chynffon hir.

O lwyn a gardd mae'r adar mwyn
Yn llenwi'r fro â'u cân,
Gan wibio yma a thraw yn llon,
Mewn gwisg o blu bach mân.

Mae'n rhyfedd fel mae'r lili fach
Yn tyfu â'i phen i lawr,
Rhag iddi gael ei churo'n chwyrn
Gan rym y gwyntoedd mawr.

Er garwed ydyw'r Gaeaf oer,
Mae'r ddafad ar y bryn
Yn pori'n braf mewn côt o wlân
Sy'n cau amdani'n dynn.

Am ofal tyner dros bob un,
Rhown ddiolch mawr i Dduw,
Cans iddo Ef mae'r clod a'r mawl,
Mor llawn o gariad yw.

Margaret Jones

MAWL I ARGLWYDD Y CREAD

Ti, O! Dad,
sy'n anfon golau i'r ffenestri
pan fo'r cysgodion yn drwm.

Ynot y mae'r gân yn geni
a'r harddwch yn tarddu;
fel perarogl y rhosyn
yw rhin dy eiriau
ac o'r gwybod daw gobaith.

Gwedd dy wyneb sy'n canu'r clychau
yn awr trybestod byd
a'th ras a dyrr y cadwyni
sy'n llesteirio dyheu.

Seinir dy gerddi
gan fôr ac afon,
a'th foliant a gyhoeddir
o'r twyni gwyrddlas.

Cadarn ydwyt fel craig
a diysgog fel mynydd;
dy gryfder yn rhwymyn ein bod.

Dy adnabod yw drws y bore
i lawenydd win dyddiau,
a'th gariad yw ein hangor cryf
hyd derfyn amser.

W. Rhys Nicholas

STORÏAU

DYN MAWR MEWN DYLED

Mab i farcer o'r enw Jean Pasteur oedd Louis. Roedd eu cartref yn nhref fechan Arbois yn Ffrainc. Meddyliai Jean y byd o'i fab ac roedd yn benderfynol y câi gyfle i wneud rhywbeth heblaw bod yn farcer cyffredin pan fyddai'n ddyn.

Pan oedd Louis yn ddigon hen anfonodd ei dad ef i'r ysgol. Doedd hyn ddim yn hawdd gan fod rhaid talu am addysg y pryd hwnnw, ac wedi'r cwbl dyn tlawd oedd. Ar y cychwyn ni phoenai Louis fawr am ei waith ysgol. Gwell o lawer ganddo oedd pysgota neu arlunio. Ymhen amser sylweddolodd mor anodd oedd hi i'w rieni dalu am ei ysgol. Penderfynodd y gwnâi ymdrech pe na bai ond er eu mwyn hwy. Nid oedd yn ysgolhaig gwych ond gwnâi ei orau o gyd. Er mwyn helpu i dalu am ei addysg, dechreuodd Louis roi gwersi mathemateg bob bore rhwng chwech a saith o'r gloch. Treuliai ei holl amser yn astudio a daeth yn Athro Cemeg.

Dechreuodd wneud gwaith pwysig yn y frwydr yn erbyn clefydau. Darganfu eu bod yn cael eu trosglwyddo o un person i'r llall trwy gyfrwng meicrobau oedd mor fychan fel na ellid eu gweld. Wrth wresogi hylif megis llaeth, canfu fod modd lladd y meicrobau hyn. Drwy'r hyn a ddarganfu ef gellir rhoi brechiad rhag difftheria heddiw a rhwystro clefydau fel y rhain rhag lledu.

Gweithiodd Louis yn eithriadol o galed a daeth yn enwog iawn. Ond nid anghofiodd ei rieni a aberthodd gymaint er mwyn iddo gael addysg. Dyma beth a ddywedodd am ei dad,

Rwyf yn ddyledus iddo ef am bopeth. Pan oeddwn yn ifanc anogai fi i weithio'n gyson. Rwyf yn siŵr fod fy llwyddiant i yn fy ngyrfa wyddonol wedi ei wneud yn llawen. Fy annwyl dad, dyna falch wyf imi fedru rhoi peth dedwyddwch i chi.'

Herbert Hughes, *Straeon y Bore a'r P'nawn*

RHODD KOMOTI

Bob hydref byddwn yn cynnal Cyfarfodydd Diolchgarwch i ddiolch i Dduw am Ei holl ddaioni tuag atom yn ystod y flwyddyn. Nyni sydd yn hau'r had ond Duw sy'n darparu'r glaw a'r gwres a'r tyfiant. Felly y mae dros yr holl fyd.

Yn Japan amser maith yn ôl, penderfynodd ffermwr o'r enw Komoti y byddai'n plannu ei blanhigion reis yn ofalus iawn y flwyddyn honno. Roedd am wneud yn siŵr y câi gnwd arbennig yr haf hwnnw. O fore hyd hwyr gweithiai'n ddyfal yn ei gwrcwd, ei gefn ar dorri, yn plannu'r reis. Rhaid plannu reis o dan ddŵr, felly mae'n waith anghysurus a chaled. O'r diwedd daeth y gwaith i ben.

Gwenodd yr haul ar y planhigion a gofalai Komoti eu dyfrhau bob dydd. Roedd hyn yn waith caled iawn. Rhaid oedd cloddio ffosydd dyfnion yn y cae i ddal y dŵr. O'r ffosydd hyn y cariai Komoti ddŵr mewn bwcedi i ddyfrhau ei blanhigion gwerthfawr. Gweithiai oriau maith bob dydd ond fel yr âi'r misoedd heibio, roedd yn bleser gweld ei gnwd o reis. O'r diwedd roedd yn barod i'w gynaeafu. Aeth Komoti ati i'w dorri a'i rwymo yn ysgubau yn barod i'w ddyrnu.

Wedi'r holl fisoedd o waith caled, un o bleserau mwyaf Komoti oedd eistedd y tu allan i'w gartref yn gwylio'r pentrefwyr a'i gymdogion yn y pentref islaw. Byddai'n mwynhau golygfa hyfryd o'r fferm a safai ar lethr uchel uwchlaw'r pentref bychan glan y môr.

Un diwrnod wrth ymlacio yn ei gadair, sylwodd Komoti fod rhyw olwg rhyfedd iawn ar y môr. Roedd y dŵr yn cilio a mwy a mwy o dywod yn dod i'r amlwg. Ciliai'r dŵr ymhellach, bellach. Rhedodd holl drigolion y pentref i'r traeth i weld y rhyfeddod hwn. Ond o'i gartref ar y bryn, gwelai Komoti don anferth yn codi draw ymhell ar y gorwel, yn codi'n uwch, uwch bob eiliad. Mewn arswyd sylweddolodd y byddai'r don anferth hon yn carlamu'n ôl tua'r traeth ac yn disgyn ar holl drigolion y pentref. Gwyddai y byddai'n sicr o ddifetha'r holl bentref.

Rhaid symud ar unwaith. Wrth ei draed eisteddai ei ŵyr bychan; anfonodd ef ar frys i nôl ffagl o'r tân. Ufuddhaodd hwnnw ar amrantiad. Edrychodd mewn syndod ar ei dad-cu yn rhedeg o gwmpas ei ysgubau reis gwerthfawr gan danio pob un. Roeddent yn sych greision. Tasgodd y fflamau i'r awyr a'r mwg tew yn lledu dros bob man. Gwelodd y pentrefwyr y tân ar y bryn.

Gwaeddodd rhywun, 'Fferm Komoti; mae hi ar dân! Dewch ar unwaith. Rhaid inni ei helpu. Mae ganddo reis arbennig eleni.'

I fyny â hwy ar ras i helpu eu cymydog ar y bryn. Pan oeddynt ryw hanner ffordd i fyny'r bryn clywsant ru ofnadwy y tu ôl iddynt. Yn eu dychryn, troesant yn ôl a gweld ton enfawr yn torri dros y traeth lle buont hwy'n sefyll funudau ynghynt. Ond diolch i Komoti, doedd neb ar ôl yno. Roedd pob un ar ei ffordd i fyny'r bryn i ddiffodd y tân. Ni chollwyd yr un bywyd.

Yng nghaeau Komoti, doedd dim ar ôl o'i gnwd gwerthfawr. Wedi'r holl waith caled nid oedd ganddo ddim i'w ddangos ond lludw du. Ond er colli ei holl gynhaeaf, roedd Komoti yn ddigon hapus ac yn ddiolchgar. Roedd ei ffrindiau a'i gymdogion yn ddiogel. Peth bach oedd colli cnwd o reis o'i gymharu â cholli bywydau cyfeillion.

A sut y bu hi ar Komoti yn ystod y flwyddyn ganlynol, gredwch chi? Wel, gellwch fentro i drigolion yr ardal honno ofalu fod Komoti a'i deulu uwchben eu digon.

Herbert Hughes, *Straeon y Bore a'r P'nawn*

RHIENI

Rai blynyddoedd yn ôl fe anwyd baban bach. Teimlai'r rhieni yn llawen iawn a charent y baban yn fawr. Roeddynt yn benderfynol o roi'r gorau o bopeth iddo. Trwy gydol y flwyddyn gwnaethant yn siŵr ei fod yn cael digon i'w fwyta a dillad cynnes i'w gwisgo. Gofalent amdano pan oedd yn sâl, a gwneud yn siŵr ei fod yn cael pob chwarae teg. Yr unig beth a ddisgwylient yn dâl oedd cariad y plentyn.

Efallai ichi sylwi nad oes enwau gan y rhieni na'r plentyn yn y stori hon. Rwy'n siŵr y gallai'r stori fod yn wir am eich teulu chi. Mae eich rhieni yn eich caru ac yn gofalu amdanoch, fel y maent wedi gwneud er dydd eich geni.

Roedd bachgen o'r enw Peter yn byw yn Llundain. Roedd yn fachgen da. Ar fore Sadwrn byddai'n glanhau'r cyllyll a'r ffyrc, yn mynd i siopa dros ei fam, yn glanhau'r esgidiau ac yn helpu ei dad yn y siop. Amser cinio byddai'n cael hanner can ceiniog yn dâl am ei waith. Ond un Sadwrn anghofiodd ei fam roi'r arian iddo, ac amser brecwast dydd Sul gwelodd nodyn ar y bwrdd. Roedd Peter wedi mynd â bil o siop ei dad ac wedi ysgrifennu arno fel hyn:

Yn ddyledus i Peter

Am lanhau'r cyllyll a'r ffyrc	10c
Am siopa	10c
Am lanhau'r esgidiau	10c
Am helpu yn y siop	20c
Cyfanswm	50c

Darllenodd ei fam y bil ond ni ddywedodd air. Fore Llun gwelodd Peter nodyn ar y bwrdd. Dyma beth oedd arno:

Yn ddyledus i Mam oddi wrth Peter:

Am olchi ei ddillad, ei fwydo a'i ddilladu   Dim byd

Am ofalu amdano pan oedd yn sâl	Dim byd
Am wyliau ar lan y môr	Dim byd
Partïon adeg y Nadolig	Dim byd
Am anrhegion, teganau a llyfrau am ddeng mlynedd	Dim byd
Cyfanswm	Dim byd

Darllenodd Peter y nodyn a deall neges ei fam.

Herbert Hughes, *Straeon y Bore a'r P'nawn*

Y CRYDD CAREDIG

Saer llongau yn byw yn Portsmouth yn y ddeunawfed ganrif oedd John Pounds. Gwaith peryglus iawn yw gwaith saer llongau; mae'n rhaid dringo'n uchel ar sgaffaldiau wrth adeiladu'r llongau.

Bu John Pounds mor anffodus â syrthio un diwrnod. Y canlyniad oedd iddo gael niwed mor ddifrifol fel na allai ddychwelyd i'w waith arferol. Bu rhaid iddo chwilio am waith arall. Penderfynodd fod yn grydd ac o dipyn i beth sefydlodd ei fusnes ei hun.

Un diwrnod cyfarfu John â'i chwaer-yng-nghyfraith a'i mab pum mlwydd oed yn y dref. Roedd ei nai yn gloff am fod ei draed yn gam.

'Mae ei ddwy droed yn troi tuag at i mewn,' meddai ei fam. 'Mae'r meddygon yn dweud y bydd rhaid iddo fynd i'r ysbyty er mwyn i'r meddygon dorri ei figyrnau a'u hailosod.'

Nawr, gallai'r un bach glywed y sgwrs ac roedd y gair 'ysbyty' yn ddigon i wneud iddo grio.

'Paid â chrio, 'run bach,' meddai John gan ddal llaw ei nai. 'Rwy'n siŵr y gallwn ni dy wella heb fynd i'r ysbyty.'

'Sut yn y byd?' gofynnodd ei fam.

'Os caiff y bachgen ddod i fyw ataf fi am beth amser fe gei di weld,' atebodd John. Ac felly bu. Aeth y bachgen i fyw at ei ewythr. Edrychodd hwnnw'n fanwl ar draed ei nai a'u mesur yn ofalus. Aeth ati i wneud pâr o esgidiau arbennig iddo. Rhoddodd ddarnau bach ychwanegol o ledr ar rannau o'r gwadn. O'r diwedd roedd yr esgidiau'n barod. Gwisgai'r nai yr esgidiau bob dydd. O bryd i'w gilydd byddai John yn ychwanegu rhagor o ledr hyd nes i draed y bachgen ddechrau sythu. Er mwyn ei ddiddori, dysgodd John ef i ddarllen ac ysgrifennu. Gwahoddodd blant tlawd i ddod i'r gwersi i fod yn gwmni i'w nai. Roedd yn athro da a chyn hir roedd ganddo ddosbarth o tua deugain o blant.

Flynyddoedd wedyn, gwelodd John fachgen ifanc y tu allan i'w siop yn gwylio'r llongau. Roedd yn gloff. Edrychai'n denau, yn dlawd ac unig. Aeth John ato a chynnig rhywbeth i'w fwyta iddo. Herciodd y bachgen i mewn yn ddiolchgar. Ar ôl gorffen bwyta, cawsant sgwrs ac adroddodd y bachgen ei hanes.

'Jac yw fy enw, ac rwyf wedi bod yn gloff erioed.'

'Gad imi weld,' gorchmynnodd John.

'O, does dim all neb ei wneud,' atebodd Jac, ond dangosodd ei droed i John Pounds.

'Fe allaf i wella'r droed yna i ti,' meddai John. 'Mae wedi troi 'run fath yn union â throed fy nai, ond nid yw cynddrwg â honno.'

Aeth â Jac at y ffenestr a dangos bachgen tal cryf iddo.

'Weli di'r bachgen yna yr ochr draw i'r stryd?' gofynnodd. 'Fy nai yw hwnna ac roedd ei ddwy droed ef yn gam hyd nes i mi ei helpu.' Felly drwy garedigrwydd John Pounds cafodd y bachgen amddifad esgid arbennig.

Flynyddoedd wedyn roedd John yn brysur yn ei siop. Agorwyd y drws a daeth dyn ifanc mewn gwisg morwr i mewn. Edrychodd John arno.

'Hylo, Mr. Pounds,' meddai'r morwr, 'ydych chi'n fy nghofio i?' Ie, Jac y bachgen cloff oedd, erbyn hyn yn ddyn cryf iach a'i droed yn berffaith syth. Gallai gerdded cystal ag unrhyw ddyn arall, diolch i haelioni John Pounds.

Herbert Hughes, *Straeon y Bore a'r P'nawn*

TOMI

Nid oedd Tomi yn hoffi diolch o gwbl. Yn ei farn ef, roedd yn haeddu beth bynnag a gâi. Nid oedd 'plîs' nac 'os gwelwch yn dda' yn ei eirfa chwaith. Byddai'n mwmian rhywbeth dan ei anadl pan fyddai rhywun yn mynnu ei glywed yn dweud 'plîs' neu 'diolch', ond yn erbyn ei ewyllys y gwnâi hynny. Roedd yn fachgen bach stwbwrn iawn a gwaith anodd iawn oedd ei ddarbwyllo i newid ei feddwl.

Gwnaethai ei fam ei gorau glas i'w ddysgu ond cadw at ei arferion drwg wnâi Tomi. Gwnaethai ei athrawes yn yr ysgol ei gorau hefyd ond gwrthod newid a wnâi'r bachgen bach anfoesgar. Yn wir, fe fethodd hyd yn oed yr ysgolfeistr â gwella ffyrdd Tomi.

Ond un diwrnod fe ddaeth ambiwlans at Dŷ Llwyd, cartref Tomi. Y sôn oedd iddo dorri ei fraich wrth syrthio oddi ar goeden uchel. Cafodd driniaeth yn yr ysbyty a'i gadw yno nes i'r meddyg fod yn hollol siŵr iddo wella digon i fynd adref.

Bu pawb yn garedig wrth Tomi yn yr ysbyty a bu pobl y pentref a'i ffrindiau yn ei weld gan fynd â rhoddion iddo i godi ei galon. Fe sylwodd pawb a fu'n ei weld fod newid mawr yn Tomi. Roedd yn dweud 'diolch' a 'plîs' am y tro cyntaf yn ei fywyd. Meddai un o'r cymdogion amdano,

'Wel, dyna newid ddaeth dros Tomi. Onid yw'n blentyn diolchgar?'

Ys gwn i beth wnaeth i'r bachgen ystyfnig newid ei ffordd?

Mae stori yn Efengyl Luc am ddeg o ddynion yn cael eu gwella gan Iesu. Ond un yn unig ddaeth yn ôl i ddiolch. Gwnewch restr o'r pethau y carech chi ddiolch amdanynt.

Herbert Hughes, *Straeon y Bore a'r P'nawn*

PAWEN DDOLURUS

Petai llew yn dod i mewn i'r ystafell, beth fuasech chi yn ei wneud? Gweiddi, sgrechian, rhedeg i ffwrdd? Ydi, mae gweld llew yn codi braw ac ofn arnom ni. Yn y stori hon cawn hanes un a ddaeth yn ffrind mawr i'r llew.

Ar gwr dinas Jericho roedd Gerasimus yn byw. Byw mewn mynachlog gyda mynaich eraill. Byddai'n treulio llawer o'i amser yn meddwl am Dduw. Bob dydd byddai'n crwydro o gwmpas y tir anial oedd o gwmpas y fynachlog. Pan fyddai'n dod yn ôl i'r fynachlog byddai wedi blino'n lân.

'Dydw i ddim am fynd am dro byth eto,' meddai wrth y mynaich eraill.

Chwerthin am ei ben fyddai'r lleill. 'Dyna beth mae Gerasimus yn ddweud bob tro ar ôl dod adref,' meddai un o'r mynaich.

Ond dal i fynd am dro fyddai Gerasimus. Byddai'n cerdded milltiroedd bob dydd. Un diwrnod, wrth fynd ar ei deithiau, clywodd sŵn cwynfanus yn dod o ganol y creigiau. Stopiodd i wrando. Clywodd y sŵn unwaith eto.

'Mae yna rywun mewn poen yng nghanol y creigiau acw,' meddai wrtho'i hun. 'Efallai bod rhywun wedi syrthio ac wedi anafu.'

Dringodd y creigiau'n ofalus rhag ofn iddo yntau anafu ei hun. Pan edrychodd dros ymyl y graig cafodd fraw. Yno'n gorwedd roedd llew mawr anferth. Trodd y llew ei ben ac fe welodd Gerasimus. Dechreuodd wneud sŵn cwynfanus unwaith yn rhagor. Roedd Gerasimus mewn tipyn o ofn.

'Beth sydd, yr hen lew?' gofynnodd Gerasimus yn bryderus. Cododd y llew ei bawen. gwelodd Gerasimus fod draenen ddu yn ei bawen.

'Wyt ti am adael i mi dy helpu?' gofynnodd y mynach.

Dechreuodd y llew gwynfanu unwaith yn rhagor, gan ddal ei bawen yn uwch ac yn uwch. Cerddodd y mynach yn araf tuag ato.

'Dal dy droed yn uwch i mi gael ei gweld hi'n well,' meddai'r mynach wrtho.

Yna'n araf ac yn ofnus cydiodd ym mhawen y llew. Agorodd y llew ei geg. Daeth braw mawr dros y mynach. 'Beth petai'n ymosod arna i?' meddyliodd. Edrychodd ar ei ddannedd melyn miniog a'i dafod mawr coch.

'Dwyt ti ddim am wneud drwg i mi, nag wyt ti'r hen lew?' sibrydodd y mynach.

Daliai'r llew i gwyno. Plygodd y mynach ar ei liniau. Yn araf deg ceisiodd dynnu'r ddraenen ddu o'i bawen. Ymhen dim roedd wedi llwyddo. Cododd y llew ar ei draed ac edrych ar y mynach. Doedd Gerasimus ddim yn gwybod beth i'w wneud. Dechreuodd gerdded yn araf gan edrych yn ôl i weld beth oedd y llew yn ei wneud. Yn sydyn, dyma'r llew yn ei ddilyn. Roedd braidd yn gloff. Roedd ei bawen yn ddolurus. Daliai Gerasimus i gerdded a'r llew cloff yn ei ddilyn. Dechreuodd y mynach redeg. Dechreuodd y llew redeg hefyd. Pan gyrhaeddodd y fynachlog, roedd y llew wrth ei sodlau. Roedd ar y mynaich i gyd ofn y llew.

'Dwyt ti ddim yn dod â'r anifail yna i mewn i'r fynachlog,' gwaeddodd un o'r mynaich. Ond ar ôl dyddiau, daeth y llew yn gyfeillgar iawn gyda'r mynaich i gyd. I ble bynnag y byddai Gerasimus yn mynd, byddai'r llew yn siŵr o'i ddilyn. Dyma ffordd y llew o ddweud wrth Gerasimus, 'diolch yn fawr am fy helpu'.

Huw John Hughes, *Am Bobol*

GWRAIG I'R FFERMWR

Yn ystod mis Hydref, bob blwyddyn, bydd plant yr ysgolion yn cynnal gŵyl o ddiolchgarwch am y cynhaeaf. Fyddwch chi'n gwneud hynny yn eich ysgol chi? Fyddwch chi'n dod â ffrwythau a llysiau i'r ysgol? Gŵyl ydi hon i ddiolch i Dduw am y cynhaeaf. Mae'r stori hon yn sôn am gyfnod yn Israel pan nad oedd cynhaeaf. Roedd hi wedi bod mor sych, doedd y ddaear ddim wedi dwyn ffrwyth.

Doedd hi ddim wedi bwrw glaw ers misoedd. Roedd y ddaear yn sych. Doedd dim yn tyfu yn unman. Pan ddaeth y cynhaeaf doedd dim cnwd.

Roedd rhaid i'r teuluoedd symud o'r wlad i chwilio am fwyd. Aeth un teulu i fyw i Moab, sef Elimelech, Naomi a'u dau fab. Byddai'n well ganddyn nhw fyw yn Israel, ond roedd rhaid mynd i chwilio am fwyd.

Ar ôl i'r ddau fab dyfu i fyny, priododd y ddau. Orpa a Ruth oedd enwau eu gwragedd. Yna, digwyddodd rhywbeth dychrynllyd. Bu farw Elimelech a'i ddau fab. Roedd Naomi, gwraig Elimelech, yn drist iawn.

'Paid â phoeni,' meddai Orpa a Ruth wrthi, 'fe wnawn ni ofalu amdanat ti.'

Un diwrnod daeth newydd da o Fethlehem, cartref Naomi. Roedd digonedd o fwyd yno erbyn hyn. Roedd hi am fynd yn ôl i'w gwlad ei hun. Dywedodd Ruth ac Orpa y bydden nhw'n mynd efo hi. Doedd Naomi ddim yn hapus i'r genethod ei dilyn i'w gwlad hi.

'Arhoswch chi yma, gwlad Moab ydi'ch gwlad chi,' meddai.

Arhosodd Orpa yn ei gwlad ei hun. Ond aeth Ruth efo Naomi i'w gwlad ac i Fethlehem. Cawsant groeso mawr gan bawb. Roedd pobl Bethlehem yn falch iawn o weld Naomi yn ôl yn ei gwlad ei hun. Cafodd Ruth groeso hefyd. Roedd pawb yn holi sut amser roedden nhw wedi'i gael yng ngwlad Moab.

Bu'r ddwy yn byw mewn tŷ bychan ym Methlehem. Doedd gan y ddwy ddim arian. Roedd Ruth yn poeni.

'Paid â phoeni, Ruth bach,' meddai Naomi, 'mi fydd Duw yn siŵr o'n helpu.'

'Yn ein gwlad ni,' meddai Naomi, 'mae'r ffermwyr yn garedig iawn. Mae'n nhw'n helpu'r bobl dlawd. Ar ôl torri'r ŷd, maen nhw'n gadael ychydig o gwmpas ymylon y caeau i'r bobl dlawd. Mae'n nhw'n gwneud yr un fath efo'r ffrwythau ar y coed. Mae'n nhw'n gadael ychydig ar ôl i'r bobl dlawd.'

Bob dydd, byddai Ruth yn y caeau yn casglu'r ŷd. Gyda'r nos byddai'n mynd o gwmpas i gasglu'r ffrwythau oddi ar y coed. Daeth Boas y ffermwr heibio un bore.

Gofynnodd i'w weision, 'Pwy ydi'r ferch yna sy'n casglu'r ŷd?'

'Ruth, y ferch ddaeth o Moab gyda Naomi,' meddai un o'r gweision. 'Mae hi yma bob dydd yn casglu ŷd a gyda'r nos mae hi'n casglu'r ffrwythau.'

'Mae hi angen gŵr,' meddai Boas. 'Fe gaf air gyda'm cefnder. Ac os na wnaiff ef ei phriodi, yna fe wnaf i.'

Ar ôl sgwrsio efo'i gefnder, penderfynodd Boas y buasai ef ei hun yn ei phriodi. Yna byddai Boas a Ruth yn gofalu am Naomi. Priododd y ddau. Ganed bachgen bach iddyn nhw. Roedd pawb yn hapus iawn. Obed oedd enw'r bachgen bach. Bu'r teulu bach fyw yn hapus iawn ym Methlehem.

Huw John Hughes, *Am Bobol*

OEN BACH DIOLCHGAR

Pranciodd yr oen bach yn heulwen mis Ebrill. Tri diwrnod oed oedd yr oen bach. Yn ymyl y clawdd roedd ei fam yn pori. Crwydrodd yr oen bach yn nes ac yn nes at y giât oedd yn mynd i'r cae dros y ffordd. Croesodd y ffordd. Ond dim ond ffordd drol oedd hi. Aeth i mewn i'r cae dros y ffordd. Doedd dim dafad nac oen ar gyfyl y cae hwnnw. Edrychodd o'i gwmpas. Clywai sŵn yn dod o'r gwrych.

'Help! Help!'

Pranciodd yr oen bach tuag at y sŵn. Gwelodd anifail browngoch yn gorwedd yn y gwrych. Doedd yr oen bach erioed wedi gweld anifail fel hwn o'r blaen. Wel, dim ond tri diwrnod oed oedd yr oen bach!

'Wnei di fy helpu i?' gofynnodd y llwynog coch. 'Rydw i wedi bod yma am dridiau. Mae fy nghynffon wedi mynd yn sownd yn y gwrych.'

'Ond pa fath o anifail wyt ti?' gofynnodd yr oen bach. 'Dydw i erioed wedi gweld anifail tebyg o'r blaen.'

'Llwynog bach diniwed ydw i. Mae fy nghynffon goch flewog wedi mynd yn sownd yn y drain a'r mieri yma. Wnei di fy helpu os gweli di'n dda?'

Gwthiodd yr oen bach ei ffordd drwy'r drain a'r mieri.

Roedd y pigau'n mynd yn sownd yn ei wlân. Aeth yn ei flaen yn araf nes cyrraedd y llwynog. Cydiodd yn ei gynffon a'i thynnu'n ofalus o'r drain. Ymhen dim roedd ei gynffon yn rhydd.

'Wyt ti am ddweud diolch?' gofynnodd yr oen bach.

Dangosodd y llwynog ei ddannedd miniog. 'Na, oen bach, dydw i ddim am ddweud diolch.'

'O! hen lwynog anniolchgar wyt ti, a finnau wedi tynnu dy gynffon goch o ganol y drain a'r mieri.' Dangosodd y llwynog ei ddannedd miniog unwaith yn rhagor. 'Ti ddylai fod yn ddiolchgar i mi,' meddai'r llwynog gan ddangos ei ddannedd miniog unwaith eto.

'Pam felly?' gofynnodd yr oen bach yn ddiniwed. 'Fe wnes i dy ollwng yn rhydd o'r drain a'r mieri'.

'Do, fe wnest ti fy ngollwng yn rhydd. Ond cofia di, llwynog ydw i ac oen bach wyt ti. Fe ddylet ti fod yn ddiolchgar nad ydw i wedi dy larpio di ac wedyn dy fwyta bob tamaid.'

Dechreuodd yr oen bach grynu. 'Fy llarpio! Fy mwyta!'

Dechreuodd y dagrau redeg i lawr ei ruddiau.

'Paid ti â phoeni y tro hwn. Wna i ddim mo dy fwyta di rŵan, ond gwylia dy hun. Llwynog cyfrwys ydw i ac oen bach diniwed wyt ti.'

Rhedodd i ffwrdd gan ddal i ysgyrnygu ar yr oen bach. 'Mae'n siŵr y dylwn i fod yn oen bach diolchgar iawn,' meddai'r oen bach wrtho'i hun.

Pranciodd yn ôl drwy'r giât, ar draws y ffordd drol ac yn ôl at ei fam oedd yn gorwedd yn cnoi ei chil yn ymyl y gwrych.

Huw John Hughes, ***Am Fyd***

DAL YR HAUL

Pan ddeffrodd Petros roedd yr haul wedi llosgi'i groen. 'Yr haul digywilydd,' meddai, 'rwyt ti wedi llosgi fy nghroen. Mi rydw i am dy gosbi di am wneud hyn.' Rhedodd adref. Roedd ei chwaer yn yr ardd. Dychrynodd pan welodd Petros wedi cyrraedd mor gynnar. Holodd Petros beth oedd wedi digwydd.

'Mi es i gysgu a phan wnes i ddeffro roedd yr haul digywilydd wedi llosgi fy nghroen. Mi rydw i am gosbi'r haul am wneud y fath beth!' meddai.

'Sut wyt ti'n mynd i gosbi'r haul?' gofynnodd ei chwaer iddo.

'Mi rydw i am ddal yr haul efo rhwyd. Wnaiff yr haul byth godi eto.'

'Os wyt ti'n mynd i rwystro'r haul rhag codi i roi goleuni i'r byd, rwy'n siŵr y byddi'n difaru am hynny.'

'Na fyddaf,' meddai Petros yn syth.

Fore drannoeth bu ei chwaer yn gwneud rhwyd fawr o wallt ei phen i ddal yr haul. Aeth i fyny at y llyn. Gwyddai mai yno yr oedd yr haul yn codi. Yn araf, araf, cododd yr haul. Chwifiodd Petros ei rwyd a daliodd yr haul.

'Yr hen haul gwirion. Wnei di byth godi eto!' meddai Petros.

Rhedodd adref i ddweud wrth ei chwaer. Roedd mor hapus ei fod wedi dal yr haul. Ond yn ystod y dydd teimlai'n ddigalon. Gan na wnaeth yr haul godi'r diwrnod hwnnw roedd pobman yn llwydaidd ac yn oer. Arhosodd Petros a'i chwaer yn y tŷ. Doedd yr adar ddim yn canu yn y goedwig. Doedd y cwningod ddim yn dod allan o'r ŵyllau. Doedd y blodau ddim yn agor na'r coed yn deilio. Arhosodd y pysgod yng nghysgod y planhigion yn y dŵr. Doedd dim byd yn tyfu, yn nofio, yn rhedeg, yn hedfan. Dim byd o gwbl.

'Petros, beth wyt ti wedi'i wneud?' gofynnodd ei chwaer iddo.

'Doeddwn i ddim yn gwybod y buasai'r ddaear yn oeri heb haul.'

'Mae'n rhaid i ti fynd i agor y rhwyd a gollwng yr haul y munud yma,' meddai ei chwaer wrtho'n bendant.

'Ond fedra i ddim mynd yn agos ato. Mae'r haul yn llosgi mor danbaid,' meddai Petros.

'Pwy sy'n mynd i dorri'r rhwyd, felly?' gofynnodd ei chwaer.

Wrth ymyl y llyn roedd cnocell fraith yn byw. Dechreuodd bigo'r rhwyd gyda'i phig mawr. Bu'n pigo a phigo am amser maith. Llosgodd yr haul y plu ar ei phen yn goch llachar. Ond daliodd ati ac yn y diwedd llwyddodd i dorri'r rhwyd. 'Rydw i wedi llwyddo,' meddai'r gnocell fraith.

Yn araf, cododd yr haul. Dechreuodd yr adar ganu. Agorodd y blodau eu petalau lliwgar. Daeth cwningod allan o'u ŵyllau. Daeth pysgod o'u cuddfan a dechrau nofio yn y dŵr. Dechreuodd popeth dyfu, nofio, rhedeg a hedfan. Daeth Petros a'i chwaer allan o'r tŷ. 'Mae popeth fel yr oedd o'r blaen,' meddai'i chwaer.

'Haul!' meddai Petros, 'Mae'n ddrwg gen i. Ond doeddwn i ddim yn deall dy fod ti'n gyfrifol am roi gwres a goleuni i ni. Doeddwn i ddim yn deall na fedrai'r byd fyw hebot ti. Diolch, Haul.'

Rhedodd a dawnsiodd Petros a'i chwaer o gwmpas y caeau i ddiolch i'r haul.

Huw John Hughes, *Am Fyd*

Y LLYGODEN A GAFODD LOND EI BOL

Unwaith, roedd llygoden fach frown yn byw ar ei phen ei hun mewn eglwys fawr. Wel, doedd yr eglwys ddim yn fawr fel rhai eglwysi ond roedd hi'n eglwys fawr, fawr i lygoden fach, fach. Llygoden fach denau, denau oedd y llygoden fach frown gan nad oedd dim i'w fwyta yn yr eglwys. Felly, byddai'r llygoden fach yn gorfod mynd allan i'r caeau i chwilio am fwyd.

Lle peryglus oedd allan yn y cae gan fod gan y llygoden fach gymaint o elynion. Weithiau, byddai tylluan frech yn hwtian yn y goeden ffawydd. Dro arall, byddai cudyll coch yn hofran yn yr awyr uwchben. Lle peryglus iawn oedd y caeau agored. Ond roedd yn rhaid mentro pan oedd y stumog yn wag.

Un noson ddechrau mis Hydref daeth llawer o bobl i'r eglwys. Dyna lle roedd y llygoden fach yn sbecian o'i thwll. Roedden nhw'n cario pob math o fwydydd efo nhw. Roedden nhw'n cario llysiau o bob math – tatws, moron a bresych. Roedd eraill yn cario ffrwythau o bob math – afalau, orennau a grawnwin. Roedd ambell un yn cario bara a chaws ac un arall yn cario blodau lliwgar. Beth oedd yn digwydd, tybed?

Y noson honno doedd dim angen mynd allan i'r caeau i chwilio am fwyd. Drwy'r nos bu'r llygoden fach yn bwyta a bwyta nes roedd hi'n grwn. Aeth i'w gwely yn oriau mân y bore a chysgodd fel twrch.

Rywbryd yn ystod y bore clywodd sŵn siarad yn yr eglwys. Aeth i sbecian. Roedd yr eglwys yn llawn o bobl. Pobl nad oedd wedi'u gweld o'r blaen. Gwrandawodd yn astud. Soniodd un o'r bobl am 'Ddiolchgarwch am y Cynhaeaf'. Dyna pam roedd yna gymaint o bobl yn yr eglwys. Dod i ddiolch am eu bwyd roedden nhw.

Meddai'r llygoden fach wrthi'i hun, 'Mi fuaswn i wrth fy modd petai hi'n ddiolchgarwch am y cynhaeaf bob dydd o'r flwyddyn i mi gael digon o fwyd i'w fwyta. Ac mae yna reswm arall hefyd – mae'r bobl yma i gyd yn edrych mor hapus.'

Ar ôl i'r bobl fynd o'r eglwys mentrodd y llygoden fach allan o'i thwll. Edrychodd o'i chwmpas yn ofalus rhag ofn bod yna rywun o gwmpas. Ond roedd pobman yn ddistaw fel y bedd.

'Beth gaf i i'w fwyta heddiw?' meddyliodd.

Aeth yn syth at y grawnwin oedd yn hongian o big yr eryr mawr sy'n dal y Beibl. Roedd yn anodd iawn dringo i fyny ond ar ôl trio fwy nag unwaith llwyddodd i gyrraedd y Beibl mawr. Cerddodd drosto at big yr eryr.

'Wel, dyma rawnwin blasus – rhai duon, melys,' meddai wrthi'i hun.

Ar ôl iddi fwyta llond ei bol arhosodd yno i edrych ar y gwahanol fwydydd oedd yn yr eglwys.

Dywedodd un o'r bobl y bydden nhw'n dod yn ôl yfory i nôl y bwydydd i fynd i'r bobl yn yr ysbyty, ac i'r hen bobl mewn cartrefi. Sgwn i a ydi'r bobl yn gwybod eu bod nhw wedi rhoi bwyd ym mol y llygoden fach lwglyd hefyd?

Daeth i lawr oddi ar y Beibl mawr yn sydyn ac i mewn â hi i'w thwll. Yno y bu hi wedyn yn cysgu a chysgu a chysgu.

Huw John Hughes, ***Am Fyd***

'RHOWCH CHI RYWBETH I'W FWYTA IDDYNT'

Pa mor aml fyddwch chi'n hel esgusodion? 'Mi rydw i'n rhy brysur.' 'Beth fedra i wneud?' 'Does gen i ddim digon o wybodaeth.' Dyma stori am ddyn a ddefnyddiodd ei amser a'i dalent i helpu pobl eraill. Noson braf o haf oedd hi. Eisteddai Bob yn ei stafell foethus yn gwylio'r teledu. A dweud y gwir doedd o ddim yn gwylio rhyw lawer – roedd o'n pendwmpian mwy nag yr oedd o'n gwylio. Deffrodd yn sydyn a gwelodd ar y sgrin blant bach oedd yn edrych yn denau a bregus. Roedden nhw'n crio a'r dagrau yn rhedeg i lawr eu gruddiau. Yn gymysg â'r dagrau roedd pryfed ar wynebau'r plant. Yn

Ethiopia yn Affrica roedd y plant bach yma'n byw. Yn y wlad honno roedd y tywydd wedi bod mor sych am fisoedd fel nad oedd modd tyfu cnydau.

Dechreuodd Bob feddwl, 'Mae'r plant bach yma angen help. Dwi'n siŵr bod yna filoedd o rai tebyg iddyn nhw eisiau bwyd a diod. Beth fedra i wneud i helpu?'

Cerddor oedd Bob wrth ei alwedigaeth. Gofynnodd i nifer o'i ffrindiau oedd yn gerddorion i'w helpu i gyfansoddi cân i atgoffa'r bobl o anghenion y plant newynog yn Affrica. Gan ei bod yn nesu at y Nadolig rhoddodd deitl addas iawn i'w gân, 'Do They Know It's Christmas?' Roedd y gwerthiant tu hwnt i bob disgwyliad. Roedd geiriau'r gân yn atgoffa'r bobl o'r plant bach oedd yn dioddef o newyn. Gwerthwyd miloedd o gopïau o'r gân. Efo'r arian penderfynodd Bob ei fod am ddefnyddio'r cyfan i helpu'r miloedd oedd yn dioddef. Ymhen rhai misoedd aeth drosodd i Ethiopia i weld sut roedd yr arian yn cael ei ddefnyddio. Pan gyrhaeddodd gwelodd fod yna broblem anferthol. Roedd miliynau ar filiynau o blant a phobl yn newynu. 'Mae angen llawer mwy o arian i helpu'r trueiniaid hyn.' meddai.

Dychwelodd i Brydain a chafodd syniad arall. 'Beth am gynnal cyngerdd pop a gwahodd artistiaid i gymryd rhan. Wedyn gallwn anfon yr elw i gyd i Affrica i helpu'r newynog.' Ond cafodd Bob syniad gwell. 'Beth am gynnal dau gyngerdd pop ac anfon elw'r ddau gyngerdd i Affrica?' Dechreuodd ar ei waith. Byddai un cyngerdd yn cael ei gynnal yn Stadiwm Wembley a'r llall yn Stadiwm John F. Kennedy yn Philadelphia, yr Unol Daleithiau. Byddai'r ddau stadiwm yn dal dros 160,000 o bobl. Doedd dim amdani ond brwydro ymlaen a phennu dyddiad – 13 Gorffennaf 1985. Meddyliodd am enw ar gyfer y cyngherddau hyn. Bu'n pendroni am ddyddiau ac yn sydyn daeth enw iddo – 'Live Aid'.

Cynhaliwyd y ddau gyngerdd a bu'r ddau yn hynod o lwyddiannus. Roedd y ddau stadiwm yn llawn i'r ymylon a'r cyfan yn cael ei ddangos ar y teledu drwy'r byd i gyd. Yn ystod y cyngherddau cafwyd cyfnod o ddistawrwydd pan oedd lluniau o'r plant bach yn Ethiopia yn cael eu dangos ar y sgrin enfawr. Casglwyd dros ddeugain miliwn o bunnau o'r ddau gyngerdd a defnyddiwyd yr arian i gyd i helpu'r newynog. Doedd yr artistiaid ddim am gael eu talu gan eu bod yn gwneud y gwaith dros achos da. Felly roedd y cyfan yn elw pur.

Gyda'r arian defnyddiodd Bob longau i gario'r bwyd ac yna loriau enfawr i'w gario'n syth i'r bobl oedd yn newynu. Diolch i Bob Geldof achubwyd llawer o fywydau.

Huw John Hughes, ***Am Ddawn***

BENDITHIADAU

Tra pery'r ddaear,
ni pheidia pryd hau a medi, oerni a gwres,
haf a gaeaf, dydd a nos. Amen.

Genesis 8: 22

Boed i'r ffordd godi i'th gyfarfod.
Boed i'r gwynt fod yn wastad o'th du.
Boed i'r haul dywynnu'n gynnes ar dy wyneb.
Boed i'r cawodydd ddisgyn yn dyner ar dy feysydd
hyd nes y cyfarfyddwn drachefn.
Boed i Dduw dy gadw yng nghledr ei law.

Hen Fendith Albanaidd

Bydded i gawodydd bendithiol Duw ddisgyn arnoch.
Bydded i nentydd cariad Crist eich diwallu.
Bydded i afonydd yr Ysbryd eich cynnal.
Byddcd i'r Drindod Sanctaidd
eich llenwi â llawenydd a thangnefedd.

Glyn Tudwal Jones, ***Gweddïau'r Pererin***

Mae'r oedfa drosodd a'r gwasanaeth yn dechrau:
ewch, bobl Dduw, i fyd Duw;
ewch i gyfarfod Crist mewn cyfaill a dieithryn;
gwasanaethwch ef ym mhawb y byddwch yn eu cyfarfod.
A boed i fendith y Tad, y Mab, a'r Ysbryd Glân
eich llenwi chwi a'r holl greadigaeth,
yn awr a hyd byth.

Paul Sheppy, ***Amser i Dduw***

Bydded i'r Tad gerdded gyda chwi yn ffresni'r ardd.
Bydded i'r Mab gerdded gyda chwi ar lwybr y mynydd.
Bydded i'r Ysbryd gerdded gyda chwi ar ffordd y pererinion.
Bendith y Tad, y Mab a'r Ysbryd a fo arnoch yn wastad.

Glyn Tudwal Jones, ***Gweddïau'r Pererin***

Bydded i dawelwch y Creawdwr gau amdanoch.
Bydded i dawelwch y Gwaredwr eich cwmpasu.
Bydded i dawelwch y Cysurwr eich amgylchynu.
Bydded i dawelwch y Tri Bendigaid
eich cynnal a'ch cadw i fywyd tragwyddol.

Glyn Tudwal Jones, ***Gweddïau'r Pererin***

Boed i fendith y goleuni fod arnat –
goleuni oddi allan ac oddi mewn.
Boed i fendith yr heulwen ddisgleirio arnat
a chynhesu dy galon,
fel y bydd yn gloywi fel tanllwyth o dân
a dieithriaid a chyfeillion yn dod i dwymo wrtho.
Boed i fendith y glaw fod arnat –
y tyner law melys fydd yn dyfrhau d'ysbryd
i flodau flaguro ynot
a gwasgaru persawr i'r awel.
Boed i fendith y ddaear fod arnat –
y ddaear fawr gron –
fel y bydd cyfarchiad caredig pawb
fydd yn cerdded ei llwybrau
yn llonni dy galon.
Boed i'r Arglwydd dy fendithio
a'th fendithio'n hael.

Hen Fendith Wyddeleg

BENDITH AR GYFER Y CYNHAEAF

Bydded i Dduw sy'n dilladu'r lili a bwydo adar y nefoedd, sy'n arwain yr ŵyn i borfa a'r carw i lan yr afon, a gynyddodd y torthau a'r pysgod a throi'r dŵr yn win, ein harwain ni, a'n bwydo ni, a'n cynyddu, a'n newid ni i adlewyrchu gogoniant ein Creawdwr drwy holl dragwyddoldeb. Amen.

Edwin C. Lewis, *Mil a Mwy o Weddïau*

LLYFRYDDIAETH

Alban, H. Gareth, *Gair y Ffydd* (Cyhoeddiadau'r Gair 2005)
Y Beibl Cymraeg Newydd (2004)
Caneuon Ffydd (Gomer 2001)
Dafydd, Eirian a Gwilym, *Gweddïau'r Pedwar Tymor 2* (Cyhoeddiadau'r Gair 2007)
Davies, Aled (gol.), *Oedfaon Ffydd* (Cyhoeddiadau'r Gair 2009)
Davies, Olaf, *Gair a Gweddi* (Cyhoeddiadau'r Gair 2002)
Davies, T. J., *Cip* (Gwasg Christopher Davies, Llandybïe 1972)
Evans, Aled Lewis, *Troeon* (Cyhoeddiadau'r Gair 1998)
Evans, Aled Lewis, *Adlais* (Cyhoeddiadau'r Gair 2007)
Evans, Alice, *Wyth Oedfa* (Cyhoeddiadau'r Gair 2009)
Evans, Byron, *Goleuni yn Llewyrchu* (Cyhoeddiadau'r Gair 1997)
Evans, D. J., *Gweddïau Cyfoes* (Cyhoeddiadau Modern Cymreig 1980)
Evans, Owain Llyr, *O'r Tŷ i'r tŷ* (Cyhoeddiadau'r Gair 2005)
Evans, Trebor Lloyd, *Bore a Hwyr: Gweddïau Personol* (Tŷ John Penry 1978)
Gair y Dydd (Gwasg y Bwthyn 2007)
Gweddïo (2000)
Gweddïo (2001-02)
Hughes, H, *Straeon y Bore a'r Pnawn*(Gomer 1993)
Hughes, Huw John, *Am Bobol* (Cyhoeddiadau'r Gair 2004)
Hughes, Huw John, *Am Fyd* (Cyhoeddiadau'r Gair 2005)
Hughes, Huw John, *Am Ddawn* (Cyhoeddiadau'r Gair 2005)
Hughes, Huw John, *Yr Enw Mwyaf Mawr* (Cyhoeddiadau'r Gair 2007)
Hughes, Huw John, *Dyrchafu'r Duw Byw* (Cyhoeddiadau'r Gair 2008)
Jones D. Morlais a Jones J. Gwilym *Rhagor o Weddïau yn y Gynulleidfa* (Tŷ John Penri 1991)
Jones, Dic, *Cynhaeaf* (Gwasg y Ffynnon 1976)
Jones, Euros W. (gol.), *Diolchgarwch* (E. L. Jones, Aberteifi 1981)
Jones, Eddie a Jenkins, Falyri, *Clap a Chân i Dduw* (Y Lolfa 1983)
Jones, Eddie a Morgan, Ann, *Mwy o Glap a Chân* (Y Lolfa 1989)
Jones, Gerald ac eraill, *Ar Lwybr Mawl a Myfyrdod* (Cyhoeddiadau'r Gair 1996)
Jones, Glyn Tudwal, *Gweddïau'r Pererin* (Cyhoeddiadau'r Gair 1996)
Jones, John Lewis, *Dyrchafwn Lawen Lef* (Cyhoeddiadau'r Gair 1997)
Jones, John Lewis, *Coronwch Ef yn Ben* (Cyhoeddiadau'r Gair 2009)
Lewis, Edwin C., *Mil a Mwy o Weddïau* (Cyhoeddiadau'r Gair 2010)
Lewis, Trefor, *Gweddïau i'r Eglwys a'r Gymuned* (Cyhoeddiadau'r Gair 1995)

Llyfr Gweddi Gyffredin
Llyfr Gwasanaeth Undeb yr Annibynwyr Cymraeg (Abertawe 1962)
Llyfr Gwasanaeth Undeb yr Annibynwyr Cymraeg (Abertawe 1998)
Loader, Maurice (gol.), *Gweddïau yn y Gynulleidfa* (Tŷ John Penri 1978)
Loader, Maurice, *Taro'r Sul* (Tŷ John Penri 1996)
Loader, Maurice, *Bwrw dy Fara* (Cyhoeddiadau'r Gair 2008)
Maelor, Gareth, *Helo, pwy sy' 'na?* (Gwasg Pantycelyn 1998)
Maelor, Gareth, *Ystyriwch Lili'r Maes* (Gwasg Pantycelyn 2000)
Maelor, Gareth, *Fi sy 'ma* (Gwasg Pantycelyn 2008)
Morgan, Gerald a Morris A. K., *Gwyn Fyd* (Gwasg Gomer 1978)
Morris, Meirion, *Adnabod* (Cyhoeddiadau'r Gair 2007)
Nicholas, W. Rhys, *Gweddïau a Salmau* (Tŷ John Penri 1989)
Owen, Dafydd, *Rhaglen i'r Eglwys* (Gwasg John Penry 1968)
Owen, John (gol.), *Cau'r Adwy* (Gwasg Pantycelyn 1992)
Parri, Harri (gol.), *Ffynnon ac Allor* (Gwasg Pantycelyn 1983)
Parri, Harri a Rees, D. Ben yn William Morris (gol.), *Llyfr Gwasanaeth (Ieuenctid)* (Llyfrfa'r M.C. Caernarfon 1967)
Parri, Harri a Williams, William (goln), *Ffenestri Agored* (Llyfrfa'r M.C. Caernarfon 1976)
Roberts, Brynley F. (gol.), *Cynnal Oedfa* (Gwasg Pantycelyn 1993)
Roberts, Elfed ap Nefydd, *Amser i Dduw* (Cymdeithas Lyfrau Ceredigion 2004)
Roberts, Elfed ap Nefydd, *Gweddïau Ymateb a Chynulleidfaol* (Cyhoeddiadau'r Gair 2000)
Roberts, Elfed ap Nefydd, *Yn ôl y dydd* (Cyhoeddiadau'r Gair 1991)
Roberts, Elfed ap Nefydd, *Hwn yw'r Dydd* (Cyhoeddiadau'r Gair 1997)
Roberts, Elfed ap Nefydd, *Pwy yw Duw?* Cyfres Cymru i Grist 1 (d.g, d.d.)
Roberts, Elfed ap Nefydd, *Epilogau'r Ifanc* (Cyhoeddiadau Modern Cymreig, Lerpwl 1969)
Roberts, Elfed ap Nefydd, *O fewn ei Byrth* (Gwasg Pantycelyn 1994)
Thomas, T. Glyn, *Ar ddechrau'r dydd* (Gwasg Gee 1962)
Treharne, John, *Geiriau'r Ffydd* (Cyhoeddiadau'r Gair 2007)
Vevar, John Harvard yn J. Pritchard (gol.), *Rhaffau'r Addewidion* (Cyhoeddiadau'r Gair 2007)
Williams, Harri, *Duw a Phob Daioni* (Gwasg Gomer 1978)
Williams, Robin, *Digon i'r Diwrnod* (Cymdeithas Lyfrau Ceredigion 2000)
Williams, Robin, *Cracio'r Concrit* (Gwasg Gomer 1979)
Williams, Robin, *Esgyrn Eira* (Gwasg Gomer 1972)
Williams, R. Glyndwr, *Medi mewn Gorfoledd* (Pwyllgor Cerdd Esgobaeth Bangor d.d.)